Rainer D. Kröll

Mystische Pfade UNTERFRANKEN

33 Wanderungen auf den Spuren von Mythen und Sagen

BRUCKMANN

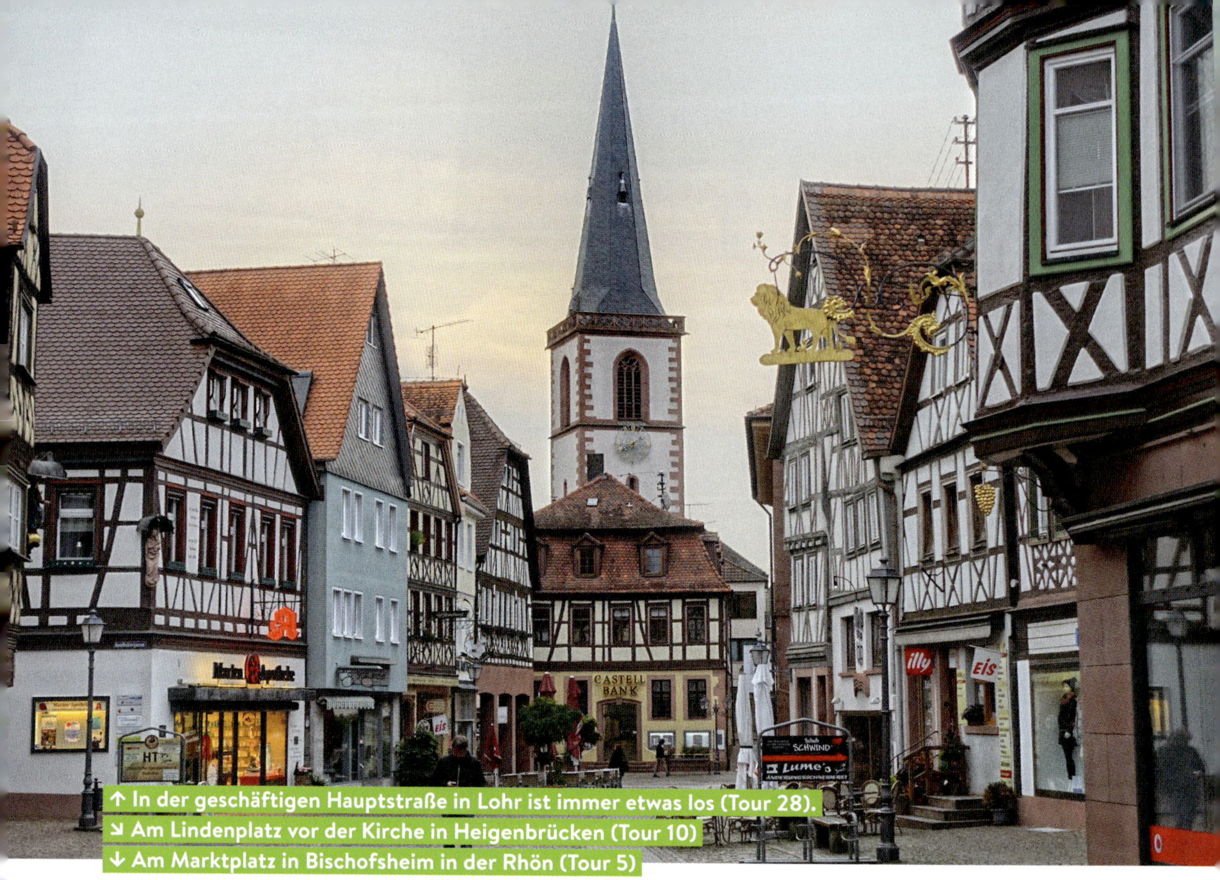

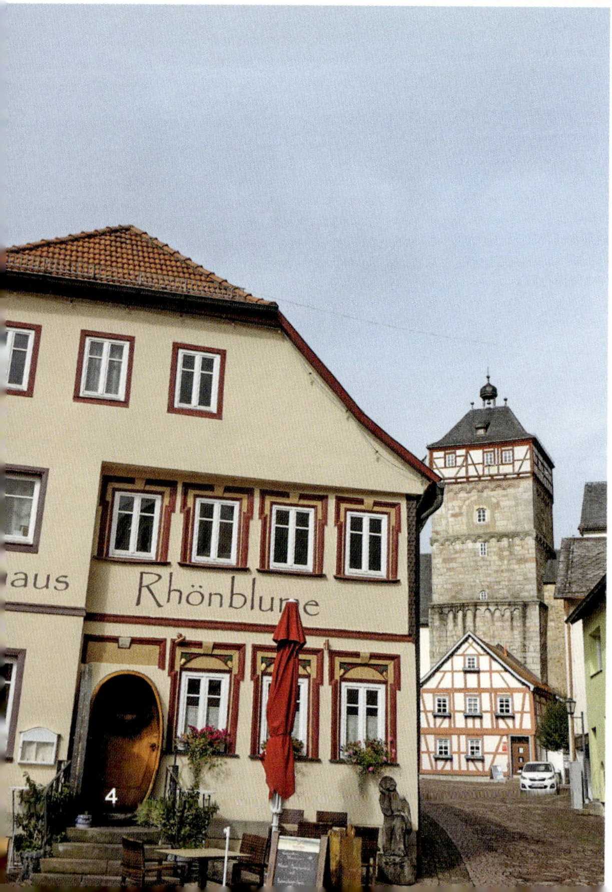

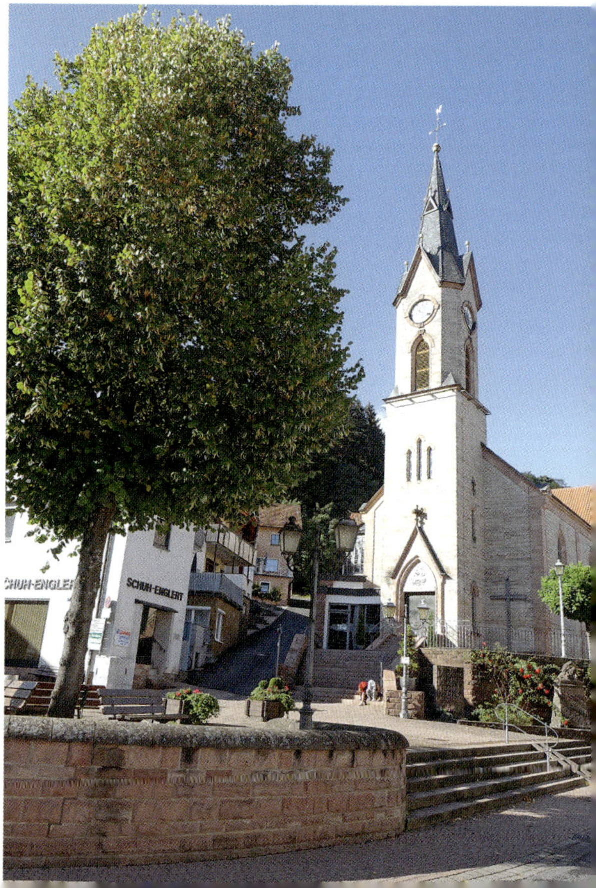

↑ In der geschäftigen Hauptstraße in Lohr ist immer etwas los (Tour 28).

↘ Am Lindenplatz vor der Kirche in Heigenbrücken (Tour 10)

↓ Am Marktplatz in Bischofsheim in der Rhön (Tour 5)

INHALT

Vorwort 9
Willkommen in Unterfranken 10
Bruckmann-Tourenfinder 12
Piktogramme und Anforderungen 15
Mystische Pfade in Unterfranken 16

DIE TOUREN

RHÖN

1 **In der Museumslandschaft Fladungen** 22
Stadtmauer, Türme und Fachwerk

2 **Geheimnisse auf dem Gangolfsberg** 26
Phänomene des Vulkanismus

3 **Mystische Kirchenburg in Ostheim** 30
Die Perle im sanften Streutal

4 **Von Oberelsbach zum Basaltsee** 34
Verschwundene Basaltsäulen

5 **Über die Osterburg auf den Kreuzberg** 38
Der heilige Berg der Franken

6 **In den Schwarzen Bergen** 42
Teufels Tintenfass und Basaltsee

7 **Magische Orte über Hammelburg** 44
Mehr als sagenhafte Panoramen

SPESSART

8 **Zur Glashütte aus fernen Zeiten** 50
Im typischen Spessartdorf Wiesen

9 Entdeckungen in Sailauf 54
900 Jahre Geschichte und Natur

10 In den Heigenbrückener Bachwiesen 56
Frische Luft und Sandstein

11 Historie und Natur in Frammersbach 60
Wanderung durch Feuchtwiesen

12 Partensteiner Industriegeschichte 64
Mittelalter auf Burg Bartenstein

13 Im Naturidyll Hafenlohrtal 68
Spessarttal in Ursprünglichkeit

14 Zum Schloss Mespelbrunn 72
Am Geburtsort von Julius Echter

15 Zum mystischen Höllhammer 76
Industriegeschichte im Elsavatal

16 Zur magischen Burgruine Wildenstein 80
Waldwanderung und Aussichtsturm

17 Zur Kartause Grünau 84
Mystische Ruinen und Eisenhammer

WEINFRANKEN

18 Zur geheimnisvollen Schwedenschanze 90
Kulturlandschaft um Michelbach

19 Zur keltischen Altenburg 94
Im einst geschäftigen Sodental

20 Kleinwallstädter Kulturlandschaft 98
Vom Main zum versteckten Schloss

21 Durch die Obernburger Gemarkung 102
Kulturelle Erforschungen

22 Zum Klingenberger Galgen 106
Auf dem Rotweinwanderweg

23 Zur Kultstätte Hunnenstein 110
Auf dem Spessarter Eselsweg

24 Mystische Gotthardsruine 114
Auf dem Waldromantikweg

25 Bürgstadter Denkmäler 118
Mystische Ruine und Ringwall

26 Zu den triefenden Steinen 122
Märchenhafte Naturphänomene

27 Zum Forsthaus Aurora 126
Vom Main in die Wälder

28 Nach Mariabuchen pilgern 128
Buchental und romantisches Lohr

29 Kunsthistorischer Bogen um Rimpar 132
Zwischen Gotik und Renaissance

30 Schweinfurter Spazierwege 136
Durch Jagdreviere und Weinberge

31 1000 Jahre auf der Vogelsburg 140
Durch die Volkacher Mainschleife

32 Iphofen und Mainbernheim 144
Mittelalter in den Reben

33 Zur Schmachtenburg über Zeil am Main 148
Im Abt-Degen-Weintal

PS 154
Register 157
Impressum 160

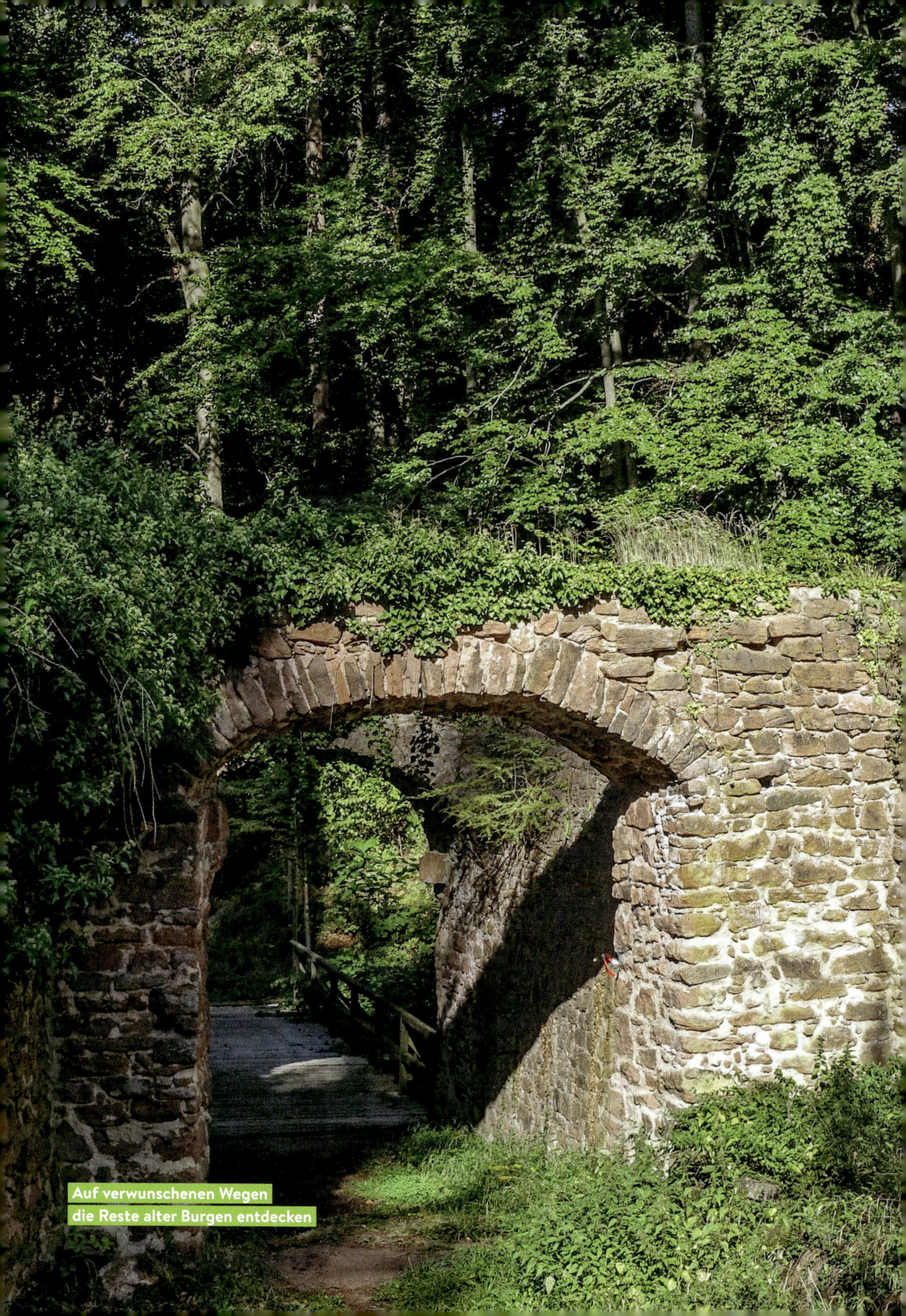

Auf verwunschenen Wegen
die Reste alter Burgen entdecken

Vorwort

DIE ABWECHSLUNGSREICHEN UND GEGENSÄTZLICHEN LANDSCHAFTEN von Unterfranken sind in der Geographie, Geologie und in klimatischen Unterschieden der Regionen begründet. Die offenen Fernen mit den baumfreien Matten der vulkanischen Rhön verführen zum Träumen und weiten die Sinne. Von den Höhen des UNESCO-Biosphärenreservats öffnen sich erhebende Ausblicke. Die mannigfaltige Natur wird belebt von einer seltenen Tier- und Pflanzenwelt. Mystische Pfade führen zu rätselhaften Basaltsäulen, zu geheimnisvollen keltischen Wallanlagen und zu magischen Basaltseen. Die althergebrachten Ortsbezeichnungen Teufelskeller oder Teufels Tintenfass beflügeln die Fantasie. Die Rhön beeindruckt durch ihre einzigarte Landschaft. In den tiefen Wäldern im Spessart, durch die sich der historische Eselsweg zieht, wirkt Magic. Die verwunschenen und dunklen Wege in den unendlichen Wäldern erscheinen oft genug als geheimnisvoll und unheimlich. Phänomene in der wildromantischen Natur verbergen ihre Geheimnisse und lassen sich nicht immer enträtseln. Kelten, Römer und im 16. Jahrhundert die Frammersbacher Fuhrleute waren auf alten Handelswegen unterwegs, die noch heute zu sehen sind. In den Wäldern ritten einst Hohe Herren zur Jagd, verwegene Wilderer waren eher still unterwegs und Räuber trieben ihr Unwesen. Seit über 600 Jahren ziehen Pilger zu versteckten Wallfahrtsorten in den Wäldern. Auch durch Ruinen mittelalterlicher Burgen, Klöster und Überreste der frühen Industrialisierung fühlen sich Wanderer in frühere Zeiten zurückversetzt. Schloss Mespelbrunn ist das Bild der Spessartromantik. Weinfranken ist mit mildem Klima gesegnet und auf weiten Strecken vom Main geprägt. Wo der Wein wächst, ist der Genuss zuhause. Wein schätzten schon die Grafen und Fürstbischöfe des Mittelalters und bauten an der Verkehrsachse Main Burgen, Landgüter und herrschaftliche Schlösser. Doch vor ihnen waren schon die Römer am Main und bauten Wein an. Von der Besiedelung vor den Römern zeugen die keltischen Ringwallanlagen und Kultstätten. Vor den Kelten gab es am Main Befestigungen der Altsteinzeit. Ruinen von Kirchen und Klöstern erzählen noch heute von den ältesten Ansiedlungen am Main. Geschichten der Hexenverfolgung und von Galgen auf Hinrichtungsplätzen lassen noch heute erschauern. Schauderhafte und fantastische Sagen tun ihr übriges. Wanderer bewegen sich entlang von Kunstschätzen zwischen Gotik, Renaissance und Barock, durch liebenswerte und pittoreske Fachwerkstädtchen wie Iphofen und Mainbernheim. Märchenhafte Naturdenkmäler wie die »Triefenden Steine« setzen Betrachter in Erstaunen. Zum Thema »Mystische Pfade in Unterfranken« könnten wir noch ein Buch schreiben.

Rainer D. Kröll

Willkommen in Unterfranken

Der Regierungsbezirk Unterfranken besteht aus einem Landschaftskaleidoskop. Die mystischen Wälder des Spessarts stehen den lichtdurchfluteten Weinbergen am Main mit den romantischen Burgruinen gegenüber.

Unterfrankens Naturschätze

Sanfte Hänge und Berge bis zu 600 Metern Höhe formen den Spessart. In den Bachtälern und auf Rodungsinseln liegen die wenigen Dörfer. Eine Besonderheit sind die Mainfränkischen Trockenrasengebiete mit Orchideen und Faserschirm in endemischen Pflanzengesellschaften. In breiteren Talabschnitten des Mains breiten sich Schwemmebenen mit Altwässern und Stillgewässern aus, die viele Vogelarten und Libellen beherbergen. Die wärmeliebenden Eichenwälder des Steigerwaldes stellen einen der größten Hirschkäfer-Lebensräume in Deutschland. Magerrasen und Gebüsche sind artenreiche Schmetterlings-Biotope. Streuobstbestände mit alten Bäumen bieten Vögeln Bruträume, Fledermäusen Winterquartiere und den Menschen den Apfelwein.

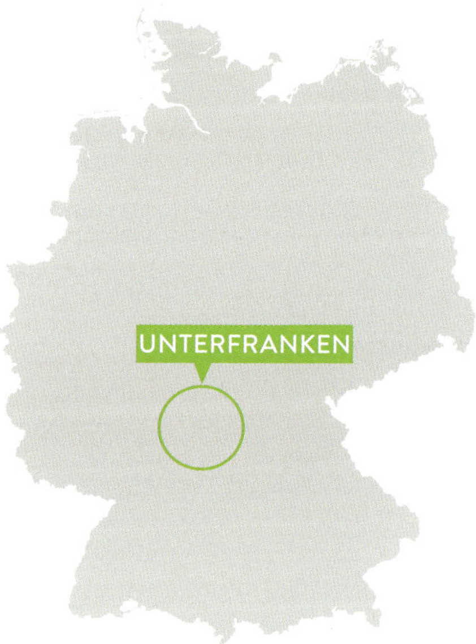

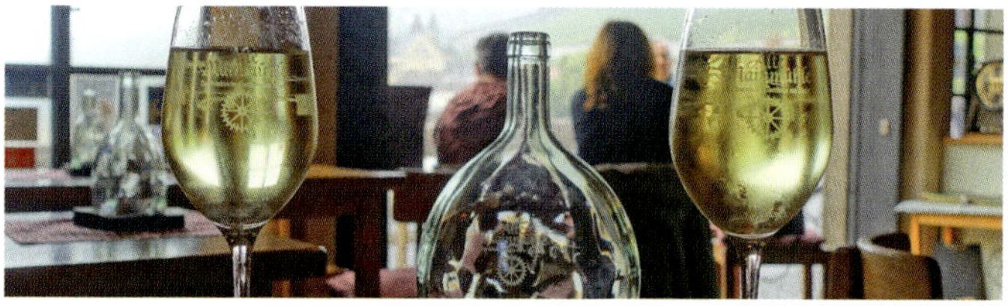

1659

Bocksbeutel

Das Markenzeichen des Frankenweins – der Bocksbeutel – wurde als Weinflasche erstmals im Jahr 1659 erwähnt. Seit 2015 verbreitet sich auch eine modern gestaltete Bocksbeutelflasche mit schlankem, kantigem Profil.

»Pompeji am Main«

Der im 3.–5. Jh. von den Römern erbaute Grenzwall Limes führt entlang des Mains durch Unterfranken und gehört heute zum UNESCO-Weltkulturerbe. Vielerorts sind Spuren der Römer zu entdecken. Obernburg ist als »Pompeji am Main« bekannt. Das Römermuseum zeigt bedeutende antike Funde.

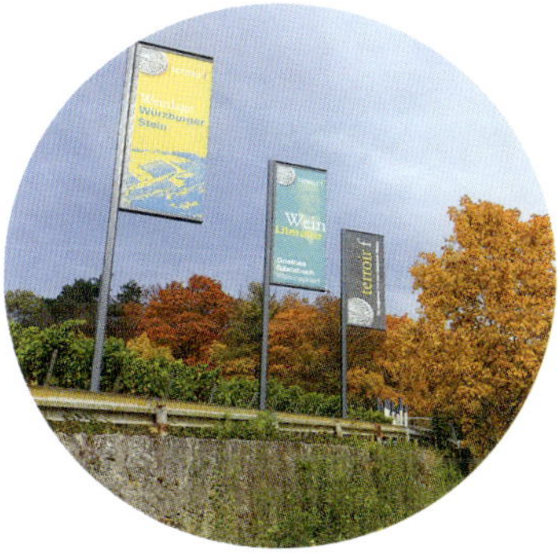

17

»terroir f«

In Franken gibt es 17 »terroir f«-Punkte, die ihre Geschichte zu einem Thema in Bezug auf den Wein erzählen. Das kleine »f« steht dabei für Franken. Der Begriff »terroir« beschreibt alle Faktoren, die einen Wein prägen, wie Boden, Klima, Exposition des Weinbergs und andere Einflüsse wie die Philosophie des Winzers. Jeder dieser »terroir f«-Punkte ist zugleich ein Aussichtspunkt mit guter Fernsicht.

80 %

Zwischen Mainspessart und Steigerwald, Saaletal und Tauberfranken wird Wein angebaut. 80 % der Frankenweine sind Weißweine aus den Sorten Müller-Thurgau, Silvaner und Bacchus. Rotweine werden bevorzugt aus den Sorten Domina, Spätburgunder und Dornfelder ausgebaut. Weinwanderwege bieten als »Genussstationen« typisch fränkische Gasthöfe und Heckenwirtschaften.

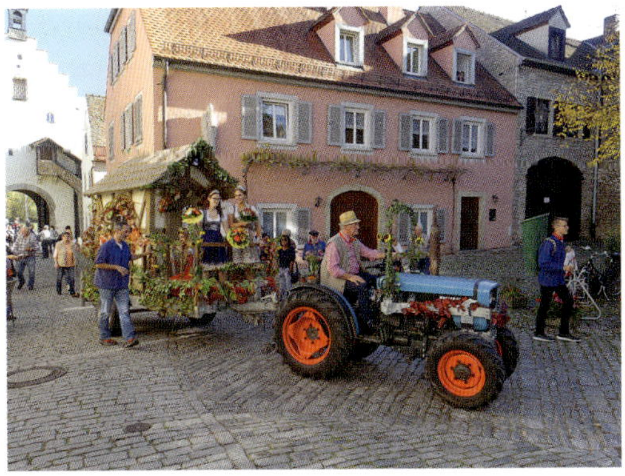

Altgau Buchonia

Geschichte

In der Rhön deuten Ringwallanlagen auf die Besiedelung keltischer und germanischer Stämme, während sich der Spessart noch als menschenleeres Urwaldgebiet erwies. Nur entlang des Mains gibt es keltische Fluchtburgen. Die Römer prägten für die Rhön und den Spessart den Begriff »Altgau Buchonia«, der sich auf die großen Buchenwälder bezog. Erst ab dem 12. Jahrhundert kam es zur Besiedelung des Spessarts. Der Spessart wurde lange Zeit durch das Erzbistum Mainz, das Hochstift Würzburg und durch die Grafen von Rieneck beherrscht. Im Spessart gab es frühe Industrieansiedlungen wie Glas- und Eisenherstellung und Bergbau. Am Transportweg Main etablierten sich Fürsten, Händler und Kaufleute, durch die ein gewisser Reichtum entstand, der sich noch heute in den Prachtbauten spiegelt.

Unterfrankens Fauna

Die baumlosen Matten in der Rhön kontrastieren mit den Wäldern des Spessarts. Die landschaftliche Vielfalt steuert die Lebensformen der Pflanzen und Tiere. In den Wäldern haben sich Säugetiere, Vogelarten, Fische und Amphibien angesiedelt. Besonderheiten sind in den Wäldern des Spessarts die Wildkatze und der Luchs. In der Rhön leben noch Birkhühner, aber das Auerhuhn ist bereits ausgestorben.

Bruckmann-Tourenfinder

Für jeden Tag die richtige Tour

			km	Hm	Std.								
1	In der Museumslandschaft Fladungen	●	6,6	100	2.10	✓	✓	✓	✓	✓			✓
2	Geheimnisse auf dem Gangolfsberg	●	9,3	250	3.00	✓	✓	✓			✓		✓
3	Mystische Kirchenburg in Ostheim	●	8,5	190	2.40	✓	✓	✓	✓	✓			✓
4	Von Oberelsbach zum Basaltsee	●	15,3	420	4.40	✓		✓			✓		✓
5	Über die Osterburg auf den Kreuzberg	●	12,3	530	4.20	✓		✓		✓			✓
6	In den Schwarzen Bergen	●	10,0	190	3.10	✓	✓	✓	✓		✓		
7	Magische Orte über Hammelburg	●	11,0	310	3.20	✓	✓	✓	✓	✓			✓
8	Zur Glashütte aus fernen Zeiten	●	8,9	140	2.40	✓	✓	✓	✓		✓		✓
9	Entdeckungen in Sailauf	●	6,7	160	2.10	✓	✓	✓	✓	✓			✓
10	In den Heigenbrückener Bachwiesen	●	11,1	200	3.30	✓	✓	✓	✓	✓		✓	✓
11	Historie und Natur in Frammersbach	●	10,6	220	3.10	✓	✓	✓		✓		✓	✓
12	Partensteiner Industriegeschichte	●	6,9	180	2.00	✓	✓		✓	✓			✓
13	Im Naturidyll Hafenlohrtal	●	7,5	110	2.10	✓	✓		✓		✓		
14	Zum Schloss Mespelbrunn	●	9,5	160	2.50	✓	✓	✓	✓	✓			✓
15	Zum mystischen Höllhammer	●	10,3	200	3.10	✓	✓	✓		✓			✓

			km	Hm	Std.								
16	Zur magischen Burgruine Wildenstein	🔵	11,6	320	3.30	✓	✓	✓			✓		✓
17	Zur Kartause Grünau	🔵	9,8	240	3.00	✓	✓	✓			✓		✓
18	Zur geheimnisvollen Schwedenschanze	🔴	11,1	370	3.40	✓		✓		✓			✓
19	Zur keltischen Altenburg	🔵	8,8	280	2.40		✓	✓	✓		✓		✓
20	Kleinwallstädter Kultur-landschaft	🔵	9,6	180	2.50	✓	✓	✓			✓		✓
21	Durch die Obernburger Gemarkung	🔵	9,1	280	3.00	✓	✓	✓			✓		✓
22	Zum Klingenberger Galgen	🔵	10,6	330	3.20	✓		✓			✓	✓	✓
23	Zur Kultstätte Hunnenstein	🔵	8,0	310	2.50	✓		✓			✓		✓
24	Mystische Gotthardsruine	🔴	10,0	350	3.20	✓		✓			✓		✓
25	Bürgstadter Denkmäler	🔴	8,1	340	2.40	✓		✓	✓		✓		✓
26	Zu den triefenden Steinen	🔵	6,9	130	2.10	✓	✓	✓	✓	✓			✓
27	Zum Forsthaus Aurora	🔴	9,8	370	3.10	✓		✓			✓		✓
28	Nach Mariabuchen pilgern	🔵	10,9	220	3.30	✓	✓	✓	✓		✓		✓
29	Kunsthistorischer Bogen um Rimpar	🔵	9,2	200	3.00	✓	✓	✓	✓	✓			✓
30	Schweinfurter Spazierwege	🔵	6,4	100	2.00	✓	✓	✓	✓		✓		✓
31	1000 Jahre auf der Vogelsburg	🔵	10,6	120	3.00	✓	✓	✓	✓	✓			✓
32	Iphofen und Mainbernheim	🔵	15,1	180	3.50	✓		✓	✓	✓			✓
33	Zur Schmachtenburg über Zeil am Main	🔵	7,3	160	2.20	✓	✓	✓		✓			✓

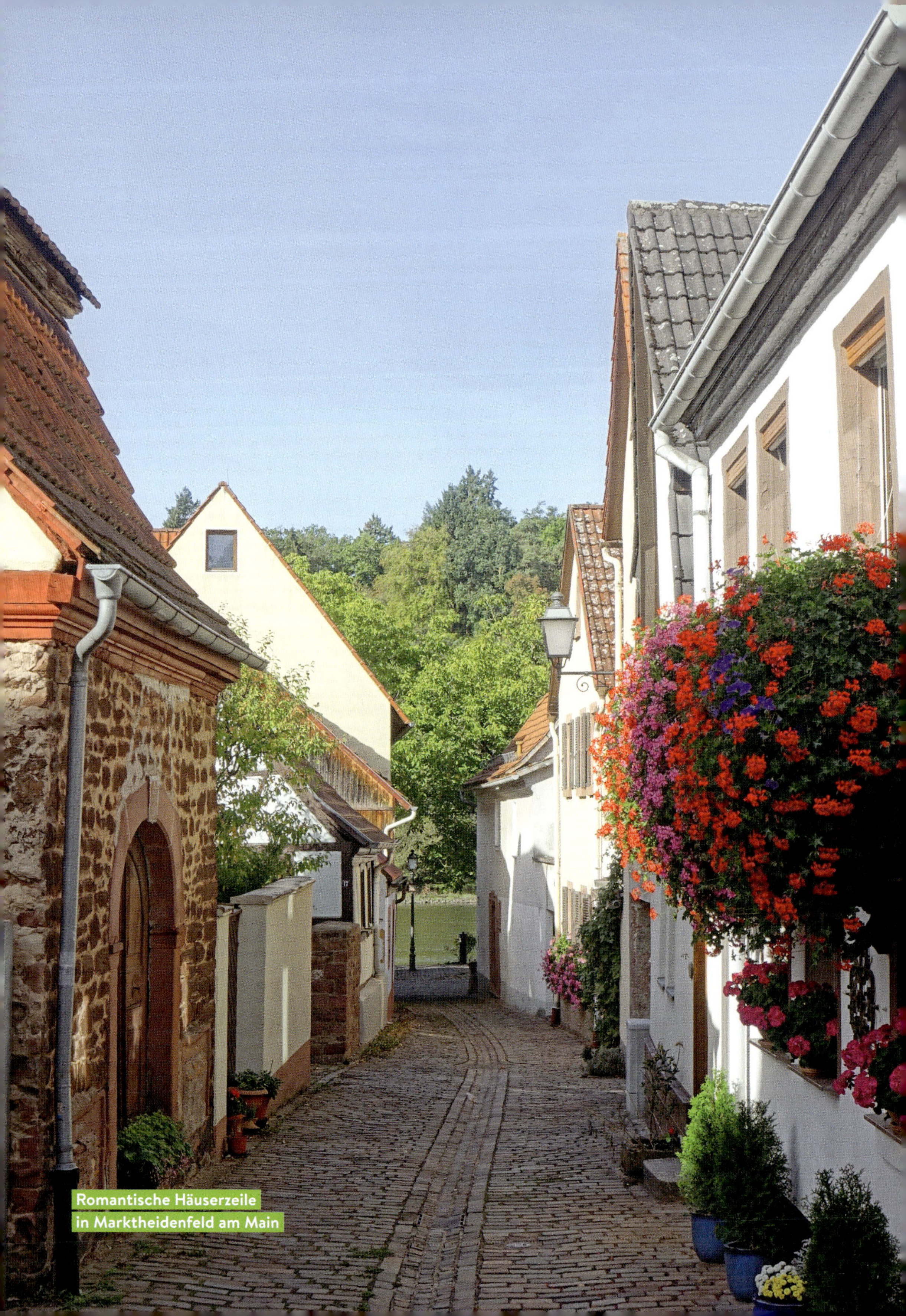

Romantische Häuserzeile
in Marktheidenfeld am Main

INFO

PIKTOGRAMME ERLEICHTERN DEN ÜBERBLICK

Länge · Höhenunterschied · Gehzeit

Einkehr · wintergeeignet · Baden

kindergeeignet · viel Sonne · ÖPNV

Sehenswürdigkeit · schattiger Weg

ANFORDERUNGEN

Die Wanderungen sind nach eigener Einschätzung der Schwierigkeiten von Wegbeschaffenheit, Entfernung, Orientierung, Höhenunterschied und Gefahrenlage eingeteilt.

● LEICHT

Einfache Wanderung auf guten Wegen und Pfaden ohne starke Steigungen, die aber auch ohne Markierung sein können. Orientierungssinn wird benötigt.

● MITTEL

Mittelschwere Wanderung mit deutlichen Höhenunterschieden auf Wegen und Pfaden, die etwas Kondition, Ausdauer und guten Orientierungssinn erfordert.

● SCHWER

Anspruchsvolle Wanderung auf teilweise steilen Wegen mit hoher Anforderung an die Kondition, Schwindelfreiheit und Trittsicherheit. Kann ausgesetzte Passagen am Fels beinhalten. Ein gutes Orientierungsvermögen ist unbedingt geboten. Alpine Erfahrung wird vorausgesetzt.

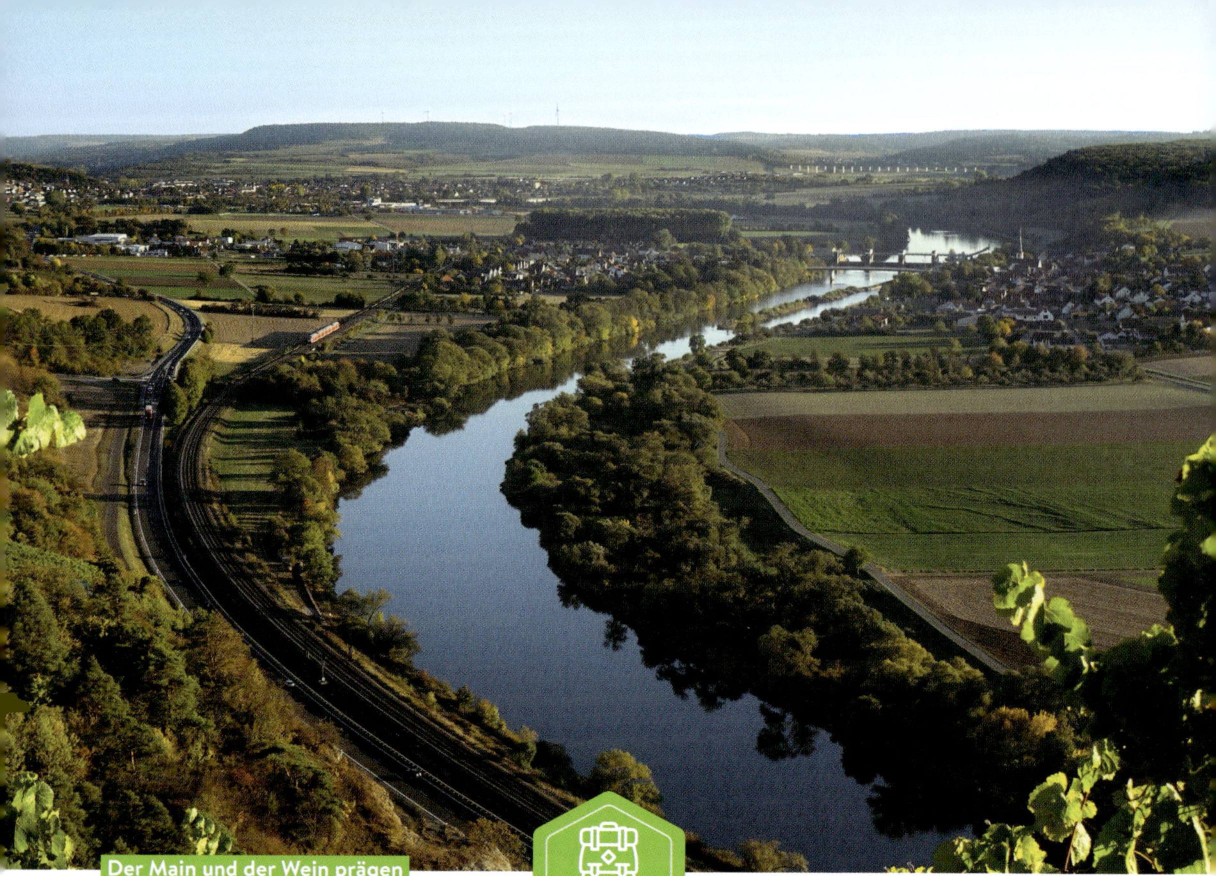

Der Main und der Wein prägen die Landschaft in Mainfranken.

MYSTISCHE PFADE IN UNTERFRANKEN

Die Rhön mit ihren offenen Fernen, der Spessart mit den schier unendlichen Wäldern und Weinfranken mit den Wegen durch die Weinberge sind herrliche Wandergebiete.

Viele Themenwanderwege und auch Fernwanderwege wie der Rotweinwanderweg, Fränkischer Marienweg, der Eselsweg oder der Mainwanderweg durchziehen die Landschaften. Die Wandergebiete in diesem Buch sind in die drei Gruppen Rhön, Spessart und Weinfranken gefasst. Die Wanderungen können mit einem Blick auf die Wanderkarte auf Wegen oder mit öffentlichen Verkehrsmitteln oft verkürzt oder auch verlängert werden. Touren, für die Trittsicherheit empfohlen wird, sind mit Vorsicht zu genießen. Mit Trittsicherheit ist die Fähigkeit gemeint, sich beim Wandern in unwegsamem Gelände oder über Felsen sicher bewegen zu können. Einige Wanderungen erfordern Orientierungsvermögen, da die Wege nicht immer mit Markierungen versehen sind.

REISEN IN UNTERFRANKEN

Alle Wanderungen in diesem Buch enthalten in der Infospalte Hinweise für die Anreise. Mit dem Auto kommt man überall hin. Gute Anbindung mit öffentlichen Verkehrsmitteln bieten Orte, die mit der Bahn oder mit dem Bus erreichbar sind. Die öffentlichen Verkehrsmittel zu den Wanderungen sind zwar angeführt, doch die Fahrzeiten erweisen sich für Wanderer nicht immer als praktisch. Bei der Bahn oder beim Verkehrsunternehmens-Verbund Mainfranken gibt es verbilligte Fahrkarten wie z. B. das Bayern-Ticket, City-Ticket oder das Regio-Ticket Main-Spessart (www.bahn.de, www.vvm-info.de).

BESTE JAHRESZEIT, KLIMA UND WETTER

Natürlich ist ein Urlaub in Unterfranken in den Sommermonaten am besten. Herrlich ist aber auch der Herbst mit seinen unvergleichlichen Farben, das Wetter ist oft stabiler als im Sommer und die Niederschlagsmengen sind gering. Wer Blumen liebt, wird den Frühling wählen. In der Rhön, im Spessart und besonders am Main sind auch Winterwanderungen möglich, sofern dies die Schneelage zulässt. Zwar liegen die Tageshöchstwerte in allen drei Gebieten mit 13 °C im Jahresmittel in etwa gleich hoch, doch überall, wo der Wein wächst, kann es auch mal richtig warm sein. Die vorwiegend westliche Luftströmung lässt die Niederschläge an den Bergen der Rhön und des Spessarts abregnen. Während in Würzburg eine Jahresniederschlagsmenge von 750 mm auftritt, beträgt sie in der Rhön und im Spessart bis zu 1100 mm. Eine frühe Startzeit am Tag bringt oftmals eine ruhige Tour, stilles Wanderglück und die schönsten Fotos. Für Spätaufsteher sind die Aussichtspunkte mit Blick nach Westen, an denen der Sonnenuntergang betrachtet werden kann, etwas Besonderes. Im Angesicht des jeweiligen Wetters ist die Machbarkeit der Touren in eigenverantwortliche Erfahrung zu bringen. Für die Wetteraussichten eines bestimmten Ortes benutzt man am besten eine der örtlichen Wetterstationen. Allgemeinere Wettervorhersagen gestalten einige Internetseiten wie zum Beispiel www.wetteronline.de.

AUSRÜSTUNG

Hohe und feste Schuhe mit griffiger Sohle sind einer der wichtigsten Ausrüstungsgegenstände. Turnschuhe sind für alle Wanderungen in diesem Buch nicht geeignet. Sonnen- und Regenschutz sollten stets mit auf die Tour, wobei ein stabiler Regenschirm gute Dienste leistet, solange kein Wind mit im Spiel ist. Eine Regenjacke ist unverzichtbar, führt selbst in modernster Ausführung

Die Rhön ist das Land der offenen Fernen.

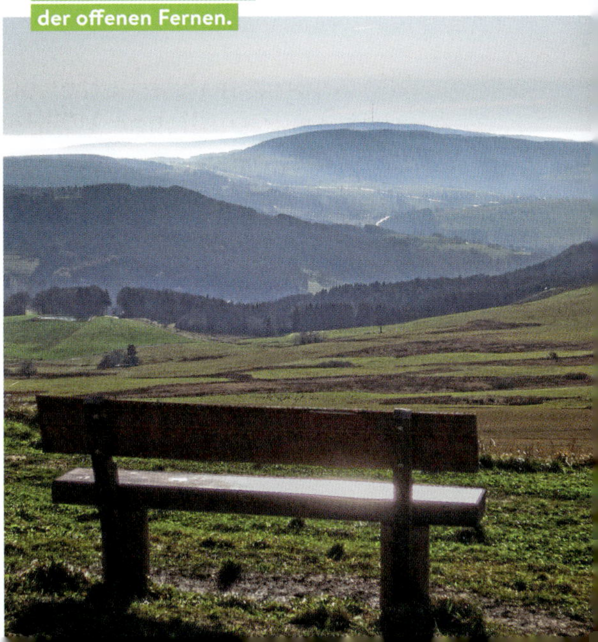

jedoch im Gegensatz zum Regenschirm bei entsprechender Wärme zum Schwitzen. Zur Ausrüstung gehören auch eine schnelltrocknende Wanderfunktionshose, ein guter Rucksack mit Lüftungsabstand am Rücken, gefüllt mit Notproviant, ausreichend Flüssigkeit, ein Wechselshirt, eine Notfallapotheke und ein Mobiltelefon für einen Notruf. Auch der Kälteschutz darf nicht vernachlässigt werden. Wenn sich jemand verletzt und am Boden gelagert werden muss und Nässe dazukommt, kann es gefährlich werden.

SICHERHEIT UND GEFAHREN

Wichtigste allgemeine Gefahren in freiem Gelände sind Wetterwechsel und bei einzelnen Touren unter Felswänden auch Steinschlag. Erfahrene Wanderer beobachten an jedem sich bietenden Fixpunkt ihren Höhenmesser und justieren ihn erneut. Denn steigt die Angabe des Höhenmessers von einem Fixpunkt zum nächsten erheblich an, bedeutet dies einen Luftdruckabfall und lässt eine schnelle Wetterverschlechterung voraussehen. Umkehren ist kein Zeichen von Schwäche, sondern Klugheit. Eine Gefahr für die Gesundheit sind Zeckenbisse. Eine lange Hose, die über die Wanderstiefel reicht, und Mittel gegen Zecken sind probate Mittel zur Abwehr.
112 – Einsatzzentrale für Polizei, Notarzt, Feuerwehr und Bergwacht
Optisches oder akustisches Notrufsignal: 6 Signale hintereinander mit 10 Sekunden Abstand

GEHZEITEN, RICHTUNGSANGABEN, HÖHENMETER UND GPS-KOORDINATEN

Die subjektiv ermittelten Gehzeiten sind reine Zeiten unterwegs ohne Pausen. Auf orografische Bezeichnungen, die Relief, Höhenstruktur und Verlauf der Erdoberfläche mit Fachterminologie beschreiben, wurde zu Gunsten der Allgemeinverständlichkeit verzichtet. Abzweige und Richtungswechsel sind im Text trotz Wegweisern beschrieben, denn die können ja mal fehlen. Wird kein Richtungshinweis gegeben, bedeutet dies in jedem Fall geradeaus. Die Höhenangaben entstammen zuallererst den Karten, denn die haben Geografen vermessen und gezeichnet, dann erst aus dem ständig justierten Höhenmesser. Bei den Werten des Höhenmessers sind aber immer Ungenauigkeiten möglich, weil diese wegen der Veränderung des Luftdrucks variabel sind. Die angegebenen GPS-Koordinaten sind vor Ort in freier Natur erhoben, unterliegen jedoch manchmal nicht geringen Messabweichungen durch die Umgebungsbedingungen. Höhenangaben auf Wegweisern oder an markanten Punkten im Gelände entsprechen nicht immer den Tatsachen.

WEGMARKIERUNGEN UND WEGWEISER

Die meisten Wanderwege in der Rhön, im Spessart und in Weinfranken sind mit Wegweisern, Markierungen und Picknickplätzen sehr gut erschlossen. Wenn nötig, sind in den Wegbeschreibungen die Markierungen der Wanderwege angegeben.

EINKEHRMÖGLICHKEITEN

Die Einkehrmöglichkeiten sind bei den Wanderungen angeführt. Bitte vor der Wanderung prüfen, ob die Gasthäuser oder Hütten auch wirklich geöffnet haben.

REGIONALE KÜCHE

Da die Rhön und der Spessart lange Zeiten zu den armen Gegenden zählten, waren die Speisen von Kartoffeln, Mehl und Gemüse geprägt. In der Glut gegartes Lakefleisch

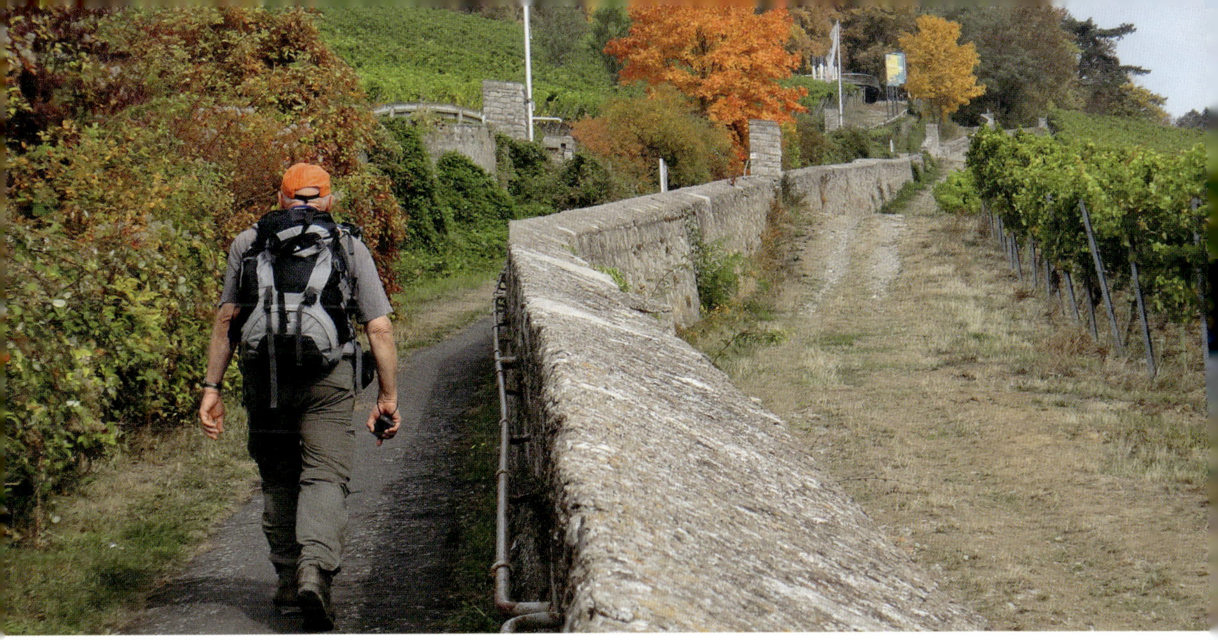

Viele Wanderwege führen durch die Weinberge am Main.

(Schweinefleisch mit Zwiebeln in Salzlake) und Kartoffeln ist im Spessart seit dem 19. Jahrhundert als Köhleressen bekannt und wird auch heute noch auf Dorffesten zelebriert. Die Rhönforelle und das Rhönschaf sind Spezialitäten aus der Rhön. Sogenannte regionale Küchen haben sich erst richtig in der Neuzeit entwickelt. So sind heute Wildgerichte, Braten, Schnitzel, Hausmacherwurst und Forellen auf den Speisekarten zu finden. Alte Rezepte wurden wiederentdeckt und kreativ neu interpretiert. Die Menschen in den Städten am Main kannten schon im Mittelalter eine bessere Küche als die armen Leute im Spessart, die heute noch durch den trockenen Frankenwein unterstrichen wird.

KARTEN, BÜCHER, BROSCHÜREN

Kartenmaterial stellen das Bayerische Vermessungsamt (www.ldbv.bayern.de), der Verlag Kompass (www.kompass.de), Fritsch (www.fritsch-landkartenverlag.de) und andere her. Wer sich eine Wanderkarte der geplanten Gegend ausdrucken möchte, findet unter Internetsuche »Wanderkarte ausdrucken kostenlos« verschiedene Möglichkeiten, zum Beispiel www.wanderreitkarte.de. Reiseführer und Wanderkarten gibt es im Buchfachhandel oder in Fremdenverkehrsämtern. Dort sind auch Druckschriften oder Übersichtskarten für spezielle Interessen zu finden, wie zum Beispiel Beschreibung der Museen, Wandertipps oder Erlebnisse für Kinder. Die zuständigen Touristinformationen sind in der Infospalte der Wanderungen angegeben.

INTERNET

Es gibt zahlreiche Internetplattformen wie www.frankentourismus.de, www.rhoen.de, www.spessart-tourismus.de oder www.spessart-mainland.de, die für die Reiseplanung genutzt werden können. Daneben haben alle Regionen, Städte und Fremdenverkehrsorte ihre eigenen Internetauftritte, die in der Infospalte der Wanderungen angegeben sind.

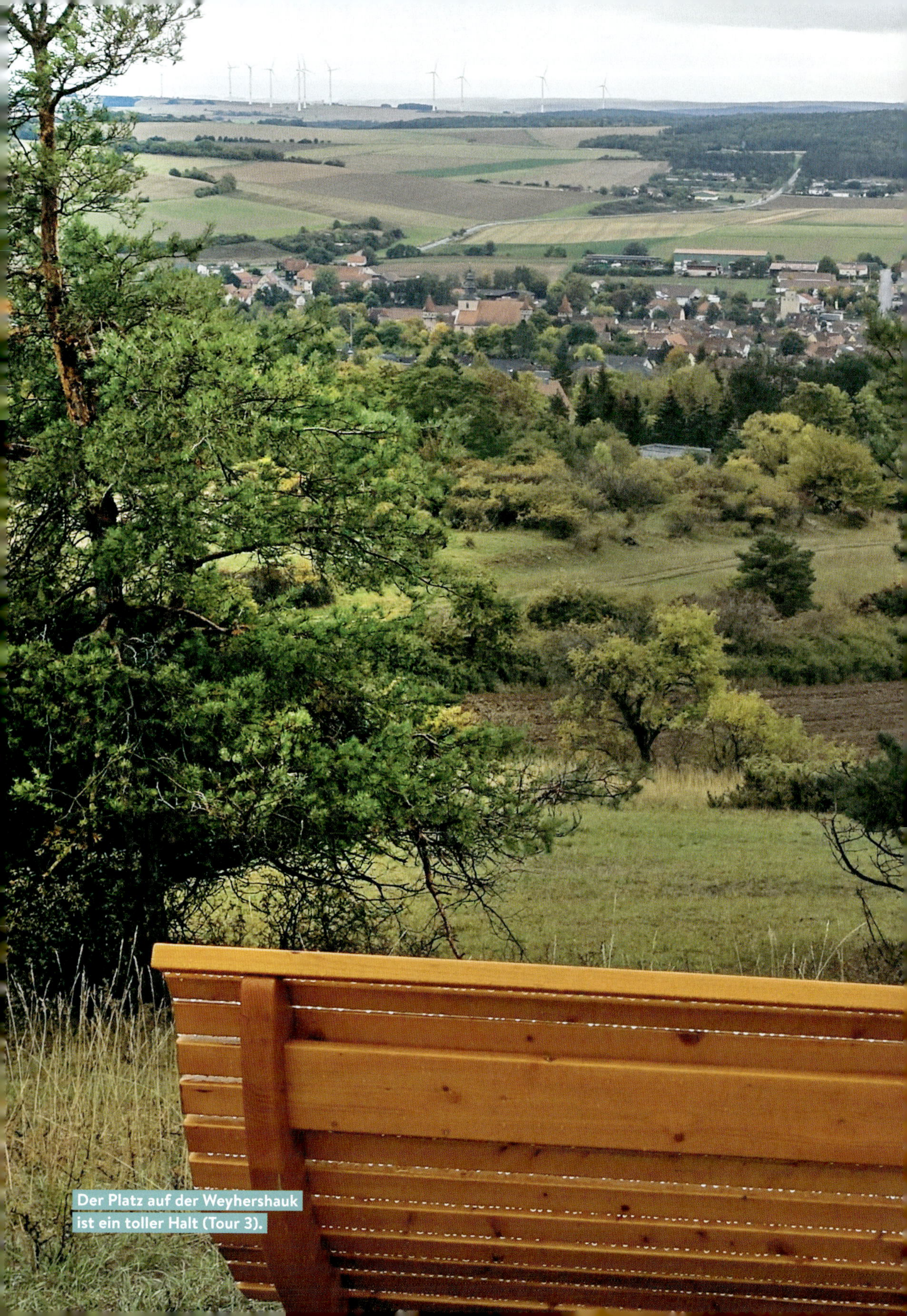

Der Platz auf der Weyhershauk
ist ein toller Halt (Tour 3).

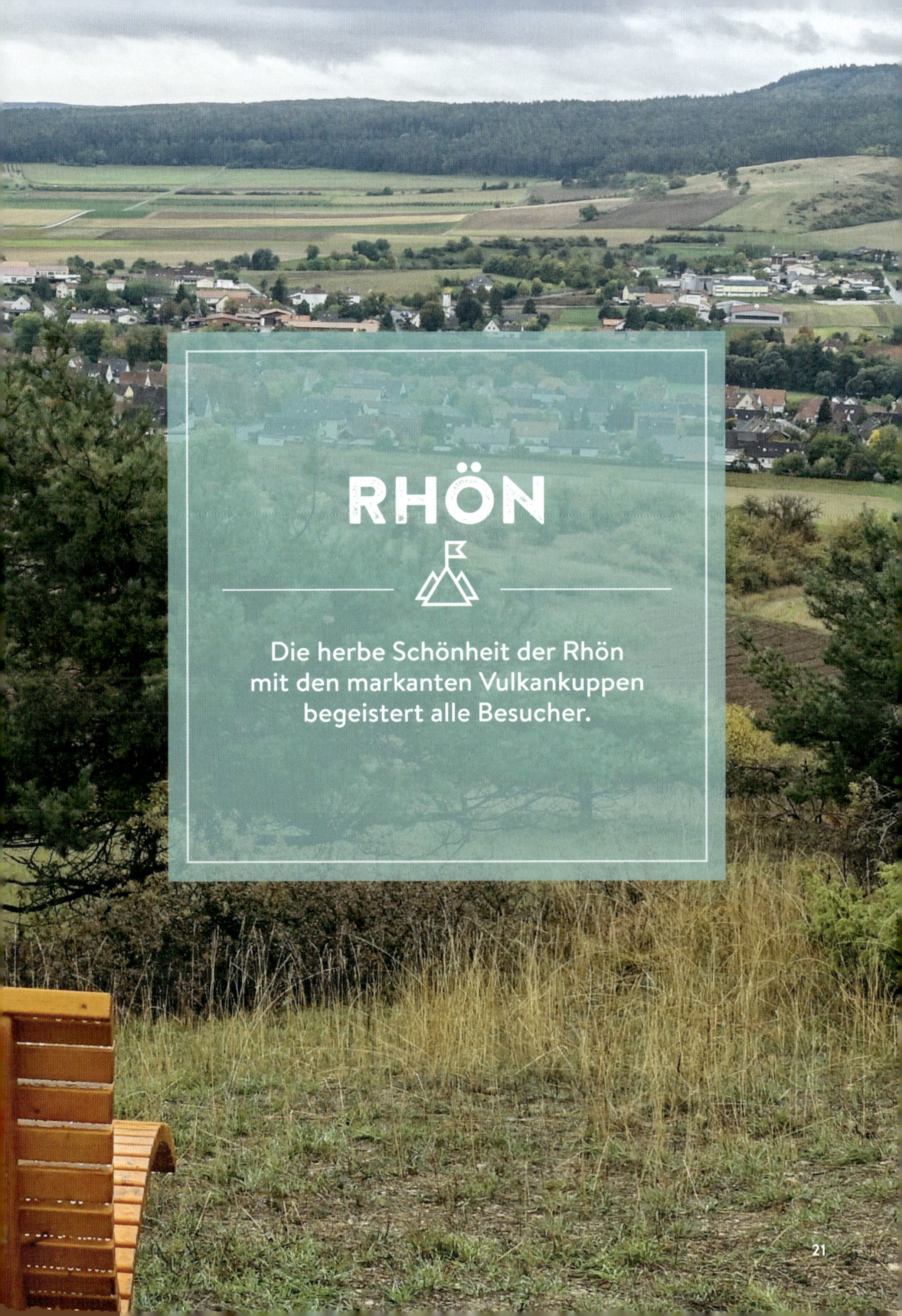

RHÖN

Die herbe Schönheit der Rhön mit den markanten Vulkankuppen begeistert alle Besucher.

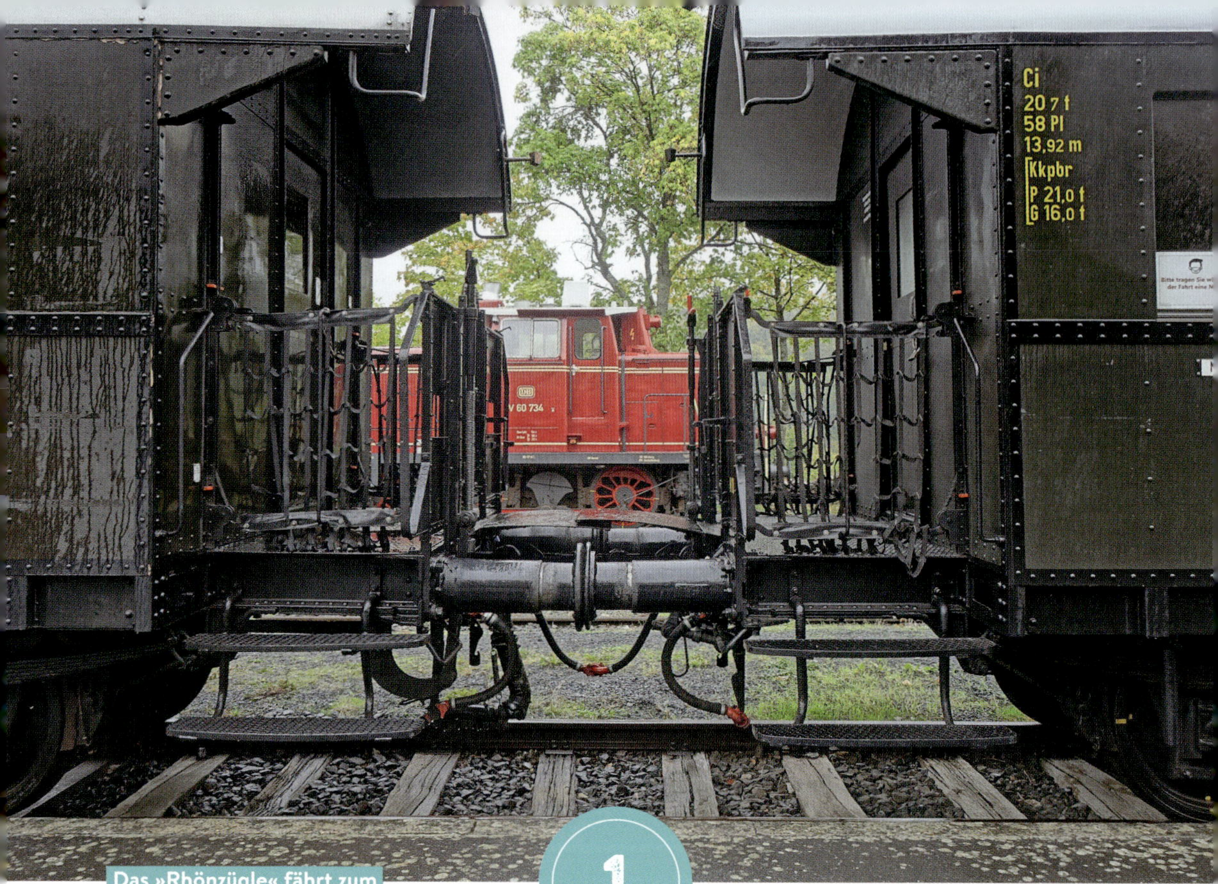

Das »Rhönzügle« fährt zum Freilandmuseum in Fladungen.

1

IN DER MUSEUMSLAND-SCHAFT FLADUNGEN

Stadtmauer, Türme und Fachwerk

Das historische Bild Fladungens macht die nördlichste Stadt Bayerns zu einem bevorzugten Urlaubs- und Ausflugsort mit einem intimen Stadtkern und Freilichtmuseum. Ein Bummel durch die Gärten, Bauernhöfe und in das Wirtshaus des Museums ist ein Weg zurück in die Vergangenheit.

Das schönste Erlebnis ist eine Fahrt mit der historischen Dampfeisenbahn »Rhönzügle« durch das Tal der Streu zum Fränkischen Freilandmuseum. Auf der Wanderung durch ausgedehnte Streuobstwiesen öffnen sich immer wieder wunderschöne Blicke auf Fladungen und auf die St.-Gangolf-Kapelle.

ZUM MAULAFFENTURM Vom Parkplatz am **A Freilandmuseum** und am 1899 erbauten Bahnhof der Streutalbahn beginnen wir auf der Bahnhofstraße (B 285) zuerst mit der Wanderung durch und um Fladungen. Immer geradeaus kommen wir innerhalb der alten Stadtbefestigung nun auf der Ludwigstraße an der Pfarrkirche St. Kilian aus dem Jahr 1659 vorbei. Zwei Vorgängerkirchen an dieser Stelle sind durch Blitzschlag abgebrannt. Die jetzige Kirche glänzt mit einer Innenausstattung im Stil des Rokokos. Der große Renaissancebau am Marktplatz nach der Kirche ist das Fürstbischöfliche Würzburgische Amtshaus von 1630. Hier sind heute das Rathaus, die Touristinformation und das Rhönmuseum untergebracht. Gegenüber dem Amtsschloss ist der Pranger. Die ringsum stehenden Fachwerkhäuser stammen aus dem 17. und 18. Jahrhundert. Das Haus mit der Nummer 8 aus dem Jahr 1770 mit dem Brunnen davor war das ehemalige Pfründnerspital. Die Ludwigstraße (B 285) durchbricht am sagenumwobenen **1 Maulaffenturm** die Stadtmauer. Dieser Turm von 1335 war einst der Gefängnisturm des Stadtgerichtes. Der Maulaffenturm ist berühmt, weil auf der Straßenseite ein Wasserspeier in Form eines Männchens dem Betrachter sein nacktes Hinterteil zuwendet.

ZUR ST.-GANGOLF-KAPELLE Wir überschreiten nach dem Maulaffenturm den ehemaligen Stadtgraben und gehen rechts

↓ An der Stadtmauer bei der Pfarrkirche Sankt Kilian
↘ Das ehemalige Pfründnerspital stammt aus dem Jahr 1770.

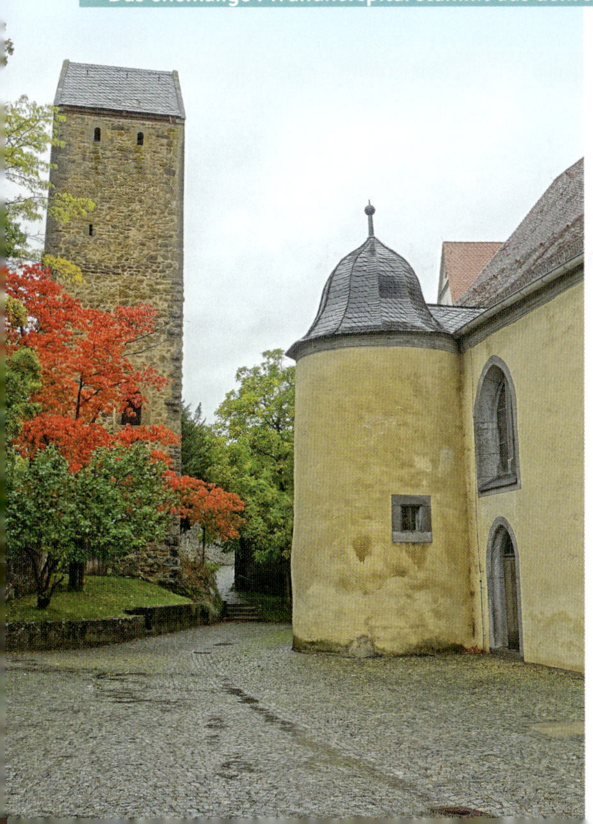

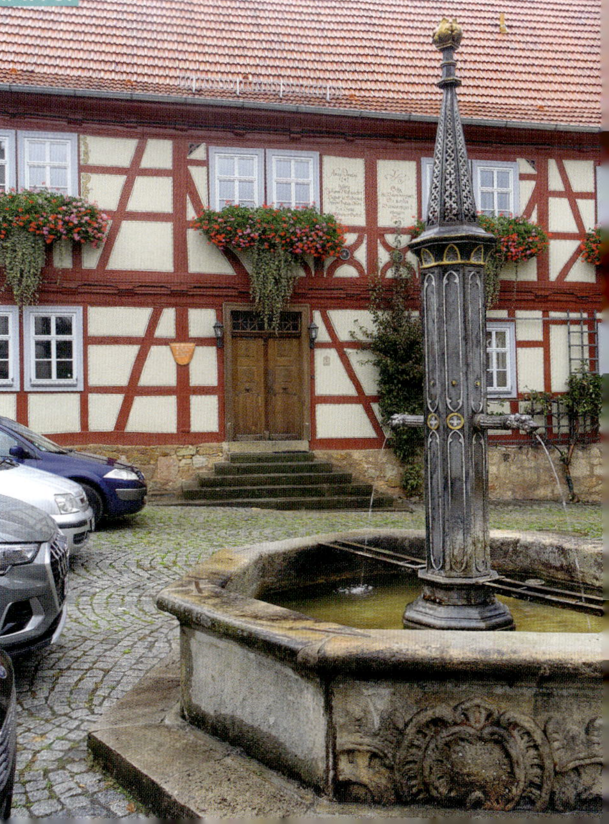

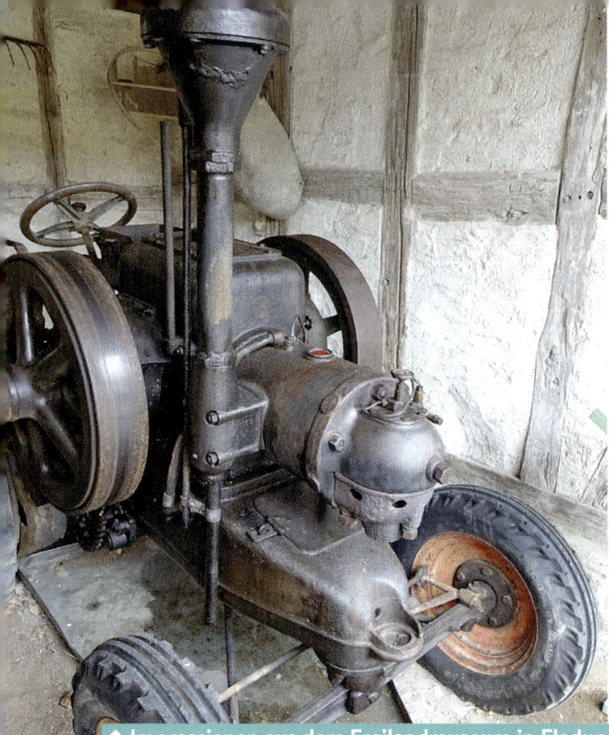

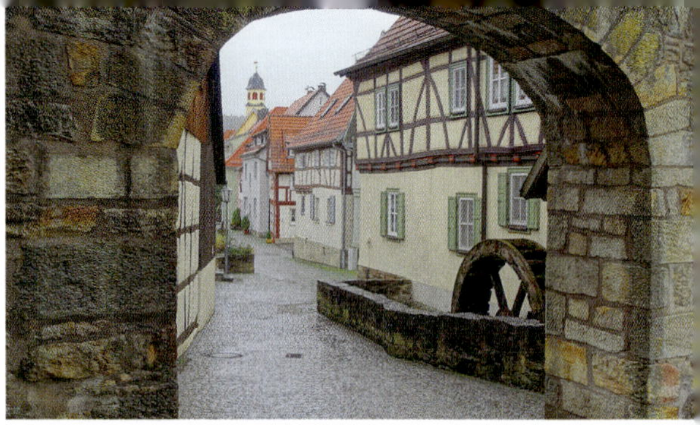

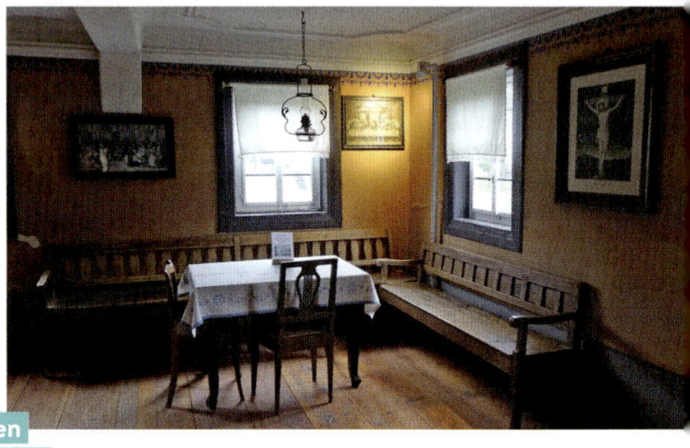

↑ Impressionen aus dem Freilandmuseum in Fladungen
↗ An der Stadtmauer bei der Oberen Mühle in Fladungen
→ Stube in einem historischen Museumshaus

auf der Brüchser Straße entlang der Gärten im Graben. Nach einem großen Parkplatz laufen wir vor den Bäumen rechts auf einem Feldweg hinab und unten auf der Sandser Straße rechts. Nach 80 Metern geht es links auf einem befestigten Sträßchen hinauf zur Brüchser Straße, die wir so abgekürzt haben. Nach 100 Metern steigen wir links auf der Wurmbergstraße aufwärts und wandern nach 40 Metern links unterhalb der Häuser auf dem Feldweg nach Nordwesten und bleiben in etwa auf dieser Höhenlinie. Bald kommen wir an einem alten Kalksteinbruch vorbei, dessen zwei alte Kalköfen bis in die 1960er-Jahre genutzt wurden. Aus der Höhe schauen wir auf das Dorf Oberfladungen mit seiner Kirche aus dem Jahr 1694. An einer Kreuzung über dem Hof Fallhütte laufen wir links auf einer asphaltierten Straße hinab und auf der alten Steinbrücke über das Flüsschen Streu. Nun sind wir auf dem Streuweg, der uns an die **2 B 285** bringt. Links entlang der Bundesstraße erreichen wir nach 250 Metern

Tipp

IM RHÖNMUSEUM

Im fürstbischöflichen Würzburger Amtsschloss in Fladungen beherbergt das Rhönmuseum bedeutende Sammlungen Rhöner Volkskunst. Schwerpunkte bilden regionale Schnitzarbeiten wie die Rhöner Fastnachtsmasken und Werke von Künstlern des 19. Jahrhunderts. Tier- und Pflanzenpräparate aus der Natur der Region Rhön runden die vielfältigen Objekte ab. Das Rhönmuseum ist eines der ältesten und bekanntesten Regionalmuseen Nordbayerns (Marktplatz 1, 97650 Fladungen, Tel. 09771/946 92, www.rhoenmuseum.de).

rechts den Röllweg, auf dem wir nach Fladungen hinüberwandern. Die Verlängerung nach der Hochrhönstraße ist dann der Lerchenweg und die Flurstraße. Nach dem Sportplatz bleiben wir geradeaus durch die Felder aufwärts und gehen an der Bank mit Aussicht über Fladungen nach links. Nach 40 Metern steigen wir rechts auf der Fahrspur hinauf zur **3 St.-Gangolf-Kapelle** auf dem Kapellenberg. Sie wurde 1597 erbaut, aber 1754 verändert.

ZUM FREILANDMUSEUM Vor der Kapelle laufen wir auf dem asphaltierten Sankt-Gangolf-Weg nach Fladungen hinunter. Fladungen wurde erstmals im Jahr 789 urkundlich erwähnt und erhielt 1335 die Stadtrechte. Kurz vor der Hausener Straße gehen wir am Kindergarten auf dem Kapellenberg links und bleiben in der Verlängerung auf der Gartenstraße entlang der Grabengärten. An der Straße Kehlbach können wir rechts durch ein Tor in der Stadtmauer zur **4 Oberen Mühle**. Gleich nach der Mühle schlendern wir rechts auf dem Weg Wehrgang innerhalb der Stadtmauer bis zur Kirche Sankt Kilian. Der gut erhaltene Stadtbefestigungsring aus dem 14. und 15. Jahrhundert ist mit Wehrtürmen ausgerüstet. Vor der Kirche geht es auf der Bahnhofstraße (B 285) rechts zum Parkplatz am Bahnhof und **E Freilandmuseum** zurück. Das Museum lädt zu einer Zeitreise in die Geschichte ein. Besucher erleben fränkisches Dorfleben zum Anfassen. Die wiedererrichteten Bauten stammen aus verschiedenen Landschaften Unterfrankens. Der Rundgang ist etwa zwei Kilometer lang (www.freilandmuseum-fladungen.de).

INFO

TOURENCHARAKTER

Leichte, meist sonnige Wege durch Wiesen und Felder

AUSGANGS-/ENDPUNKT

Freilandmuseum, Bahnhofstraße 19, 97650 Fladungen
GPS 50°31'11.2"N 10°09'01.1"E (405 m)

ANFAHRT

ÖPNV: Bahn nach Bad Neustadt/Saale und mit dem Bus Linie 8183 und 8153 nach Fladungen
Auto: Auf der A 71 Ausfahrt 24 Mellrichstadt und auf der B 285 nach Fladungen

GEHZEITEN

Freilandmuseum – Maulaffenturm 0:15 Std. – B 285 0:40 Std. – Kapelle 0:40 Std. – Obere Mühle 0:15 Std. – Freilandmuseum 0:20 Std.

EINKEHR

Gasthof Krone Fladungen, Obere Pforte 1, 97650 Fladungen, Tel. 09778/74 83 67 10, www.krone-fladungen.de

Leicht	6,6 km	100 Hm	2.10 Std.

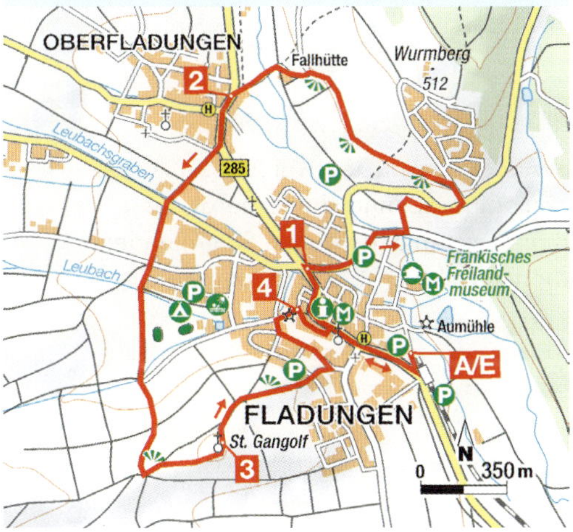

INFORMATION

Marktplatz 1, 97650 Fladungen, Tel. 09778/91 91 11, www.fladungen-rhoen.de

GEHEIMNISSE AUF DEM GANGOLFSBERG

Phänomene des Vulkanismus

Die waagerecht liegenden Basaltsäulen des vulkanischen Gangolfsberges stellen sich zunächst als Rätsel dar. Mystisch erscheinen der Teufelskeller und die Wallanlage aus keltischen Zeiten. Die Ruine der St.-Gangolfs-Kapelle aus dem 8. Jahrhundert soll dem Berg den Namen gegeben haben.

2

Mystische Stimmung am Platz der St.-Gangolfs-Kapelle

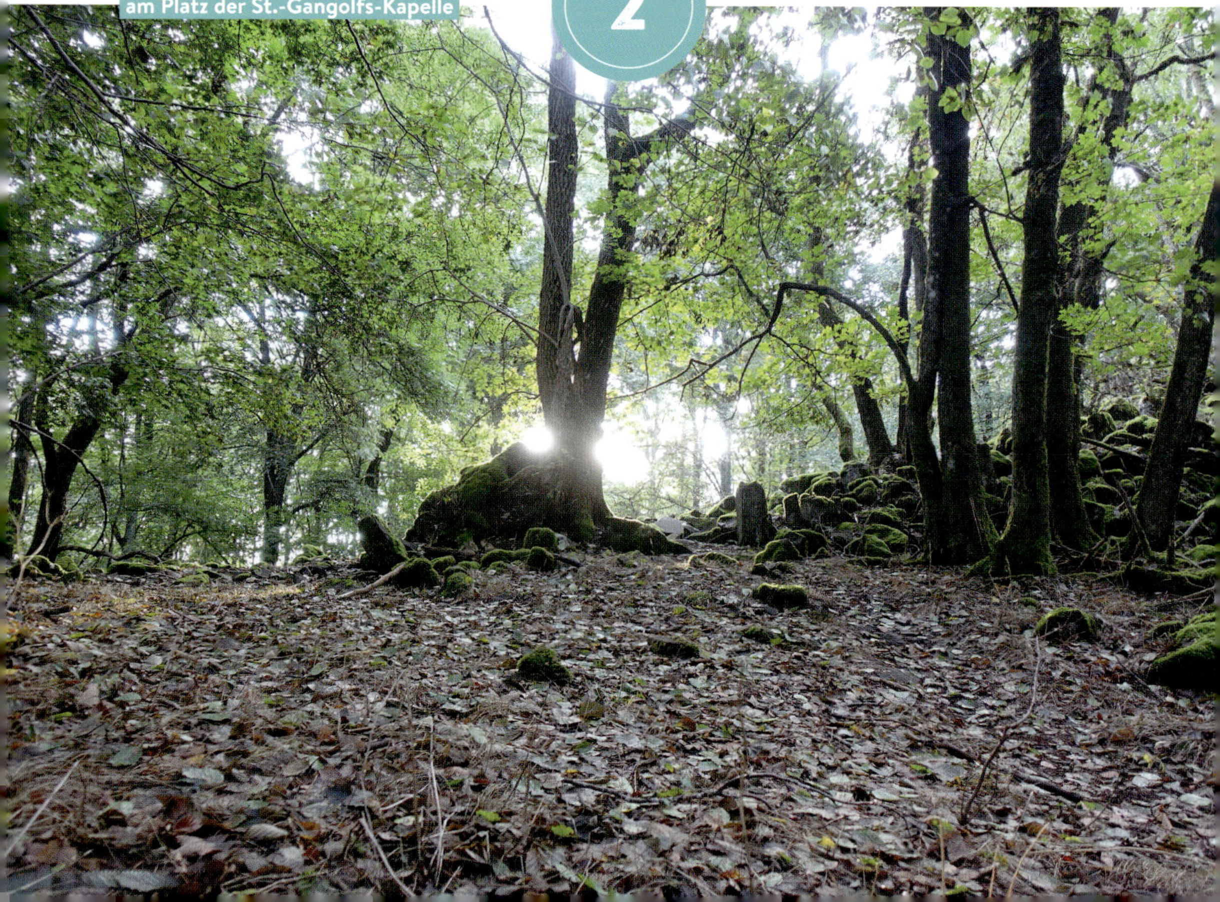

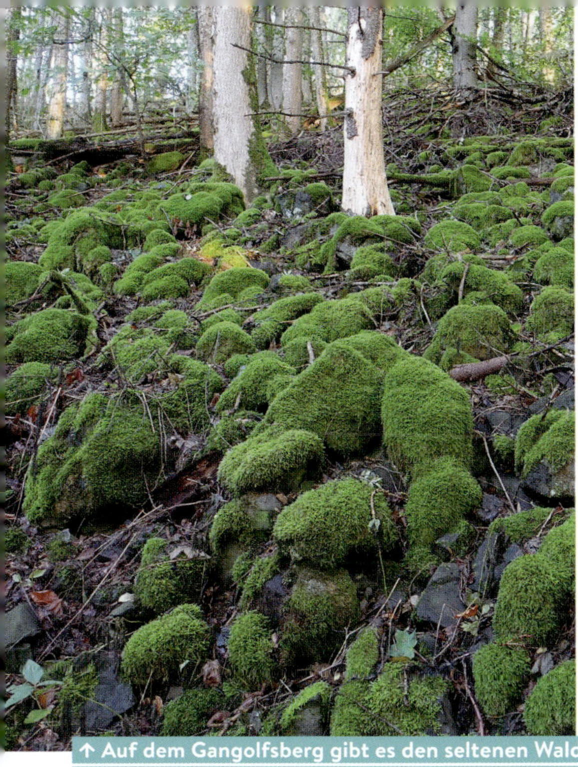

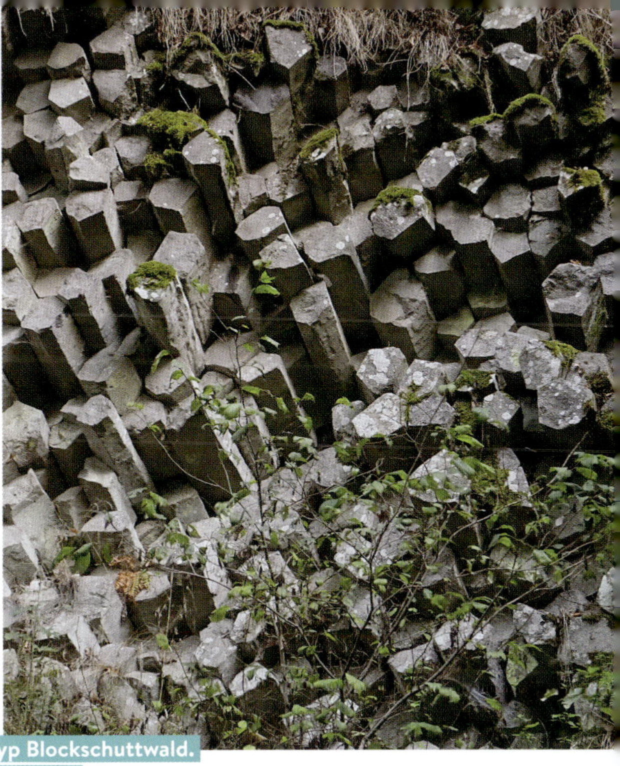

↑ Auf dem Gangolfsberg gibt es den seltenen Waldtyp Blockschuttwald.
↗ Die Basaltprismenwand ist ein fantastisches Naturwunder.

Die beachtenswerte Vegetation am Gangolfsberg ist ein Musterbeispiel vom Waldtyp Blockschuttwald, wie er sich an verwitterten vulkanischen Bergkegeln oder auch in Bergsturzgebieten entwickelt. Im Laufe der Zeit haben sich Edellaubhölzer wie Spitzahorn, Bergahorn, Bergulme, Traubeneiche und Esche angesiedelt. Außerhalb der Rhön sind Blockschuttwälder nur selten anzutreffen.

ZUR THÜRINGER HÜTTE Vom Parkplatz am **A Gangolfsberg** beginnen wir auf dem Naturlehrpfad nach Südwesten in Richtung Basaltprismenwand die Wanderung über den Gangolfsberg. Bald folgen wir dem ausgeschilderten Pfad auf der rechten Seite zur beeindruckenden **1 Basaltprismenwand**. Vor 20 Millionen Jahren drang Basalt durch Spalten an die Erdoberfläche, blieb jedoch in den Schloten stecken und erkaltete zu den Basaltprismen. In die fast waagerechte Lage kamen die Säulen durch die geologische Hebung der Rhön in späteren Erdzeitaltern. Gleich nach der Basaltprismenwand geht es in einem Abstecher links hinab zum Teufelskeller. Die Stelle ist ein Basaltinferno mit einer Halbhöhle, das durch einen Felssturz

Tipp

RÄTSELHAFTE PRISMENSÄULEN

Die vieleckigen Basaltsäulen entstehen nach der Erstarrung von Lava bei der Abkühlung des heißen Gesteines. Die Wärmeentziehung führt zu einer Schrumpfung. Wenn die Spannung die Festigkeit des Gesteines überschreitet, reißen Spalten auf, die ein vier- bis sechseckiges polygonales Muster bilden. Ein ähnliches Phänomen zeigen die polygonalen Trockenrisse auf einer Schlammoberfläche.

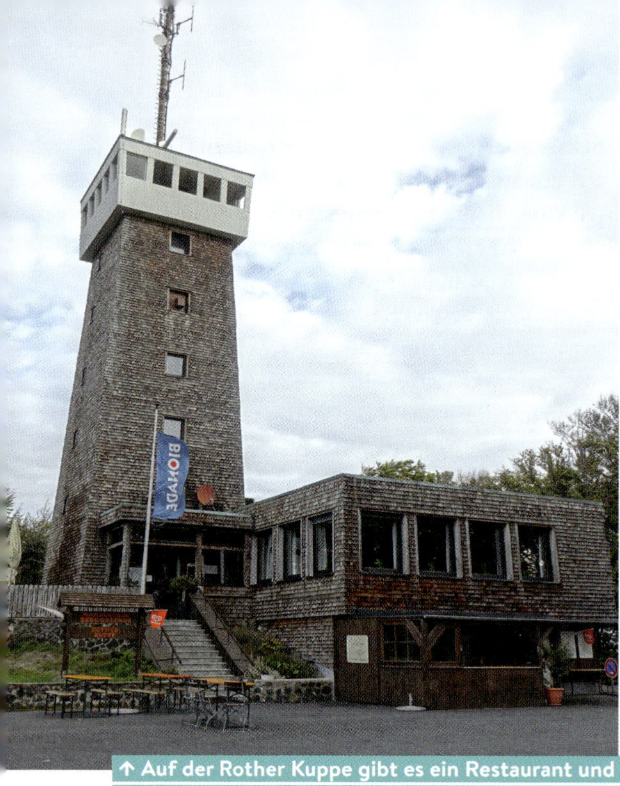

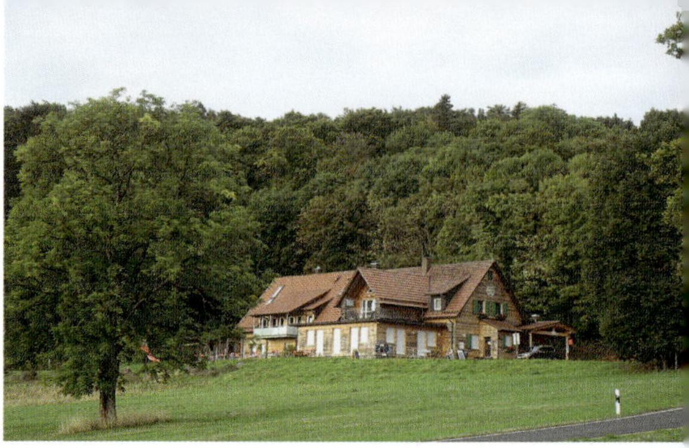

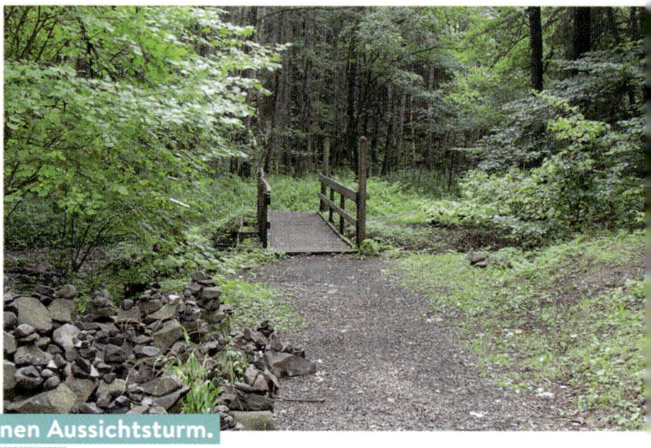

↑ Auf der Rother Kuppe gibt es ein Restaurant und einen Aussichtsturm.
↗ Die Thüringer Hütte ist eine beliebte Ausflugsgaststätte.
→ Der Wanderweg führt auf einem Steg über den Oberelsbach.

zustande kam. Eine Sage berichtet, der Teufel habe diese Felsen aufeinandergetürmt. Nach der Rückkehr vom Teufelskeller haben wir, nach links auf einem Treppenweg, einen ordentlichen Höhenunterschied auf den Gangolfsberg zu bewältigen. An einem Abzweig müssen wir in spitzem Winkel links auf dem Waldlehrpfad in Richtung Thüringer Hütte hinauf und an einer T-Kreuzung geht es rechts in Richtung Gangolfskapelle. Eine vermeintliche Geländekante erweist sich als aufgeschichtete Mauer an der südlichen Spitze der Wall- und Höhenburganlage, die von keltischer Zeit bis ins Frühmittelalter als Fluchtburg benutzt wurde. Die Ausdehnung der Anlage beträgt 150 Meter in West-Ost-Richtung und 400 Meter in Nord-Süd-Richtung. Die ältesten Tonscherben wurden der Hallstattzeit (700–450 v. Chr.) zugeordnet. Gefundene Fibeln, Kämme und Beile sind der Völkerwanderungszeit zugehörig und Pfeil- und Schaftspitzen der Merowingerzeit. Auf dem weiteren Weg laufen wir über die höchste Stelle des Gangolfsberges mit 736 Metern und treffen dann auf die losen Grundmauern der St.-Gangolfs-Kapelle, die bereits im 8. Jahrhundert zur Zeit der Christianisierung erbaut worden sein soll. Immer wieder sind Reste der Befestigungsanlage zu entdecken. An einer Kreuzung mit überdachtem Picknickplatz bleiben wir geradeaus und erreichen bald die **2 Thüringer Hütte** mit Aussicht nach Urspringen hinunter.

ZUM STEG Gegenüber der Thüringer Hütte beginnt der Weg mit der Markierung 7 in Richtung Rother Kuppe. Auf dem Franziskusweg laufen wir parallel zur Straße NES 12 und später über einen Parkplatz mit Blick zur Rother Kuppe. An einer Kreuzung der Straßen geht es rechts entlang des Parkstreifens und rechts auf dem Zufahrtsweg

auf die **3 Rother Kuppe** hinauf. Die Rother Kuppe ist zwar ein Berg aus einem Basaltkörper, aber erst vom Aussichtsturm besteht wirklich gute Rundumsicht über die Rhön.
Vom Parkplatz steigen wir auf der Treppe genau nach Westen mit der Markierung B in Richtung Schweinfurter Haus hinab. Unten geht es über eine große Wiese und am Waldrand links. Gleich zeigt ein Wegweiser nach rechts zu einem archäologischen Objekt, das sich in einem Abstecher erschließt. Doch es ist kaum etwas zu sehen von dem Dorf Altenfeld, das schon im Mittelalter als Wüstung bekannt war. Wir gehen weiter am Waldrand mit Blick auf die Rother Kuppe nach Südosten und an der Kreuzung mit der Markierung 6 rechts in Richtung Schweinfurter Haus und überqueren bald auf einem **4 Steg** die Els.
An einer T-Kreuzung müssen wir mit der Markierung 5 in Richtung Schweinfurter Haus links und überqueren auf einer Brücke einen Bach, dessen Bachbett mit den Basaltprismen befestigt wurde. Der Anblick erinnert an Island, wo es Böden aus Basaltprismen gibt, die aber natürlichen Ursprungs sind. An einer Weggabel wandern wir rechts weiter und direkt nach einer weiteren Brücke rechts auf den Pfad mit der Nummer 5 entlang des oft trockenen Bachbettes. An einem Parkplatz überqueren wir nach rechts versetzt die Straße NES 12 und gehen weiter oben auf dem asphaltierten Sträßchen links zum Schweinfurter Haus und danach rechts hinauf zum Parkplatz am **E Gangolfsberg** zurück.

INFO

TOURENCHARAKTER
Leichte, meist schattige Wege durch Wälder und Wiesen

AUSGANGS-/ENDPUNKT
Parkplatz Gangolfsberg am Schweinfurter Haus, 97656 Oberelsbach
GPS 50°27‘49.5“N 10°05‘38.6“E (610 m)

ANFAHRT
ÖPNV: Bahn nach Bad Neustadt an der Saale, Bus Linie 8300 und 8012 nach Oberelsbach-Gangolfsberg
Auto: Auf der A 71 Ausfahrt 24 Mellrichstadt und auf der B 285 und St 2289 zum Gangolfsberg

GEHZEITEN
Parkplatz – Basaltprismenwand 0:15 Std. – Thüringer Hütte 0:50 Std. – Rother Kuppe 0:35 Std. – Steg 0:30 Std. – Parkplatz 0:50 Std.

EINKEHR
Gaststätte Schweinfurter Haus, 97656 Oberelsbach, Tel. 09774/590

TOURISTINFORMATION
Marktplatz 3, 97656 Oberelsbach, Tel. 09774 919 10, www.oberelsbach.de

Leicht | 9,3 km | 250 Hm | 3.00 Std.

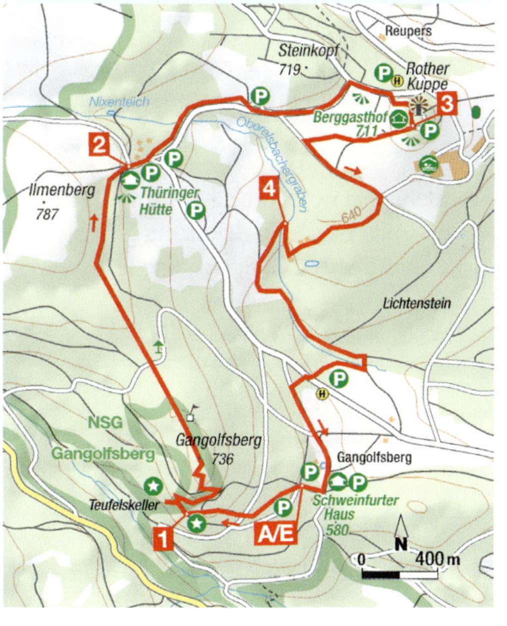

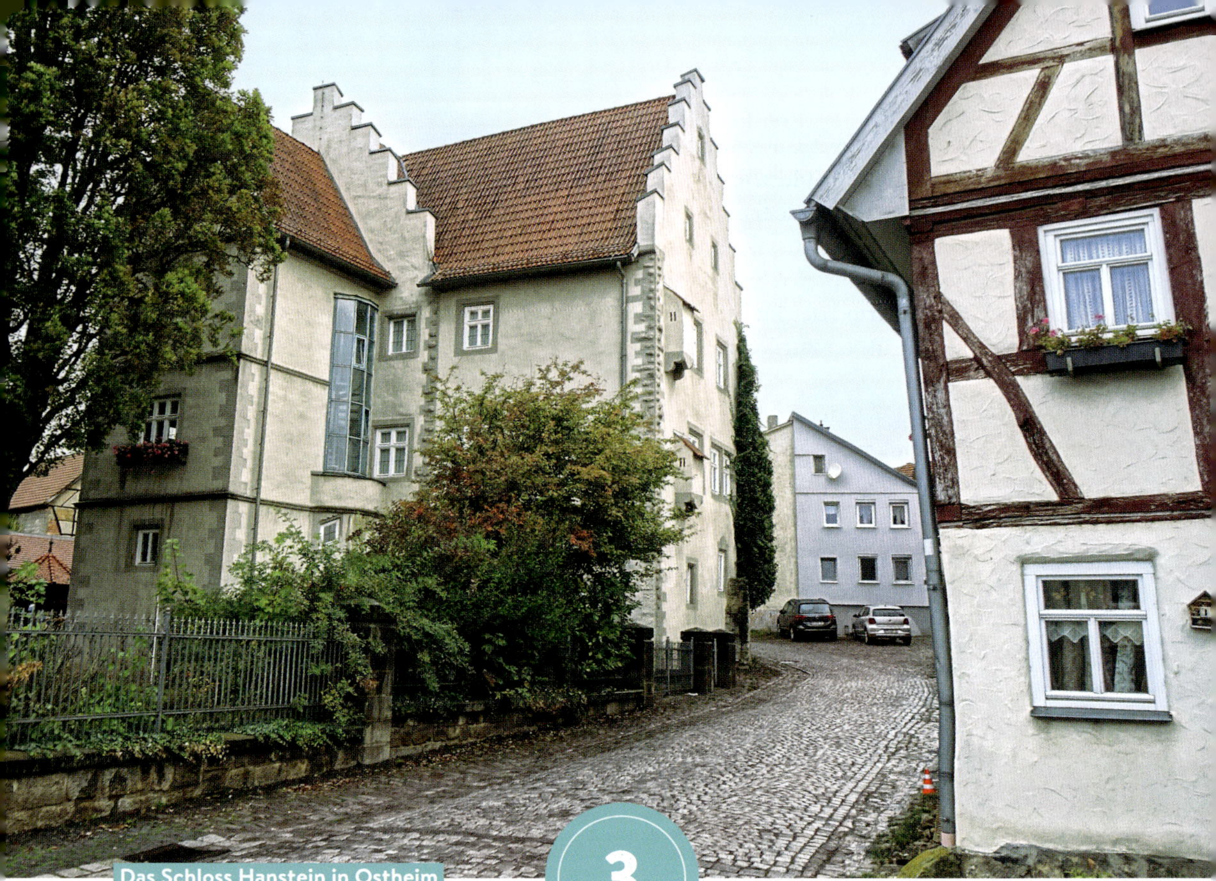

Das Schloss Hanstein in Ostheim stammt aus dem 15. Jahrhundert.

3

MYSTISCHE KIRCHEN-BURG IN OSTHEIM

Die Perle im sanften Streutal

Ostheims Höhepunkt der Sehenswürdigkeiten ist die größte Kirchenburg Deutschlands. Malerisch und märchenhaft präsentiert sich über dem Ort die Lichtenburg den Besuchern. Das als bayerischer Genussort prämierte Ostheim bietet nicht nur auf dem Rhöner Wurstmarkt Vergnügen.

Der Rhöner Wurstmarkt findet nur alle zwei Jahre im Oktober im netten Städtchen Ostheim vor der Rhön statt, dann aber strömen 20 000 Besucher in das mittelalterliche Städtchen (www.rhoener-wurstmarkt.de). Der Panoramablick vom Bergfried der Lichtenburg steht außer bei Nebel immer zur Verfügung.

ZUR KIRCHENBURG An der Einfahrt des Parkplatzes **A Streuwiese** geht es zunächst rechts auf der verträumten alten Steinbrücke über den Mühlkanal, auf zwei Stegen über das Flüsschen Streu und dann links entlang der Streu auf dem Gewässerlehrpfad nach Osten. An einer alten Steinbrücke bleiben wir auf dem Gehweg an der Streu und überqueren den Fluss erst an der Bahnhofstraße auf der modernen Betonbrücke nach links. Nach 150 Metern schreiten wir über die Paulinenstraße (B 285) in die Krankenhausstraße, in der gleich links das **1 Schloss Hanstein** mit gotischen Treppengiebeln steht. Das in seinem Kern spätmittelalterliche Adelsgut aus dem 15. Jahrhundert beherbergt das Orgelbaumuseum. Gleich nach dem Schloss finden wir links durch den Hof zur Paulinenstraße zurück und laufen auf ihr rechts nach Westen und in der Verlängerung auf der Marktstraße zum schmucken Rathaus aus dem Jahr 1588. Erwähnenswert ist auch der kleine Bratwurststand vor dem Rathaus. Durch den linken Torbogen des Rathauses schlendern wir auf der Niklausgasse und dann auf der Kirchstraße zur berühmten **2 Kirchenburg** hinauf.

Tipp

IM ORGELBAUMUSEUM

Das Museum im Schloss Hanstein aus dem 15. Jahrhundert zeigt Orgeln aus der Zeit der Romanik bis zur Drehorgel der Neuzeit. Damit hält das Museum die über 400 Jahre lange Rhöner Orgelbautradition hoch. Orgelbau und Orgelmusik zählt zum immateriellen Weltkulturerbe der UNESCO (Paulinenstraße 20, 97645 Ostheim vor der Rhön, Tel. 09777/17 43, www.orgelbau museum.de).

↓ Die Ostheimer Kirchenburg ist einzigartig gut erhalten.
↘ Die Türme der Kirchenburg sicherten das Areal.

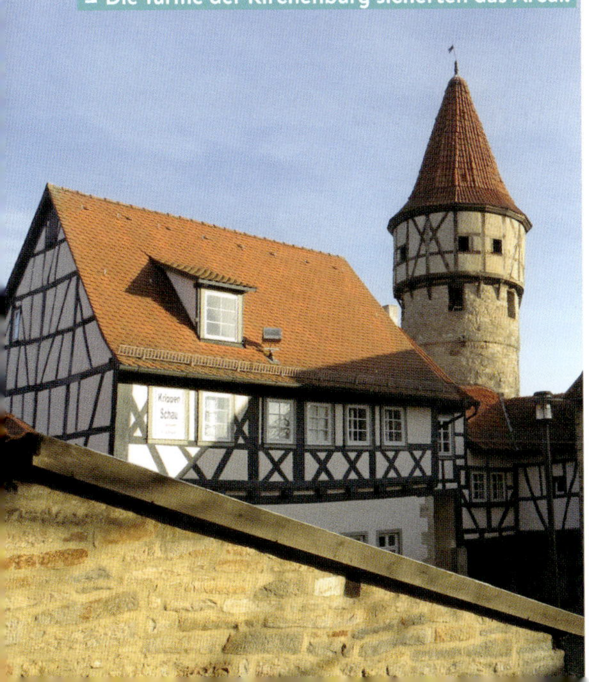

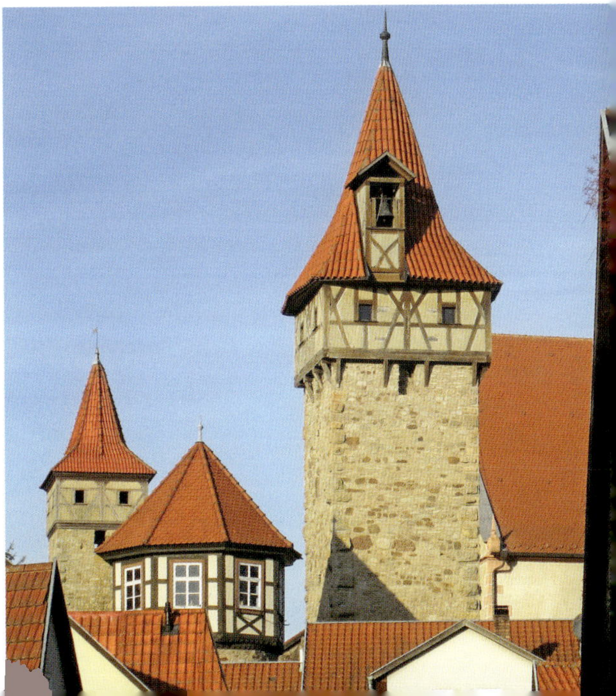

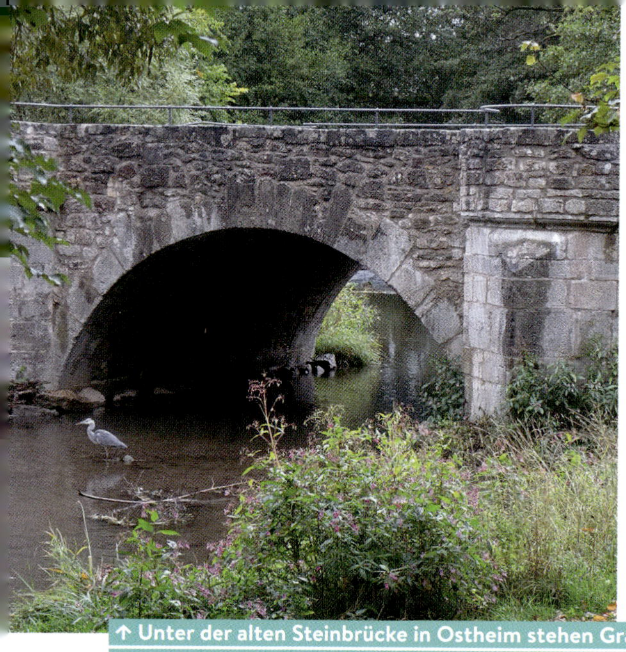

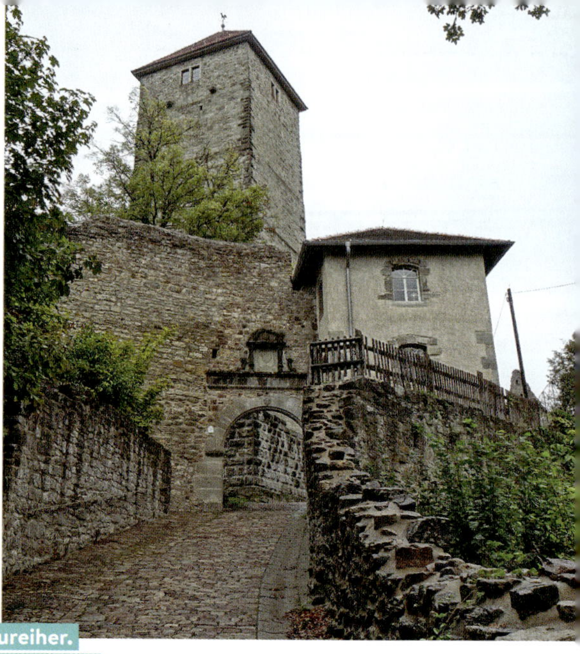

↑ Unter der alten Steinbrücke in Ostheim stehen Graureiher.
↗ In der Lichtenburg ist schon seit Jahrhunderten ein Burgwirt.

Gegenüber der Touristinformation kommen wir links durch den Torbogen am Schulglockenturm in die Kirchenburg hinein. Hier ist in der ehemaligen Kirchhofschule das Kirchenburgenmuseum untergebracht. Die größte Kirchenburg Deutschlands wurde erstmals 1410 urkundlich erwähnt. Sie ist mit fünf Türmen, sechs Bastionen und mit einer doppelten Mauer gesichert. Im Innern stehen an der Mauer die privaten Gaden (Aufbauten über den Gewölbekellern), die noch heute als Vorratskeller dienen. Inmitten der Anlage steht die im Stil der Spätrenaissance erbaute Kirche St. Michael aus dem Jahr 1619. Das Hauptportal bildet einen prächtigen Blickfang und der Innenraum nimmt Betrachter gefangen. Im Waagglockenturm in der Südwestecke der Kirchenburg tickt noch eine historische Uhr mit Waagbalken.

ZUR RUINE LICHTENBURG Durch ein Tor in der Nordmauer treten wir aus der Kirchenburg hinaus und gehen gleich links schräg durch die Grünanlage und auf der Friedenstraße weiter. Auf der Burgstraße geht es rechts aufwärts und an der Straßengabelung vor dem burgähnlichen Wasserwerk links neben der Burgstraße hinauf. 100 Meter nach einem Parkplatz entfernen wir uns von der Straße aufwärts nach links auf dem Naturlehrpfad in Richtung Weyhershauk. An zwei Weggabelungen in den Magerrasenflächen halten wir uns jeweils links. Übers Jahr finden sich hier Küchenschellen, Orchideen, Kartäusernelken und im Herbst Silberdisteln. Ganz oben am Gedenkkreuz auf der **3 Weyhershauk** sind die Bänke mit Aussicht über Ostheim gute Rastplätze.

In Richtung Nordosten sehen wir auch schon unser nächstes Ziel, den Bergfried der Ruine Lichtenburg, zu der wir uns nun mit der Markierung »O« der Extratour Ostheimer auf den Weg machen. Unten an der Kreuzung bleiben wir auf der Straße geradeaus, kürzen aber 50 Meter nach dem Waldrand nach links auf dem markierten Wanderweg O die Straße ab. Nach einem Aussichtsplatz und nach dem Parkplatz haben wir den Aufstieg zur **4 Ruine Lichtenburg** geschafft. Mindestens seit dem 12. Jahrhundert gab es hier schon eine Burg der fränkischen Grafen von Henneberg. 1680 wurde die Verwaltung des Amtes Lichtenberg der Henneberger Grafschaft in das Amtshaus in Ostheim verlegt, die Burg verlor an Bedeutung und verfiel. Das 1604 errichtete Renaissancetor und der Bergfried aus dem 14. Jahrhundert sind noch gut erhalten. Vom Bergfried aus haben wir einen vortrefflichen Panoramablick über die gesamte Rhön bis nach Thüringen und Hessen hinein.

RÜCKWEG ÜBER DIE DOPPELTE EICHE

Von der Lichtenburg gehen wir wieder abwärts und biegen nach dem Parkplatz rechts auf den historischen Weg mit der Markierung O hinab. An einer Gabelung wandern wir halb links auf dem asphaltierten Sträßchen weiter. Nach 100 Metern gehen wir an einem kleinen Parkplatz halb links auf dem Pfad in Richtung Doppelte Eiche in den Wald hinein. Eine Forststraße übernimmt später unsere Spur und wir kommen am Rappacher Brunnen vorbei, von dem einst das Wasser für die Lichtenburg geholt werden musste. An Weggabelungen bleiben wir jeweils links nahe des Waldrandes. Am Naturdenkmal **5 Doppelte Eiche** geht es mit der Markierung O in spitzem Winkel links abwärts. An einem Asphaltsträßchen laufen wir rechts abwärts, schauen uns aber noch den idyllischen Weiher hinter dem Picknickplatz an. Nach einem einzelnen Hof wandern wir rechts hinab und überqueren die B 285. Neben der Bundesstraße geht es links, an der Firma Bionade rechts und nach dem Strommast links auf dem Wiesenweg zurück zum Parkplatz **E Streuwiese**.

INFO

TOURENCHARAKTER
Leichte, meist sonnige Wege durch Wälder und Wiesen

AUSGANGS-/ENDPUNKT
Parkplatz Streuwiese, 97645 Ostheim vor der Rhön
GPS 50°27‘29.5“N 10°13‘34.6“E (295 m)

ANFAHRT
ÖPNV: Bahn nach Bad Neustadt an der Saale, Bus Linie 8153 nach Ostheim
Auto: Auf der A 71 Ausfahrt 24 Mellrichstadt und auf der B 285 nach Ostheim

GEHZEITEN
Streuwiese – Schloss Hanstein 0:20 Std. – Kirchenburg 0:05 Std. – Weyhershauk 0:35 Std. – Lichtenburg 0:20 Std. – Doppelte Eiche 0:35 Std. – Streuwiese 0:45 Std.

EINKEHR
Biergarten Rhönpiraten, Scheermühle 1, 97645 Ostheim, Tel. 09777/358 23 44, www.rhoenpiraten.de

INFORMATION
Kirchstraße 14,
97645 Ostheim vor der Rhön,
Tel. 09777/18 50, www.ostheimrhoen.de

Leicht | 8,5 km | 190 Hm | 2.40 Std.

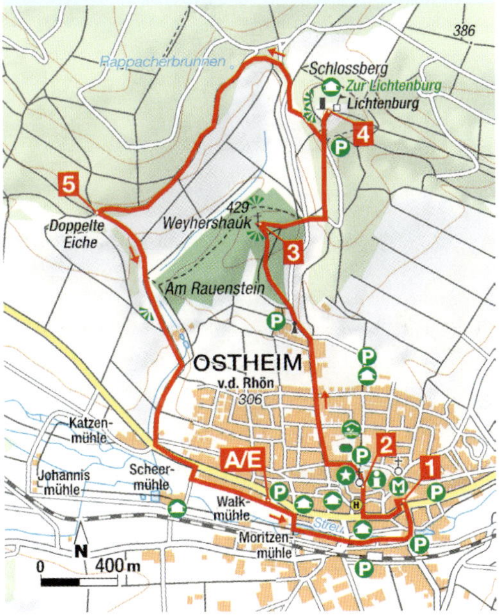

VON OBERELSBACH ZUM BASALTSEE

Verschwundene Basaltsäulen

Die abwechslungsreiche Runde mit vielen Höhenmetern führt durch Buchenwälder, über Basaltblockhalden, über den Basaltsee und das Steinerne Haus, über baumfreie Matten der Hochrhön und über einen Wellenkalkberg. Mit etwas Glück begegnen wir typischen schwarzköpfigen Rhönschafen.

4

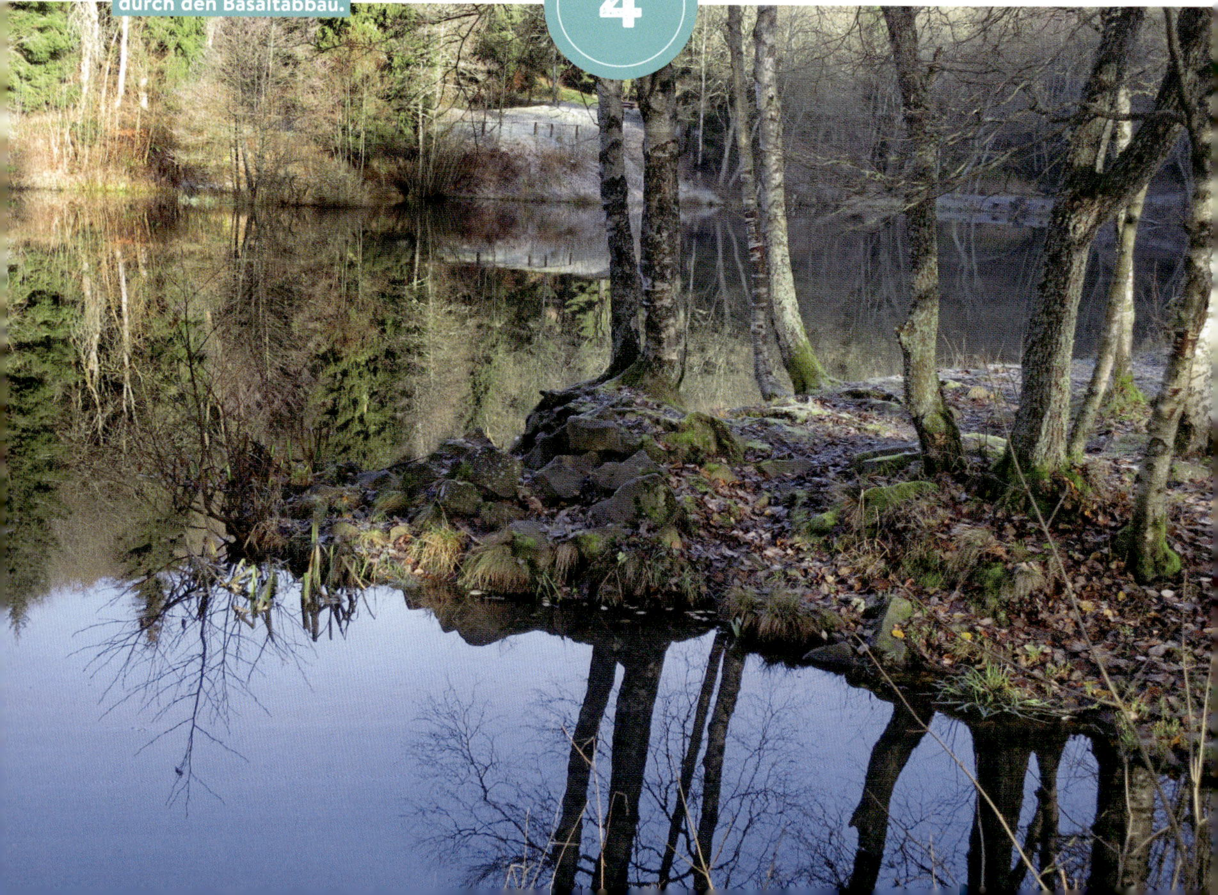

Der idyllische Basaltsee entstand durch den Basaltabbau.

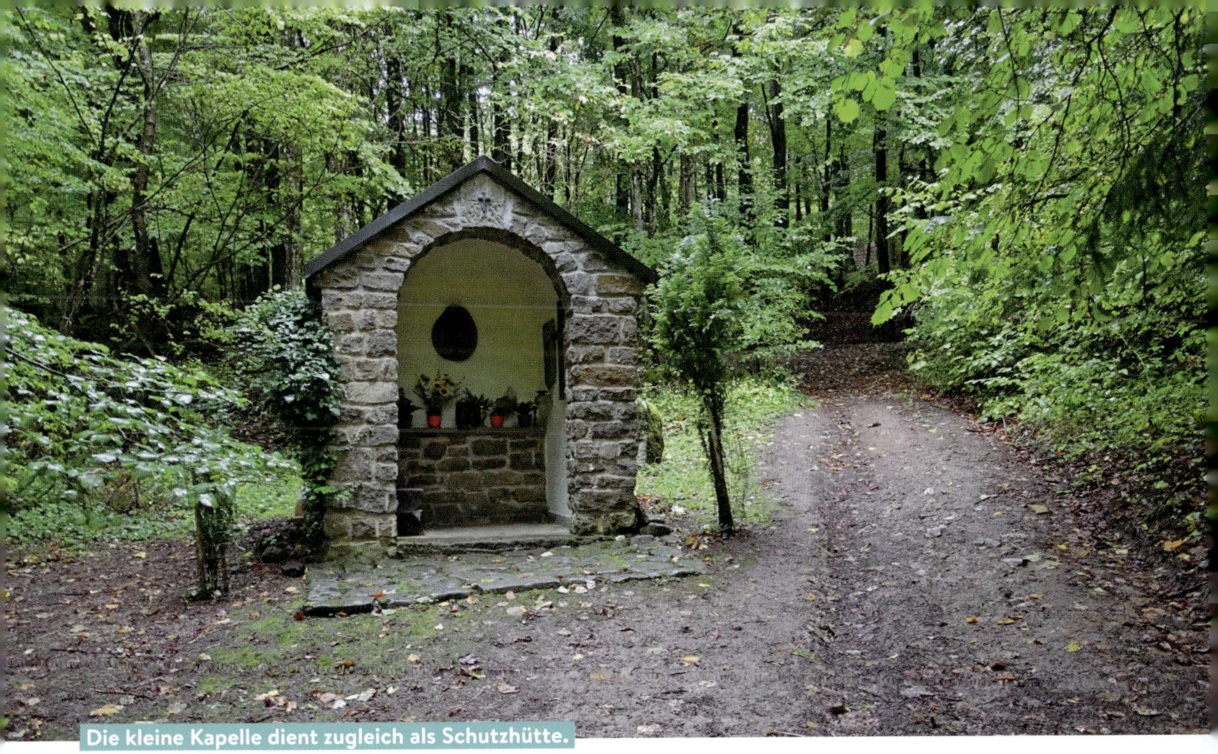

Die kleine Kapelle dient zugleich als Schutzhütte.

Das ländlich geprägte Dorf Ginolfs, das wir durchwandern, ist berühmt für die Verdienste um den Erhalt der Rhönschafe, die heute Sympathieträger der Rhön sind. In Ginolfs gibt es einen Bioschafzuchtbetrieb mit Rhönschafladen und im Oktober einen Weideabtrieb mit Weidefest.

ZUM BASALTSEE Vom Parkplatz des Biosphärenzentrums Haus der Langen Rhön gehen wir am Marktplatz vor dem **A Rathaus** in Oberelsbach auf der Marktstraße links nach Süden. Die Marktstraße beschreibt nach dem guten Café Lenhardt eine Rechtskurve und knickt dann nach links ab. An der Kreuzung laufen wir auf der Rhönstraße rechts und an der Straßengabelung links hinauf am **1 Sportplatz** vorbei in Richtung Steinernes Haus. An der langen Wiese bleiben wir immer am rechten Waldrand aufwärts und erreichen am Ende eine kleine **2 Kapelle** im beginnenden Wald. Nach der Kapelle bleiben wir nach links versetzt geradeaus aufwärts in Richtung Basaltsee. An einer Gabelung der Forststraße wählen wir den rechten Weg in Richtung Steinernes Haus. Der Weg führt am südlichen Rand der Langen Rhön über weite Weideflächen an einer einsamen **3 Hofstelle** vorbei. An einer großflächigen T-Kreuzung geht es links und an der Straße rechts über

Tipp

HAUS DER LANGEN RHÖN

Das Biosphärenzentrum Haus der Langen Rhön informiert über das UNESCO-Biosphärenreservat Rhön, seine Lebensräume, Landschaftsbilder und Besiedelungsgeschichte. Anders als in einem Nationalpark gibt es im Biosphärenreservat zwei Hauptdarsteller: Mensch und Natur (Unterelsbacher Straße 4, 97656 Oberelsbach, Tel. 09774/91 02 60, www.biosphaerenreservat-rhoen.de).

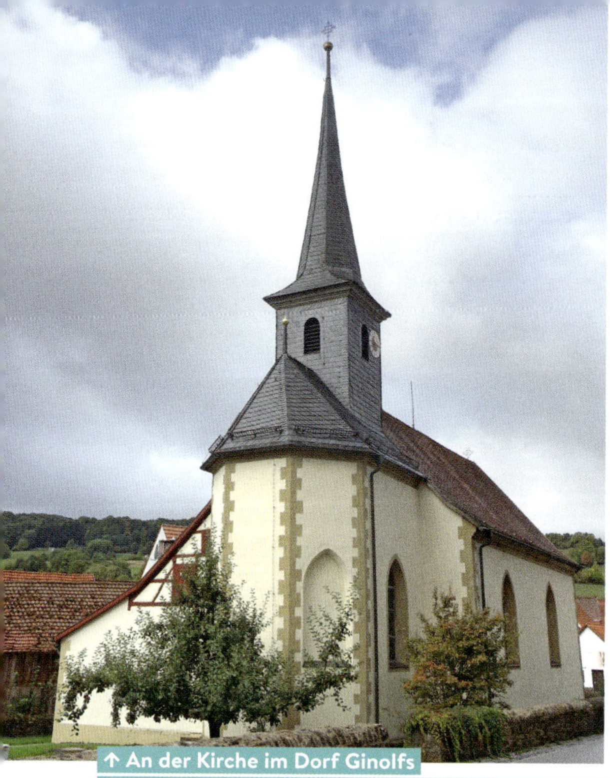

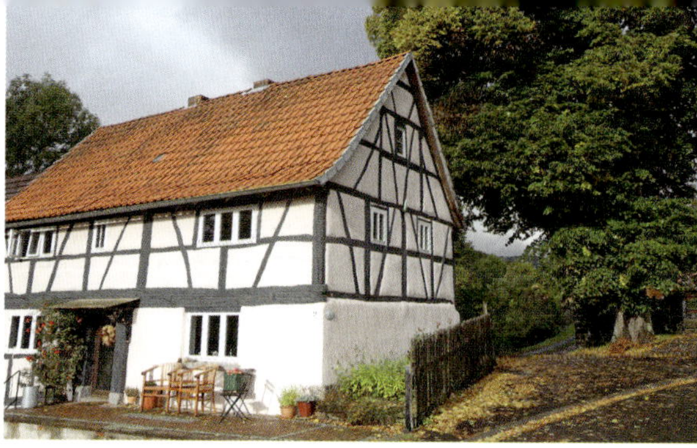

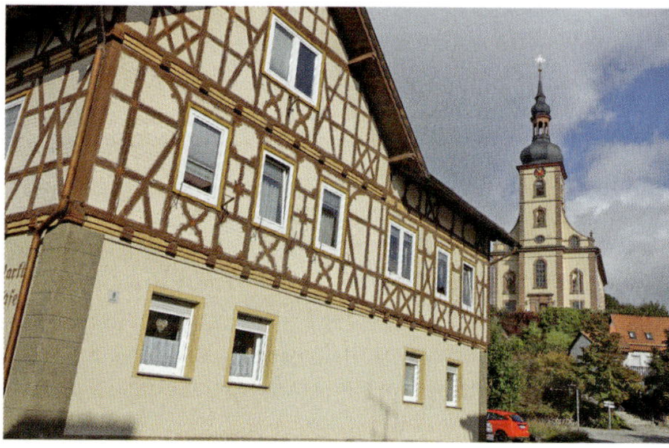

↑ An der Kirche im Dorf Ginolfs
↗ In Ginolfs gibt es wunderbar renovierte Fachwerkhäuser.
→ Die Oberelsbacher Kirche besitzt eine reiche Innenausstattung.

den großen Parkplatz zum **4 Basaltsee**, der das Zentrum des sogenannten »Steinernen Hauses« ist. An Stelle des heutigen Sees gab es vor dem Basaltabbau senkrecht stehende Basaltsäulen, die zwölf Meter hoch waren. Daher kommt wahrscheinlich der Name Steinernes Haus. Leider sind die Basaltsäulen verschwunden, aber der See ist doch ein beeindruckendes Naturdenkmal.

RÜCKWEG ÜBER DEN DÜNSBERG Bevor wir zurückwandern, schlendern wir noch um den idyllischen See und können weiter oberhalb des Sees doch noch einige Basaltsäulen und das Blockmeer sehen. Über den großen Parkplatz müssen wir zurück und dann rechts auf der Straße in Richtung Ginolfs abwärts. In einer Rechtskurve geht es links mit der Markierung 3 auf einer Forststraße weiter und dann in einer Linkskurve auf einem Waldweg rechts hinab. Auf einer großen Wiese müssen wir mit der Markierung 3 links durch einen seichten Bach und im Hohlweg in Richtung Ginolfs talwärts. Bald fädeln wir in eine Forststraße ein, gehen an einer T-Kreuzung links abwärts und überqueren eine Forststraße in einen kleinen Weg. In Ginolfs laufen wir auf dem Friedhofsweg rechts hinunter und vor der Fischerhütte Edwin links weiter in das Dorf hinab. Wir bleiben im Dorf auf dem Friedhofsweg, der durchgängig mit der Markierung 3 versehen ist. An der Kreuzung vor dem Bach Sonder liegt links mit der Hausnummer 4 der Biohof Kolb mit Rhönschafladen, in dem ein interessantes Sortiment ausliegt (Tel. 09774/81 86). Die Verlängerung des Friedhofsweges ist die Dorfstraße, in der wir an der **5 Kirche** aus dem Jahr 1605 vorbeikommen. Auf der Straße Am Weinberg müssen wir mit der Markierung 4 in Richtung Oberelsbach links hinauf und auf der

Straße Rhönblick zweimal rechts. Nach 70 Metern geht es mit der Markierung 4 rechts in den Wald hinab. An einer Weggabel halten wir uns rechts und der Weg verläuft im Wald parallel zur Ortsverbindungsstraße. Nahe der Straße müssen wir an einer T-Kreuzung links und haben hier und an weiteren Abzweigen immer den Wegweiser mit der Markierung 4 in Richtung Oberelsbach im Auge. Schließlich laufen wir auf einem Hang mit einzelnen Bäumen auf den Dünsberg zu. An der Kreuzung mit einer Straße vor dem Berg gehen wir rechts mit der Markierung 4 in Richtung Dünsberg hinab und umrunden fast den Berg bis zu einem **6 Funkmast**. Der Berg besteht aus Wellenkalk und die Hangbereiche sind typische Kalkmagerrasen mit seltenen und gefährdeten Pflanzen- und Tierarten. Daher ist der gesamte Dünsberg Naturschutzgebiet. Von hier oben haben wir vortreffliche Aussicht auf Oberelsbach, das im Jahr 812 erstmals urkundlich erwähnt wurde. An exponierter Stelle steht die Pfarrkirche St. Kilian aus dem Jahr 1764, die im Volksmund wegen ihrer beeindruckenden Ausstattung als »Rhönbasilika« bezeichnet wird. Mit dem angrenzenden Ersten Deutschen Tabakpfeifenmuseum im Alten Schulhaus bildet sie ein schönes Ensemble. 50 Meter nach dem Funkmast führt unser Weg rechts abwärts und unten auf der Straße in spitzem Winkel rechts weiter. Schließlich laufen wir auf dem Dünsbergweg in Oberelsbach ein, der genau auf die Marktstraße trifft, die zum Parkplatz am **E Rathaus** führt.

INFO

Mittel | 15,3 km | 420 Hm | 4.40 Std.

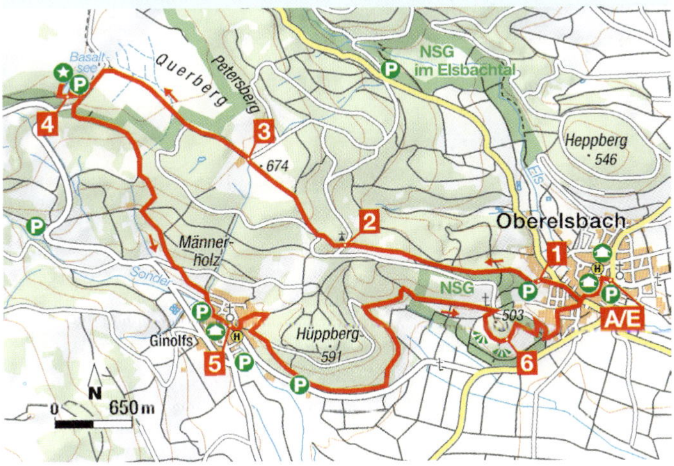

TOURENCHARAKTER

Mittelschwere, meist schattige Wege durch Wälder

AUSGANGS-/ENDPUNKT

Parkplatz Rathaus, Marktplatz, 97656 Oberelsbach
GPS 50°26'26.0"N 10°07'09.5"E (405 m)

ANFAHRT

ÖPNV: Bahn nach Gersfeld, Bus Linie 8305 und 8012 nach Oberelsbach
Auto: Auf der A 71 Ausfahrt 25 Bad Neustadt an der Saale und auf der B 279 nach Oberelsbach

GEHZEITEN

Rathaus – Sportplatz 0:15 Std. – Kapelle 0:35 Std. – Hofstelle 0:25 Std. – Basaltsee 0:35 Std. – Kirche 1:00 Std. – Funkmast 1:25 Std. – Rathaus 0:25 Std.

EINKEHR

Fischerhütte Edwin, Herbertsweg, 97656 Ginolfs, Tel. 09774/85 83 38, www.fischerhuette-edwin.de

INFORMATION

Marktplatz 3, 97656 Oberelsbach, Tel. 09774 919 10, www.oberelsbach.de

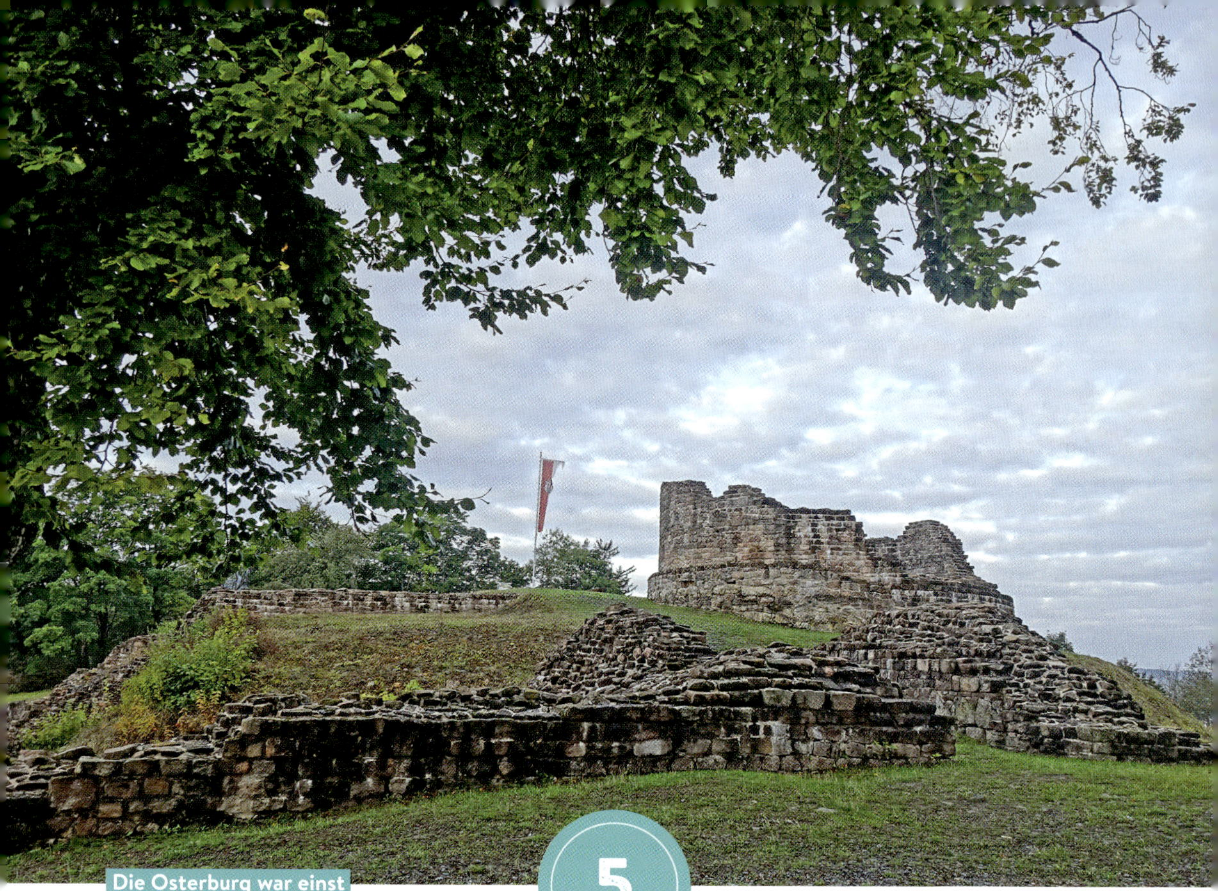

Die Osterburg war einst eine stolze romanische Burg.

5

ÜBER DIE OSTERBURG AUF DEN KREUZBERG

Der heilige Berg der Franken

Das Panorama vom Kreuzberg ist ein Blick über das Land der offenen Fernen, wie die Rhön genannt wird. Das Kloster auf dem Kreuzberg wurde Ende des 17. Jahrhunderts gegründet. Ein Glücksfall für Wanderer, dass im Kloster schon seit 1731 Bier gebraut wird. »Glauben und genießen« ist die Devise.

Bischofsheim, Ausgangs- und Endpunkt der Wanderung, ist mehr als nur einen Blick wert. Als Genussort Bayerns und lebenswerter Ort prämiert bietet Bischofsheim einen angenehmen Aufenthalt in liebenswerter Atmosphäre. Der Blick von der Osterburg verschafft einen weiteren herrlichen Überblick.

ZUR OSTERBURG Vom Parkplatz Altstadt **A Am Pfarrgrund** in Bischofsheim gehen wir zu Beginn auf der Straße aufwärts und nach dem Haus mit der Nummer 7 links auf einem gesperrten Kiesweg hinauf. Nach der Schule wandern wir rechts auf dem Zehntweg bergauf und bleiben weiter oben auf dem Wiesenweg entlang der Baumreihe geradeaus. Der Wanderweg überquert die Kreuzbergstraße in ein großes Weidegebiet. Weiter oben geht es an einer T-Kreuzung rechts aufwärts und wir überqueren ein zweites Mal die Kreuzbergstraße. Auf einer Treppe in Richtung Ruine Osterburg und weiter auf einer steilen Forststraße wird unser Puls schneller. An einer breiteren Forststraße geht es in spitzem Winkel mit der Markierung 7 links hinauf in Richtung Osterburg. 100 Meter nach einer Schranke sind wir auf der Ruine der **1 Osterburg**. Die Osterburg ist eine romanische Festung, die um das Jahr 1200 erstmals urkundlich erwähnt wurde. Um die Burg ranken sich einige Sagen, umso mehr, als über die Entstehung und Zerstörung nicht viel an Substanz erwähnt werden kann. Von hier aus können wir gut zum Kreuzberg hinüberschauen.

ZUM KLOSTER KREUZBURG An der Westseite der Ruine führt mit der Markierung 7 in Richtung Parkplatz Osterburg eine Treppe in den Wald hinab. An einer T-Kreuzung geht es rechts hinunter und an der Gabelung links. Vor der Kreuzbergstraße wandern wir rechts ohne Markierung auf dem Wiesenweg abwärts und unten auf dem Wirtschaftsweg links hinauf. Gegenüber dem Parkplatz bleiben wir auf dem Weg mit der Nummer 6 immer parallel zur Kreuzbergstraße und haben dann später auch die Markierung des Jakobsweges als Begleiter. Kurz vor der Straßenkreuzung steht links hinter Büschen versteckt ein **2 Bildstock** mit Bank. An der Bushaltestelle zwischen den beiden Straßen wandern wir auf dem Weg mit der Markierung 6 rechts in Richtung Kloster Kreuzberg. An Kreuzungen bleiben wir immer geradeaus der Nummer 6 treu. Kurz vor dem Kloster überqueren wir die Straße und schlendern bequem auf dem Gehweg am Bruder-Franz-Haus vorbei zum **3 Kloster Kreuzberg**. Im Bruder-Franz-Haus ist eine Dauerausstellung zu Franz von Assisi zu sehen. Seit Jahrhunderten ist das Kloster auf dem Kreuzberg viel besuchter Wallfahrtsort, wenn

Das Ziel der heutigen Kreuzberg-Wallfahrer ist meist die Klosterschänke.

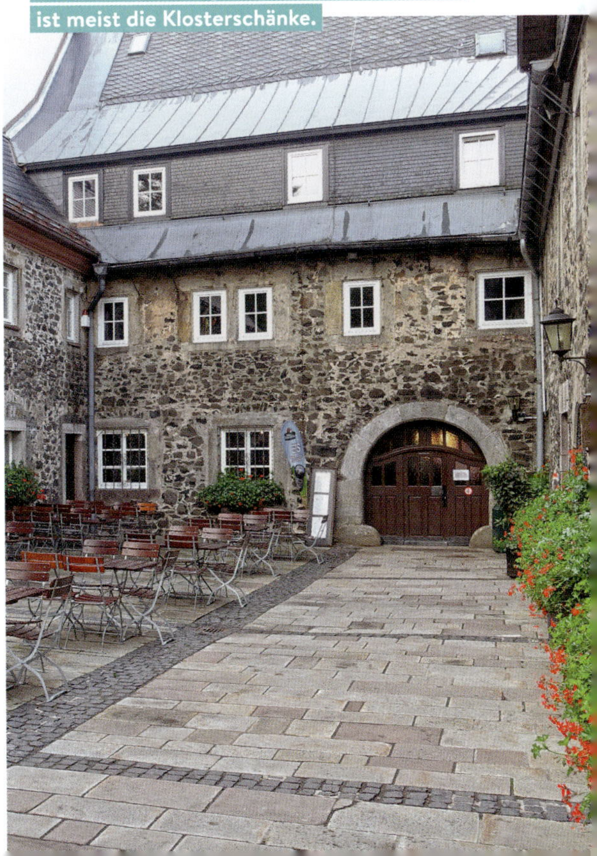

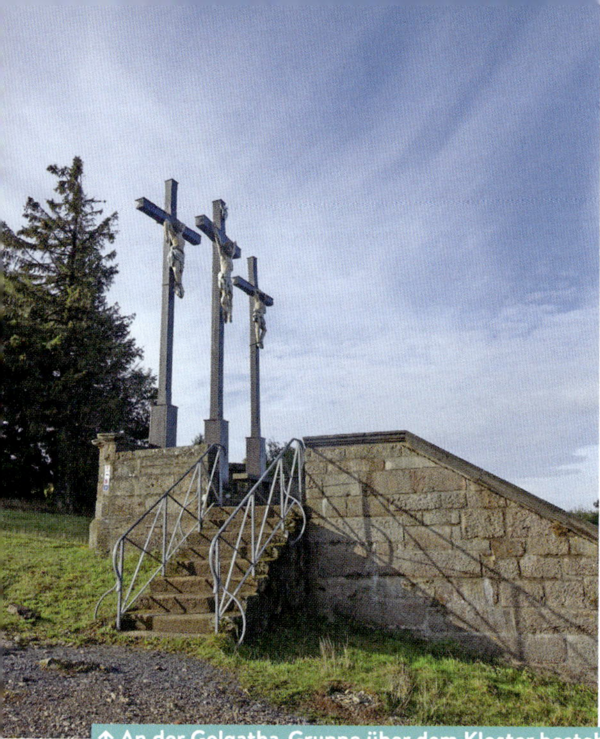

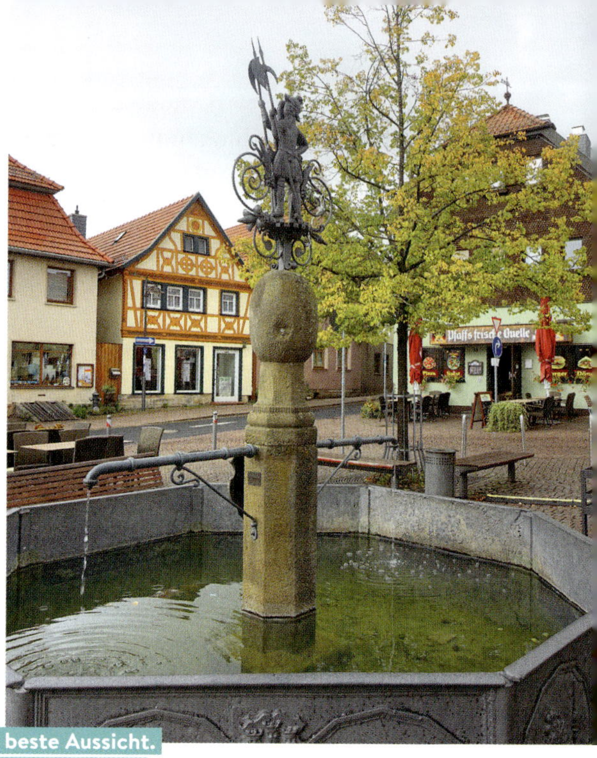

↑ An der Golgatha-Gruppe über dem Kloster besteht beste Aussicht.
↗ Der obere Marktbrunnen wurde im Jahr 1582 aus Eisen gegossen.

auch heute viele der jährlich bis zu 600 000 Besucher wegen des Bieres dorthin pilgern und das meist nicht zu Fuß. Auf jeden Fall ist das Kloster der meistbesuchte Ausflugsort in der bayerischen Rhön. Der Asenberg trägt erst seit dem 16. Jahrhundert mit der Errichtung der Golgatha-Gruppe den Namen Kreuzberg. Asen erscheinen in der Prosa-Edda als Geschlecht germanischer Götter nordischer Mythologie. Auf dem Asenberg befand sich in vorchristlicher Zeit wahrscheinlich eine heidnische Kultstätte. Seit der irisch-schottische Mönch Kilian im Jahr 686 Franken missionierte, gilt der Berg als heiliger Berg der Franken. Eine erste Kapelle gab es schon im Jahr 1598. Das Franziskanerkloster wurde 1692 erbaut. Die schlichte Kirche ohne Turm wurde in der Tradition des franziskanischen Gedankens errichtet. Zur Hausgemeinschaft gehören heute vier Klosterbrüder, die sich um die Wallfahrer kümmern. Die Brauerei mit einem Jahresausstoß von 8500 Hektolitern läuft heute vollautomatisch.

RÜCKWEG ÜBER DIE GEMÜNDENER HÜTTE Zunächst steigen wir von der Touristinformation im Bruder-Franz-Haus auf der langen Treppe zur Golgatha-Gruppe hinauf, die dort seit 1710 steht. Das Panorama breitet sich von der Wasserkuppe über die Osterburg und Wildflecken aus. Am Horizont liegt im Nordosten der Thüringer Wald. Nach den Golgatha-Kreuzen orientieren wir uns am Weg mit der Nummer 6, der an einer Kreuzung weiter oben in Richtung Gemündener Hütte nach links abbiegt. Am Skilift geht es rechts vorbei abwärts zur gemütlichen **4 Gemündener Hütte**. Vor der Hütte gehen wir in spitzem Winkel links auf der breiten Kiesstraße in Richtung Bischofsheim hinunter an der Haflinger Alm vorbei. Vor der Kreuzbergstraße wandern wir rechts auf dem Wiesenweg an den **5 Drei Kreuzen**

vorüber. An einer Kreuzung bleiben wir geradeaus abwärts, jetzt ohne Markierung in Richtung Bischofsheim. Im Wald wird der historische Weg sehr steil. Er trägt den bezeichnenden Namen Kniebreche. Eine Forststraße wird überquert und unten müssen wir auf der langen Haselbachstraße rechts in Richtung Bischofsheim laufen. Der Haselbach begleitet uns mit ständigem Plätschern und Rauschen. Die Haselbachstraße mündet schließlich in Bischofsheim in die Kreuzbergstraße, auf der wir direkt zum Parkplatz Altstadt **E** **Am Pfarrgrund** zurückkommen.

Tipp

MUSEUM IM RENTAMT

Im historischen Rentamt in Bischofsheim zeigt eine Ausstellung zahlreiche Fundstücke und Architekturelemente von der Osterburg. Durch die bei der Sanierung der Burgruine gefundenen Artefakte wird das Leben in und um die Burg lebendig. Auf Informationstafeln werden die kuriose Geschichte und die Bauphasen der Burg aufgezeigt (Kirchplatz 7, 97653 Bischofsheim/Rhön).

INFO

TOURENCHARAKTER
Mittelschwere, meist sonnige Wege durch Wälder und Wiesen

AUSGANGS-/ENDPUNKT
Parkplatz Altstadt, Am Pfarrgrund 3, 97653 Bischofsheim/Rhön GPS 50°24'03.6"N 10°00'17.0"E (450 m)

ANFAHRT
ÖPNV: Bahn nach Gersfeld, Bus Linie 8305 nach Bischofsheim/Rhön
Auto: Auf der A 7 Ausfahrt 95 Bad Brückenau und auf der B 286 nach Bischofsheim/Rhön

GEHZEITEN
Parkplatz – Osterburg 1:00 Std. – Bildstock 0:45 Std. – Kloster 0:45 Std. – Gemündener Hütte 0:35 Std. – Drei Kreuze 0:20 Std. – Parkplatz 0:55 Std.

EINKEHR
Klosterschänke, 97653 Kreuzberg, Tel. 09772/912 40, www.kloster-kreuzberg.de

INFORMATION
Kirchplatz 7, 97653 Bischofsheim/Rhön, Tel. 09772/91 01 50, www.bischofsheim.info

Mittel | **12,3 km** | **530 Hm** | **4.20 Std.**

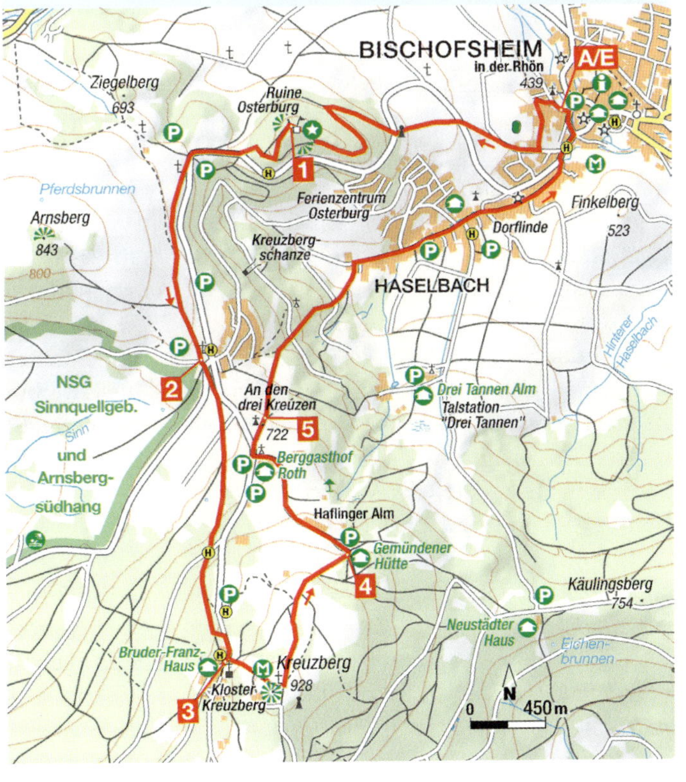

IN DEN SCHWARZEN BERGEN

Teufels Tintenfass und Basaltsee

Der magische Begriff Teufels Tintenfass regt die Fantasie an. Durch den Abbau einer Basaltkuppe entstand der grünblaue Basaltsee wie ein in der Tiefe liegendes Smaragdauge. In der Rhön gibt es sechs Basaltseen, von denen wir auf dieser Tour zwei zu Gesicht bekommen.

6

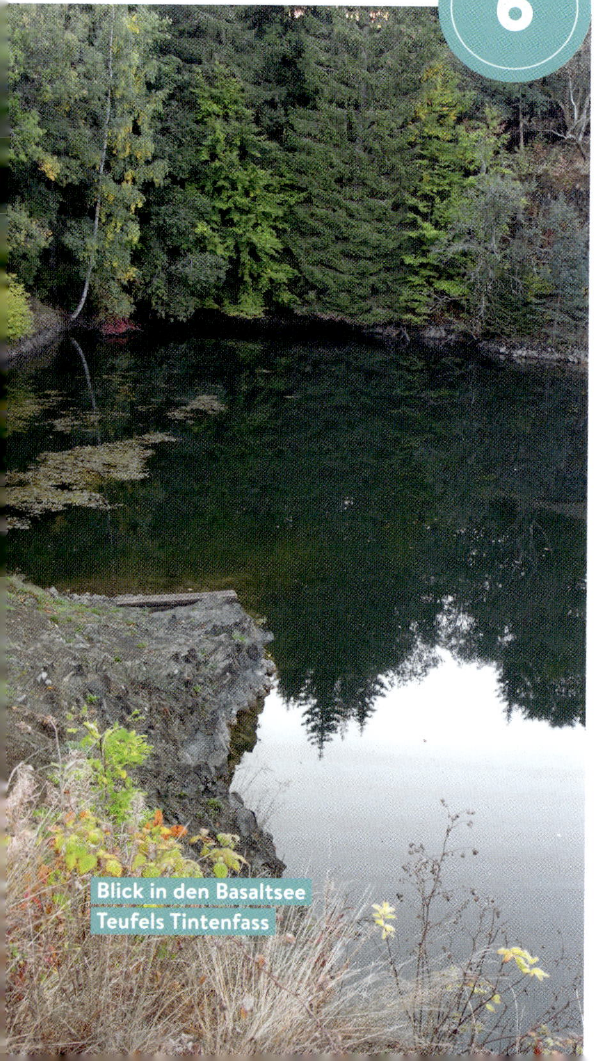

Blick in den Basaltsee Teufels Tintenfass

ZUM TEUFELS TINTENFASS Vom Wanderparkplatz am A **Würzburger Haus** beginnen wir die Wanderung mit der Markierung 6 nach Westen in Richtung Berghaus Rhön. Am Aussichtsplatz nach einem Wald schauen wir zum großen Auersberg hinüber. Am Ende der Wiese können wir am Geländer schon einen Blick auf den Basaltsee Teufels Tintenfass werfen. Wir gehen links hinunter und vor dem Berghaus Rhön in spitzem Winkel rechts bis zur 1 **Bergwachthütte** am Basaltsee Teufels Tintenfass. Der Name kommt nicht von der Farbe des Sees, sondern von der Form der einstigen Basaltspitze, die hier abgebaut wurde. Trotzdem ist der künstliche See ein schöner Anblick.

ZUM BASALTSEE Wir gehen wieder zurück und vor dem Berghaus Rhön links hinauf. Das Berghaus Rhön gehörte einst auch zu den Werksanlagen des Basaltabbaus. Es war Herberge für die Steinbrucharbeiter mit Kantine und Büro. Heute ist das Berghaus eine beliebte Einkehr mit Biergarten und Spielplatz. Durch den Wald geht es wieder zurück über den Parkplatz am A **Würzbur-**

ger Haus. Direkt im Biergarten des Würzburger Hauses steigen wir rechts mit der Markierung 5 in Richtung Kissinger Hütte hinauf und bleiben mit der Nummer 5 auf der Forststraße immer geradeaus. Auf einer Forststraße wandern wir links in Richtung Parkplatz Eisernes Kreuz. Dort überqueren wir die Straße KG 45 und den Parkplatz und kommen auf dem linken Weg zum Geländer über dem Abgrund des tief liegenden **2 Basaltsees**.

Der Rückweg führt wieder über die Straße KG 45, jetzt aber halb rechts auf dem Wiesenweg ebenfalls mit der Markierung 5 in Richtung Würzburger Haus. Immer geradeaus erreichen wir nach drei Kilometern wieder das Würzburger Haus und danach den Parkplatz am **E Würzburger Haus**.

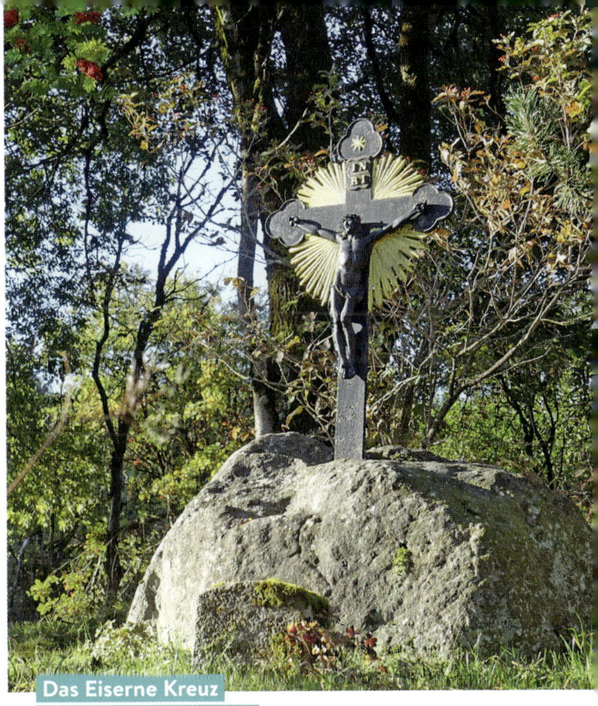

Das Eiserne Kreuz
am Teufels Tintenfass

INFO

TOURENCHARAKTER

Leichte, meist schattige Wege durch Wälder und Wiesen

AUSGANGS-/ENDPUNKT

Parkplatz Würzburger Haus, Am Farnsberg 116, 97779 Riedenberg
GPS 50°18‘43.9“N 09°54‘05.8“E (757 m)

ANFAHRT

ÖPNV: Bahn nach Bad Brückenau, Bus der Linie 8057 nur bis Riedenberg; ca. 1 Std. Fußweg
Auto: Auf der A 7 Ausfahrt 95 Bad Brückenau und auf der B 286 und Rhönstraße zum Parkplatz Würzburger Haus

GEHZEITEN

Würzburger Haus – Bergwachthütte 0:25 Std. – Würzburger Haus 0:30 Std. – Basaltsee 1:10 Std. – Würzburger Haus 1:05 Std.

EINKEHR

Würzburger Haus, Am Farnsberg 116, 97779 Riedenberg, Tel. 09749/230, www.wuerzburgerhaus.de

Leicht | **10,0 km** | **190 Hm** | **3.10 Std.**

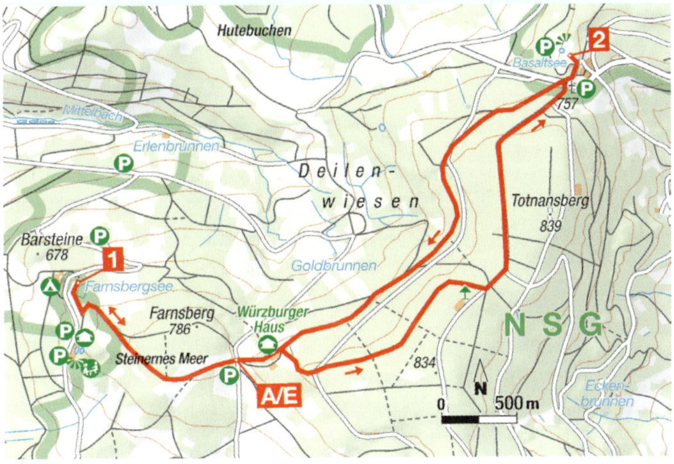

INFORMATION

Sinnaustraße 14 a, 97769 Bad Brückenau, Tel. 09741/911 90, www.bad-brueckenau.de

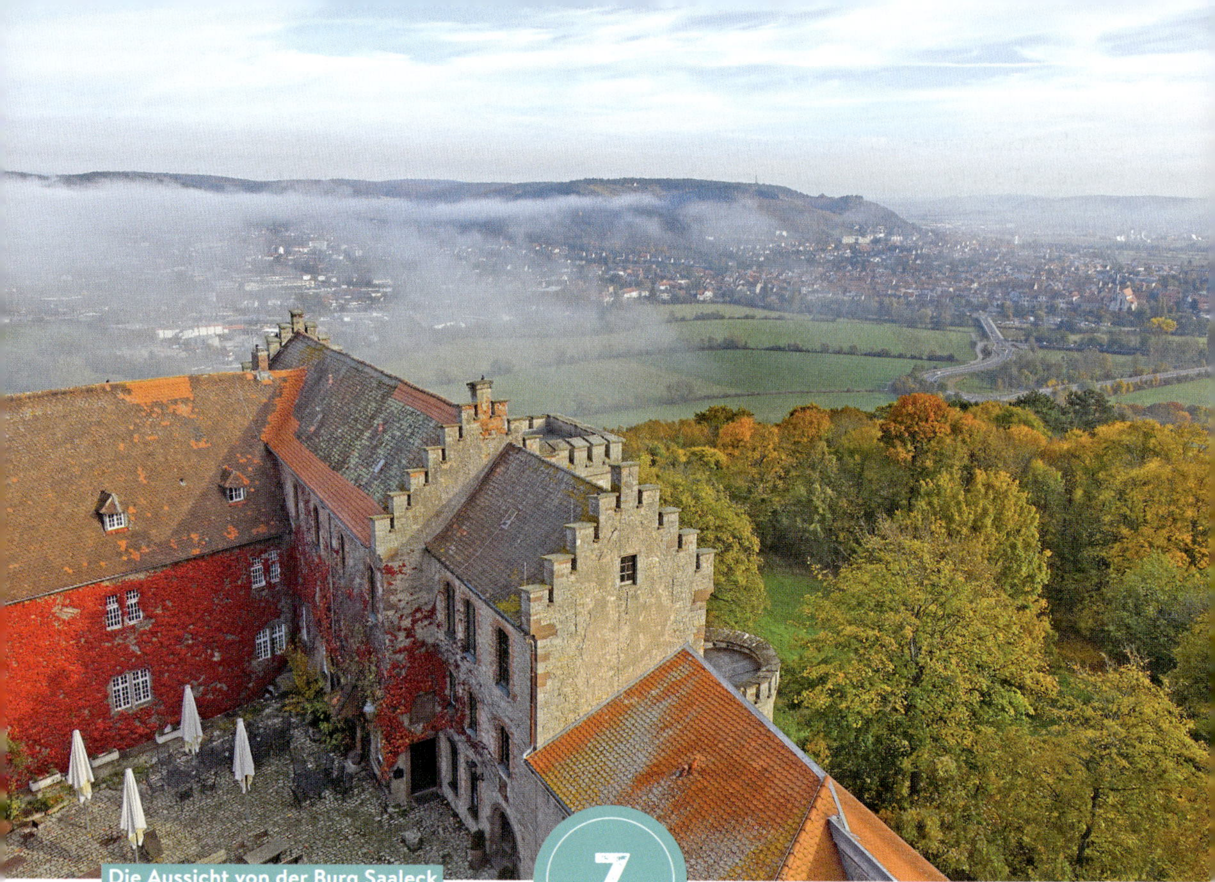

Die Aussicht von der Burg Saaleck ist einzigartig.

7

MAGISCHE ORTE ÜBER HAMMELBURG

Mehr als sagenhafte Panoramen

Das Panorama vom Schloss Saaleck ist sagenhaft. Die Statue der Amalberga, die der Sage nach einst ein Schloss auf dem Berg besessen haben soll, ist seit über 20 Jahren ein rätselhaftes Geheimnis. Der Punkt »terroir f« am Heroldsberg stellt einen magischen Ort des Frankenweins dar.

Die abwechslungsreiche Wanderung kreuzt zweimal die sehenswerte Stadt Hammelburg und durchschweift Weinbauflächen auf dem Main-Muschel-Kalk-Weg hinauf zu den Figuren auf dem Hammelberg. Die fantastischen Ausblicke über das Saaletal versprechen Wein und Genuss in Frankens Saalestück.

ZUM SCHLOSS SAALECK Vom **A Parkplatz P1** an der B 27 beginnen wir die Wanderung neben der Bundesstraße nach Westen und peilen das Kloster Altstadt und das Schloss Saaleck auf dem Schlossberg an. An der Ampel überqueren wir die Kreuzung der Bundesstraßen und steigen rechts über den unteren Parkplatz zum Franziskanerkloster Altstadt hinauf, das 1649 gegründet wurde. Gegenüber dem kleinen Parkplatz am Kloster steigen wir auf der Treppe den Weinlehrpfad hinauf. Der wunderbar gestaltete Kreuzweg wurde 1733 angelegt. Der Treppenweg endet direkt vor dem **1 Schloss Saaleck**. Das Schloss steht an Stelle einer Burg aus dem 12. Jahrhundert. Vom Bergfried breitet sich das sagenhafte Hammelburger Panorama über das Saaletal vor unseren Augen aus.

ZUM MARKTPLATZ Wir steigen auf dem Kapellenkreuzweg wieder hinab, gehen jetzt aber an der Treppenanlage der Golgatha-Gruppe rechts abwärts und um den Klostergarten zur Straße und auf ihr rechts zur Kreuzung mit Ampel hinunter. Wir kommen wieder über unseren Ausgangspunkt am **A Parkplatz P1** und dann geht es über die Fränkische Saale. An der Kreuzung nach dem Kreisverkehr wandern wir rechts auf der Straße Am Weiher unterhalb des Kellereischlosses entlang. Das Rote Schloss diente im 18. Jahrhundert als Sommerresidenz des Fürstabtes. Im Keller konnten 700 000 Liter Wein gelagert werden. Vor dem Weiher können wir links auf dem Gehweg und der Treppe hinaufsteigen und umrunden in der Kirchgasse nach links das Kellereischloss. Dort ist der Zugang in den Innenhof des Schlosses, in dem heute die Touristinformation und der Winzerkeller Hammelburg sind. Auf der Kirchgasse weiter

Tipp

MUSEUM HERRENMÜHLE

Moderne Museumspädagogik steht im Kontrast zur alten Herrenmühle, deren Vorgängerbau im Mittelalter gründet. Interaktive Medien und Vorrichtungen regen zum Mitmachen an. Schwerpunkt ist der Weinbau gestern und heute, denn Hammelburg ist die älteste Weinstadt Frankens. Auch das Thema vom Korn zum Brot darf in einer Mühle nicht fehlen (Turnhouter Straße 15, 97762 Hammelburg, Tel. 09732/78 24 48, www.museum-hammelburg.de).

Der Bergfried der Burg Saaleck stammt aus dem 12. Jahrhundert.

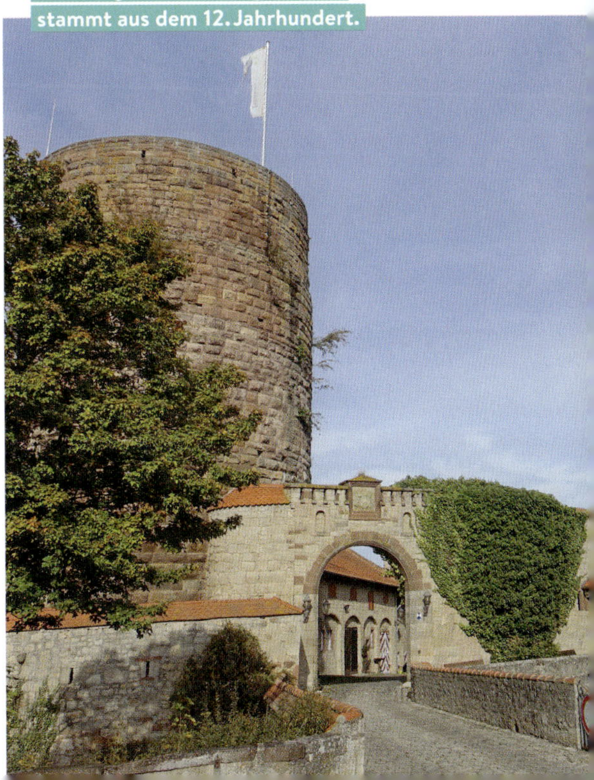

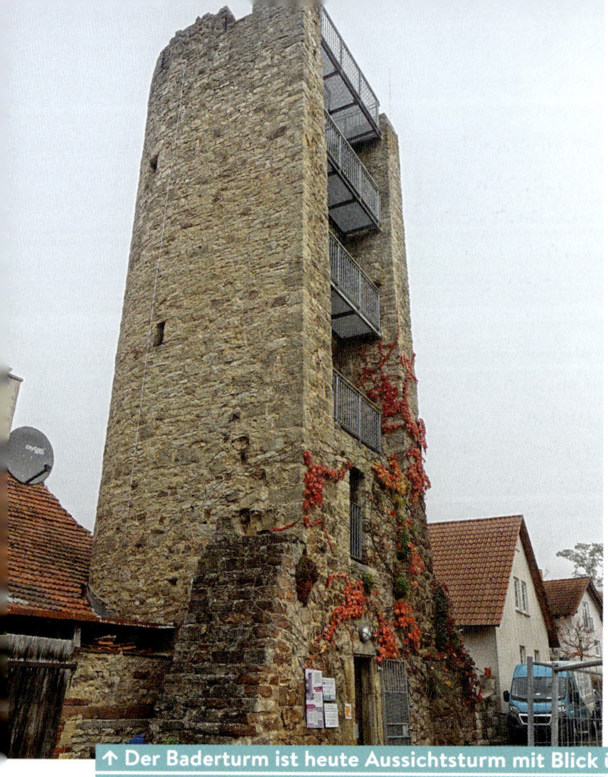

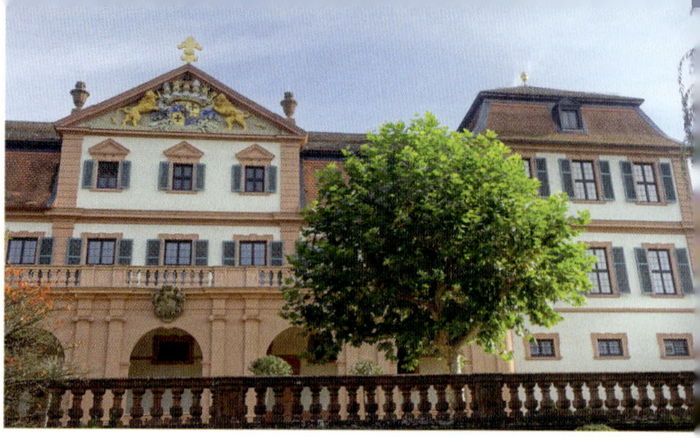

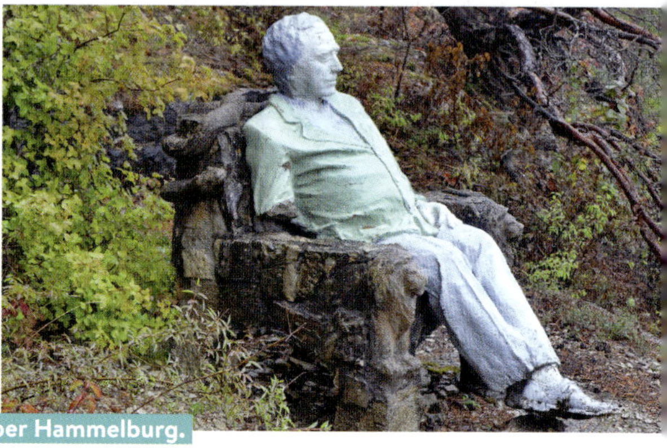

↑ Der Baderturm ist heute Aussichtsturm mit Blick über Hammelburg.
↗ Das rote Schloss war einst der Sitz der Fürstäbte.
→ Die Herkunft der geheimnisvollen Figuren ist ein Mysterium.

kommen wir zum Rathaus, gehen aber vor dem Rathaus rechts und auf der Ostseite am Gebäude vorbei. Hier ist noch der Treppenturm mit herrlichem Portal zu sehen, der vom Renaissancerathaus aus dem 16. Jahrhundert stammt. Nach dem großen Stadtbrand von 1854 wurde das Rathaus im neogotischen Stil wiederaufgebaut. Vor dem Rathaus ist der 2 **Marktplatz** mit dem schönen Marktbrunnen aus Kalkstein aus dem Jahr 1541 sehenswert.

ZUM PUNKT »TERROIR F« Vom Marktplatz folgen wir nach rechts der Kissinger Straße und gehen am Kreisverkehr links in die Rote-Kreuz-Straße. Nach 100 Metern wandern wir rechts auf dem Ofenthaler Weg aus der Stadt hinaus. 150 Meter nach dem Krankenhaus müssen wir auf dem Sträßchen Zur Kanzel rechts in Richtung geheimnisvolle Figuren. Nach der Hütte »Wengertshäusle« wählen wir an der Gabelung den linken Weg aufwärts. An einer weiteren Gabel nehmen wir ebenfalls den linken Weg in Richtung »terroir f«. An einer Wegspinne müssen wir in spitzem Winkel auf dem Kiesweg links hinauf. An einer T-Kreuzung geht es rechts aufwärts in Richtung geheimnisvolle Figuren. An der Abbruchkante des Steilhanges sitzt die Figur des Philosophen auf einem Felsvorsprung. Ab hier wandern wir auf dem kleinen Pfad weiter und erreichen ein weiteres Figurenpaar. An dritter Stelle ist 3 **Amalberga** im Steilhang zu sehen. Im Jahr 2000 stellten Unbekannte die Figur einer Frau auf den Felsvorsprung. Die Einheimischen nannten sie Amalberga, die gemäß einer Sage auf dem Hammelberg in einem Schloss wohnte. Die Figur des Philosophen und weitere Gestalten fanden ebenso mysteriös ihren Weg auf den Berg. Die Vorgänge um die schweren Figuren aus Beton sind geheimnisvoll. Auf dem weiteren Weg halten wir uns an die Markierung 9 und 2 Kilometer in Richtung »terroir f«. An einer T-Kreuzung geht es rechts und an einer Wegspinne in spitzem Winkel links. An der Wegspinne vor einem großen Parkplatz halten wir uns halb links in Richtung »terroir f« und kommen dann geradeaus zum **4 Punkt »terroir f«**. Die Aussicht auf Hammelburg ist grandios.

RÜCKWEG ÜBER DEN PAVILLON Wir steigen über die Stationen des Weinbaues durch die Jahrhunderte hinunter und gehen auf der Straße rechts hinauf. Oben halten wir uns an dem großen Parkplatz links immer an die Abbruchkante und kommen schließlich weiter unten an den **5 Pavillon** mit Aussicht über die Stadt. Von dort steigen wir zum Urbanusweg hinab, gehen auf der Karl-Kaiser-Straße links und nach dem Haus mit der Nummer 19 rechts auf der Treppe abwärts. Auf der Kilianstraße müssen wir rechts und auf dem Michelbachweg links hinab, an dessen Ende wir auf der Brücke die Bahngleise überqueren. Gleich nach der Brücke müssen wir rechts und auf der Straße Obere Stadtmauer wieder rechts. Der halbrunde Baderturm, einst Teil der Stadtmauer, wurde zu einem Aussichtsturm ausgebaut. Der Panoramablick zeigt die Türme und Dächer der Stadt und das Museum Herrenmühle. Weiter unten treffen wir auf die Bahnhofstraße, die nach links wieder zum Marktplatz führt, vor dem wir rechts über die Fränkische Saale zum **E Parkplatz P1** an der B 27 zurückfinden.

INFO

TOURENCHARAKTER
Leichte, meist sonnige Wege und Pfade durch Wälder und Reben

AUSGANGS-/ENDPUNKT
Parkplatz an der B 27, vor der Brücke über die Fränkische Saale, 97762 Hammelburg
GPS 50°06‘48.8“N 9°53‘06.4“E (175 m)

ANFAHRT
ÖPNV: Bahn nach Hammelburg
Auto: Auf der A 7 Ausfahrt 97 Hammelburg und auf der B 287 nach Hammelburg

GEHZEITEN
Parkplatz P1 – Schloss Saaleck 0:25 Std. – Marktplatz 0:30 Std. – Amalberga 1:05 Std. – Punkt »terroir f« 0:30 Std. – Pavillon 0:25 Std. – Parkplatz P1 0:25 Std.

EINKEHR
Café Glücksgefühl, Am Marktplatz 11, 97762 Hammelburg, Tel. 099732/59 34

Leicht | 11,0 km | 310 Hm | 3.20 Std.

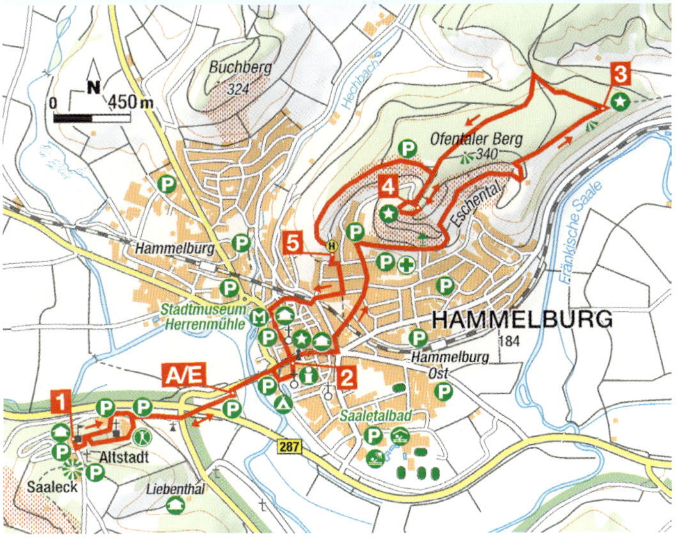

INFORMATION
Kirchgasse 4, 97762 Hammelburg, Tel. 09732/90 24 30, https://touristik.hammelburg.de

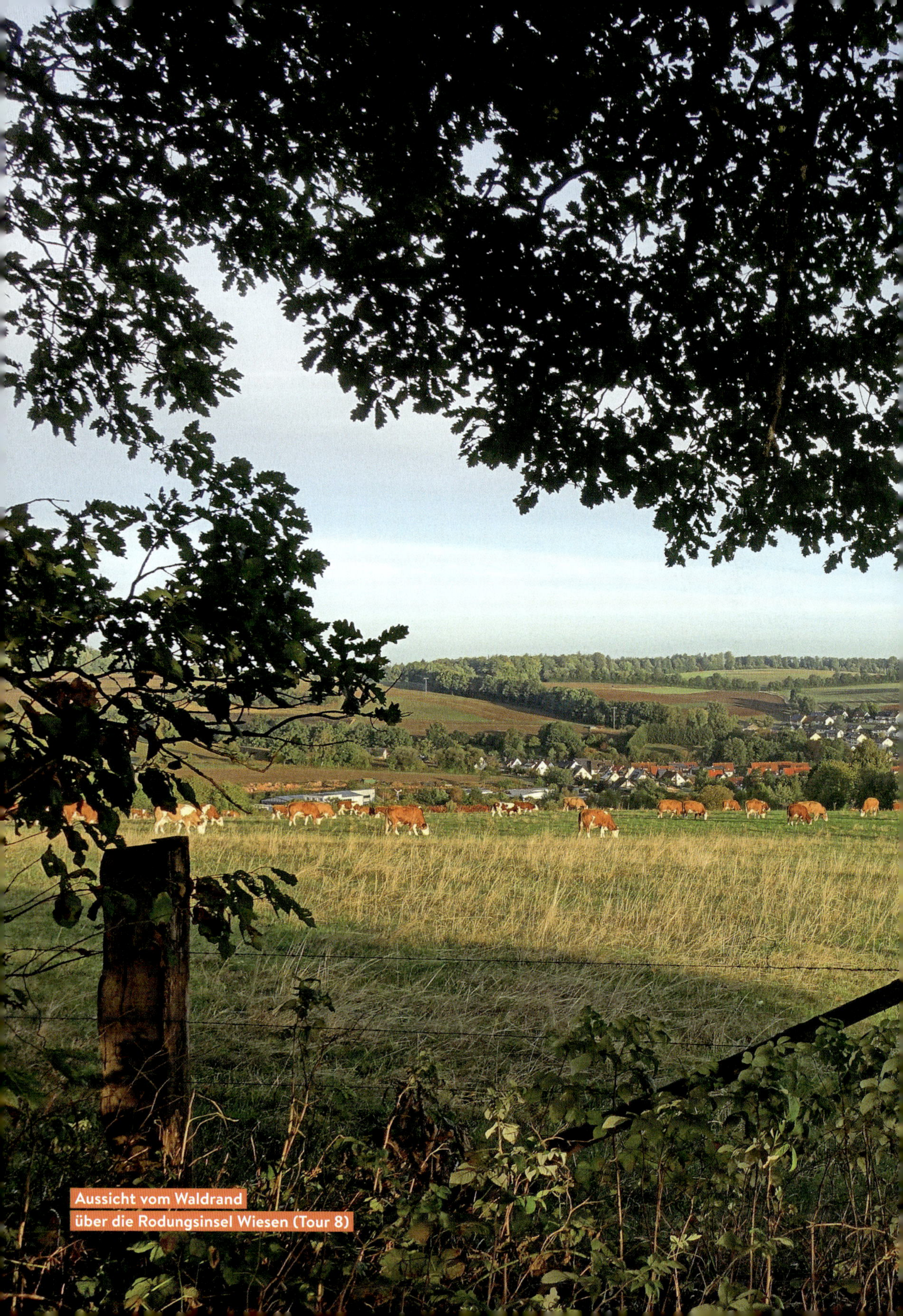

Aussicht vom Waldrand
über die Rodungsinsel Wiesen (Tour 8)

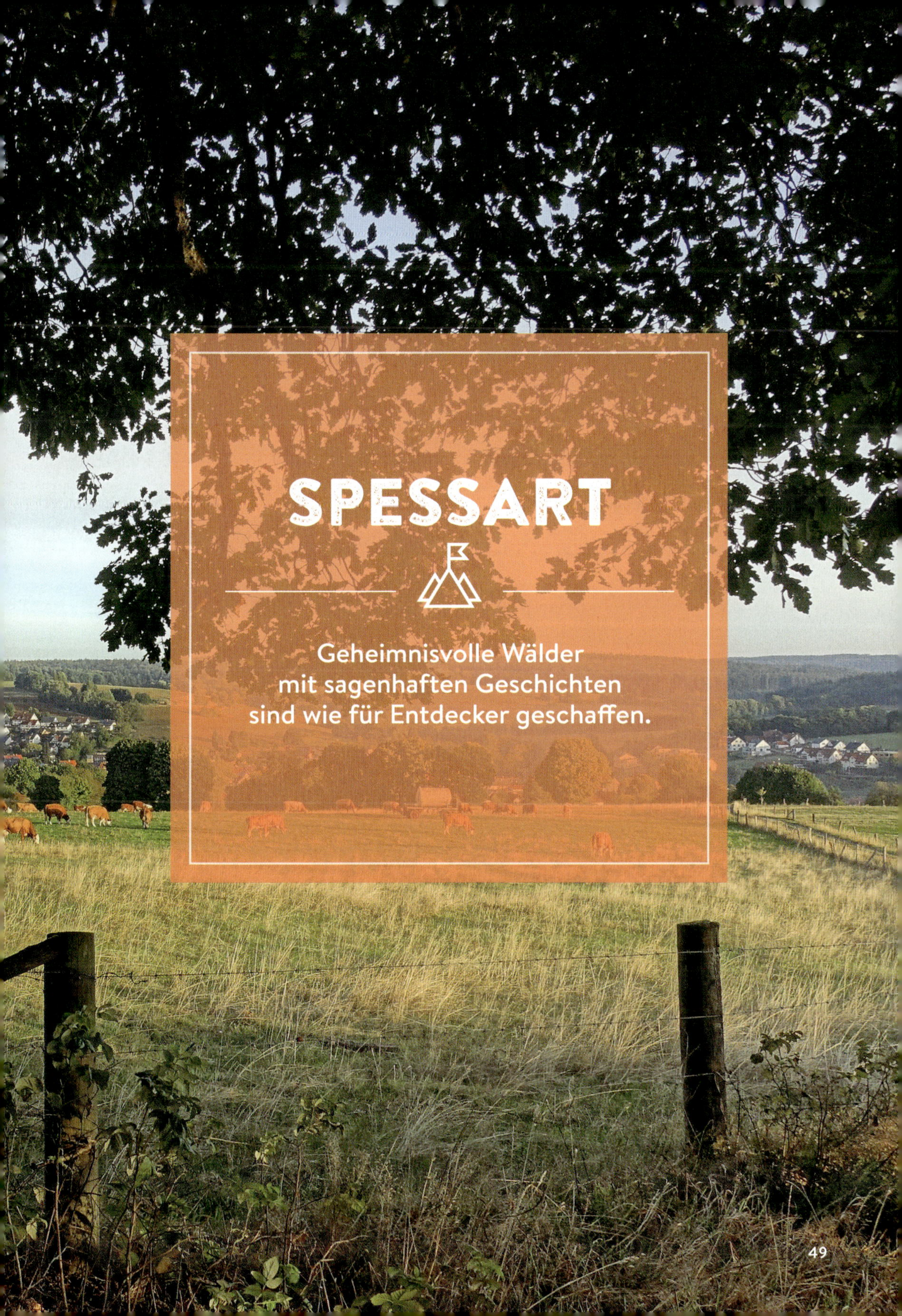

SPESSART

Geheimnisvolle Wälder
mit sagenhaften Geschichten
sind wie für Entdecker geschaffen.

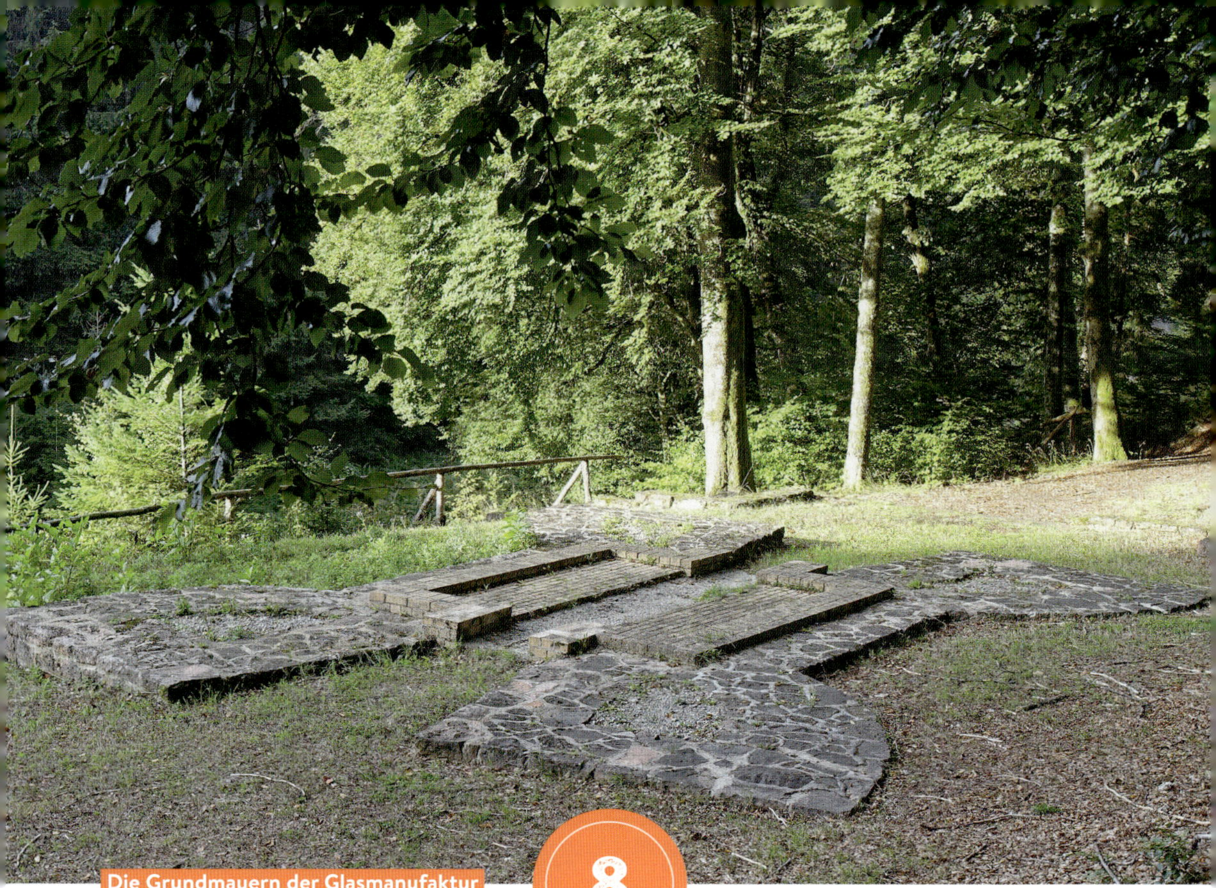

Die Grundmauern der Glasmanufaktur im Birklergrund sind noch sichtbar.

8

ZUR GLASHÜTTE AUS FERNEN ZEITEN

Im typischen Spessartdorf Wiesen

Durch das Dorf Wiesen führt der historische Eselsweg, auf dem im Mittelalter Eselskarawanen Salz von Bad Orb nach Miltenberg brachten. Wahrscheinlich benutzten schon die Kelten und Römer diesen Handelsweg. Die Spuren der Vergangenheit reichen bis in früheste Zeiten.

Wir wandern auf historischem Boden um das Dorf Wiesen zum Platz früher Glasindustrie. Die Besiedelungsspuren im Schloss Wiesen reichen bis in das 13. Jahrhundert zurück. Die 1000 Einwohner sind heutzutage mit Recht stolz auf ihre einzige im Landkreis noch existierende Privatbrauerei.

ZUR GLASHÜTTE Vom Parkplatz am **A Rathaus** in der Dr.-Frank-Straße in Wiesen eröffnen wir die Wanderung aus dem Ort hinaus nach Südwesten. An der Kreuzung nach dem Haus mit der Nummer 5a gehen wir links in Richtung Höh Wiesen in die Landschaft. Für die gesamte Wanderung gilt für uns die blaue Markierung des Kulturweges. An einer T Kreuzung geht es rechts auf dem Wiesenweg entlang des Weidezaunes aufwärts über die Felder. Blicke zurück zeigen ein schönes Panorama über Wiesen in einer typischen Rodungsinsel des Spessarts. Solche Siedlungsinseln wie diese entstanden im Spessart durch mittelalterliche Gründungen früher Glas- und Eisenindustrien oder an Schnittpunkten von Fernhandelswegen, wie der hier im Jahr 1339 erstmals genannte Ort Wiesen. Hier war der Herrschaftsbereich der Reichsgrafen von Rieneck, die allerdings ihre Macht zeitweise an die Mainzer Kurfürsten abgeben mussten. Heute ist Wiesen ein ländlich geprägter Erholungsort mit ursprünglichem Charakter. Am Waldrand rasten wir auf der **1 Bank** und betrachten das beruhigende Bild der Landschaft.

An der Weggabel an der Bank schicken uns der Wegweiser und die blaue Markierung auf dem rechten Weg in den Wald hinein. An einer Gabelung wählen wir den rechten Waldweg, der an einer Forststraße endet. Auf der Forststraße wandern wir links und an der gleich folgenden Kreuzung rechts in Richtung Birklergrund. In einer Linkskurve steigen wir auf einem Pfad rechts hinab in den **2 Birklergrund**, an dem ein Bildstock der Maria steht. Wir folgen dem Wegweiser nach links in Richtung Birklerbach und

↓ An der Glasmanufaktur im Birklergrund
↘ Maria wacht über den Birklergrund.

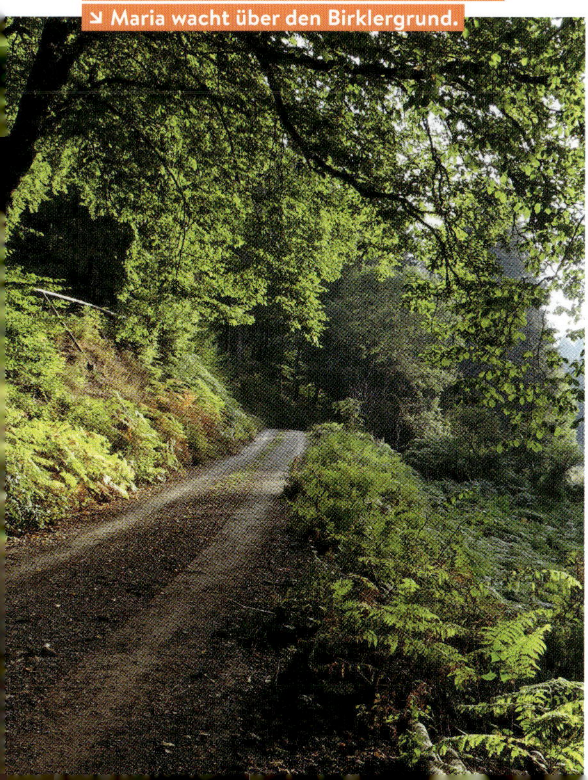

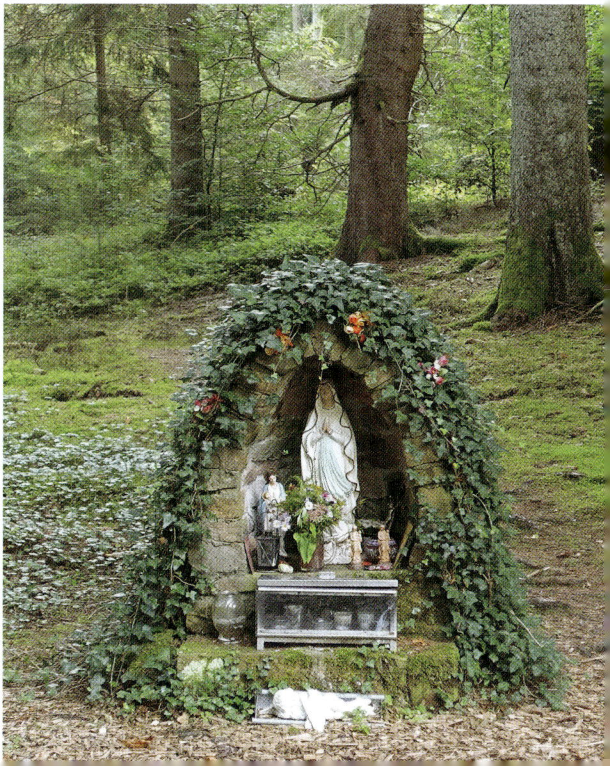

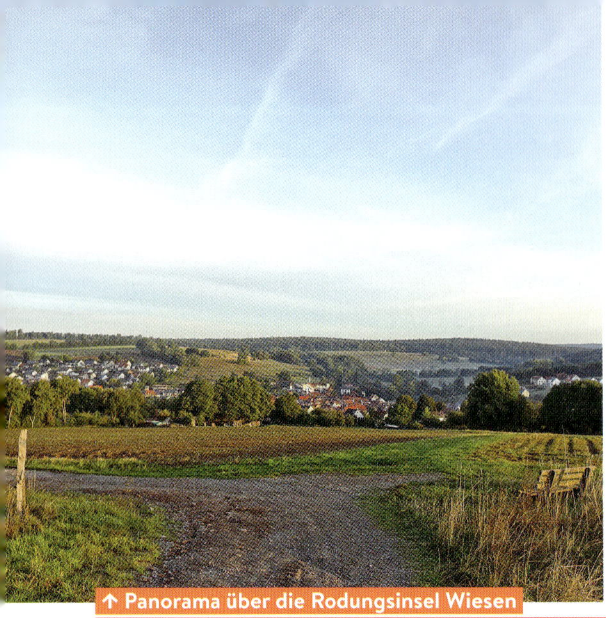

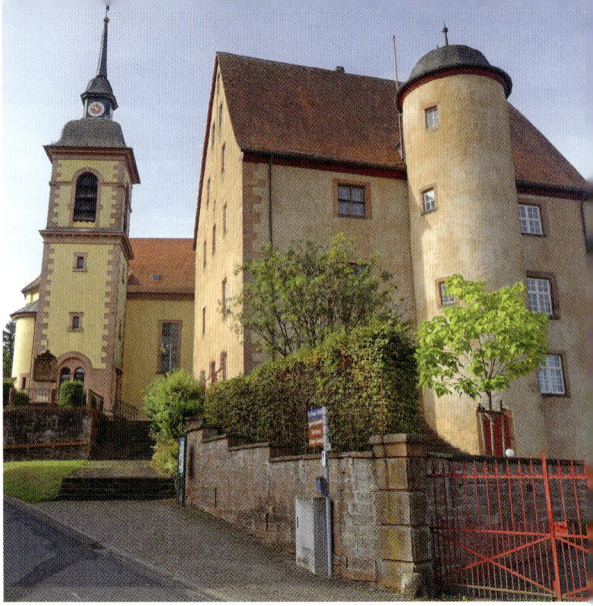

↑ Panorama über die Rodungsinsel Wiesen

↗ Die barocke Kirche bildet mit dem Schloss ein schönes Ensemble.

umgehen so den Birkberg links von uns. Von der Forststraße zweigt ein kurzer Weg nach links hinauf zur historischen **3 Glashütte** ab. Die Grundmauern des französischen Ofens mit seinen Nebenöfen sind oberflächlich rekonstruiert und vermitteln ein anschauliches Bild. So eine Glasmanufaktur aus dem 18. Jahrhundert beschäftigte einst viele Arbeiter, die hier in Abgeschiedenheit in Hütten hausten. Ihre Lebensweise an dieser Arbeitsstätte bleibt uns ein wenig mysteriös. Doch aus damaliger Sicht war dies ein guter Standort, denn die Glasprodukte wie Butzenscheiben konnten wegen der bestehenden Handelswege durch Wiesen günstig verschickt werden. Diese Glasmanufaktur ist die einzige archäologisch erschlossene ihrer Art im Spessart.

Tipp

IM BIEBERGRUND-MUSEUM

Die Geschichte des Bergbaus im Ort Bieber, nördlich von Wiesen, reicht über 500 Jahre zurück. Die Spuren der Vergangenheit gehen sogar bis in die Steinzeit zurück. Der Geschichtsverein stellt in seinem Museum die Bibliothek mit 1700 Büchern und Karten Interessierten leihweise zur Verfügung (Bahnhofstraße 2, 63599 Biebergemünd, Tel. 06050/31 86, www.geschichtsverein-biebergemuend.de).

DURCH DAS AUBACH-WIESENTAL Auf dem weiteren Weg bleiben wir an einem Abzweig rechts auf dem ebenen Weg im Birklergrund. Zwei deutliche Linkskurven bringen uns in nördliche Richtung in den Aubach-Wiesengrund, der in diesem Bereich Naturschutzgebiet ist. Auch im Aubachtal gab es einige Standorte mit Glashütten. Die Hauptbestandteile für die Glasherstellung, Holz als Brennstoff und Sandstein, waren hier genug vorhanden. An einem Abzweig in dem Nebental **4 Grubengrund** gehen wir rechts und bleiben so im Aubachtal.

Bald wandern wir an den Klärteichen der Wiesener Kläranlage vorbei und stoßen am Ende auf die **5 Hauptstraße** (St 2305). Auf der Hauptstraße geht es links nach Wiesen hinein, dessen markantestes Gebäude das restaurierte

Mainzer Jagdschloss ist. Es gab an dieser Stelle bereits im 13. Jahrhundert einen ersten befestigten Bau der Grafen von Rieneck, von dem aus der Verkehr auf dem Eselsweg und der Glashandel kontrolliert werden konnten. Das Schloss ist einer der ältesten und bedeutendsten Steinbauten im Spessart. Sein heutiges Aussehen bekam es durch die Umgestaltung im Jahr 1597 in der Zeit der Renaissance. Das Schloss befindet sich heute in Privatbesitz und wird liebevoll restauriert. Die 400 Jahre alte Scheune auf der rechten Seite wurde mit den örtlich vorkommenden Materialien Sandstein, Kalk und Lehm zur Wohnung umgebaut. Mit der barocken Kirche St. Jakobus aus dem Jahr 1724 bildet das Schloss im Ortskern ein ansehnliches Ensemble. In der Kirche befindet sich ein Taufstein mit drei Jahreszahlen. Die Jahreszahl 1527 und das Rienecker Wappen verweisen auf die Entstehungszeit. Das Kurmainzer Rad trägt die Jahreszahl 1722. Die Jahreszahl 1882 bezieht sich auf die Renovierung der Kirche.

Auf der Dr.-Frank-Straße am Gasthaus Spessarteinkehr und an der Kirche vorbei kommen wir zum Parkplatz am **E Rathaus** hinauf.

INFO

TOURENCHARAKTER
Leichte, meist schattige Wege und Pfade durch Wälder

AUSGANGS-/ENDPUNKT
Rathaus, Dr.-Frank-Straße 2, 63831 Wiesen
GPS 50°06'36.3"N 09°22'00.6"E (405 m)

ANFAHRT
ÖPNV: Bahn nach Heigenbrücken, Bus Linie 28 nach Wiesen
Auto: Von Aschaffenburg über Sailauf und Engländerstraße nach Wiesen, Gasthaus Spessarteinkehr

GEHZEITEN
Rathaus – Bank 0:20 Std. – Birklergrund 0:45 Std. – Glashütte 0:10 Std. – Grubengrund 0:35 Std. – Hauptstraße 0:35 Std. – Rathaus 0:15 Std.

EINKEHR
Gasthaus Spessarteinkehr, Hauptstraße 37, 63831 Wiesen, Tel. 0170/244 09 76

INFORMATION
Marktplatz 3, 97833 Frammersbach, Tel. 09355/48 00, www.framag.de

Leicht	8,9 km	140 Hm	2.40 Std.

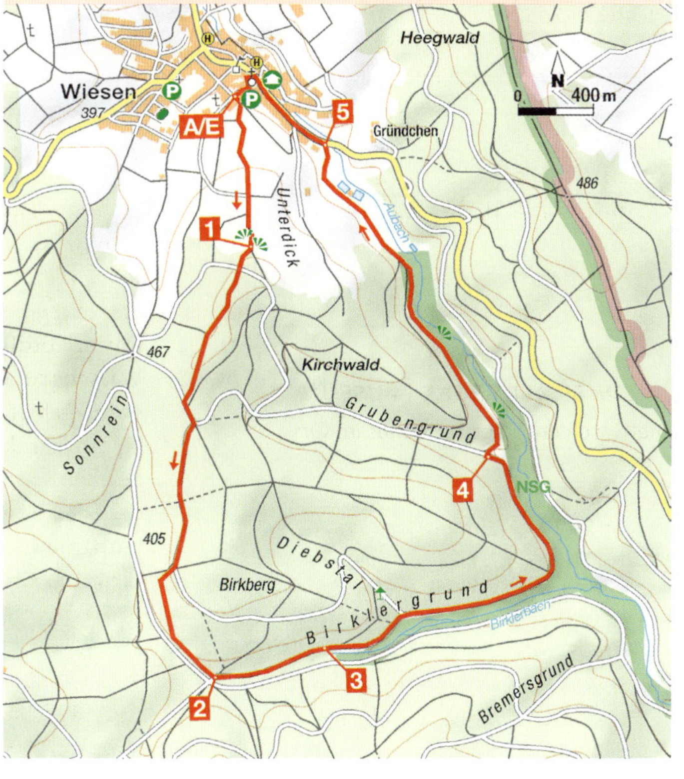

ENTDECKUNGEN IN SAILAUF

900 Jahre Geschichte und Natur

Die barocke St.-Vitus-Kirche geht auf das Jahr 1789 zurück. Sie ist aber nicht die erste Kirche auf dem Kirchberg in Sailauf. Der romanische Turm stammt noch von einer Wehrkirche. Der Eisvogel und das Bachneunauge sind Belege für die naturnahen Spessartbäche in den Wiesen um Sailauf.

9

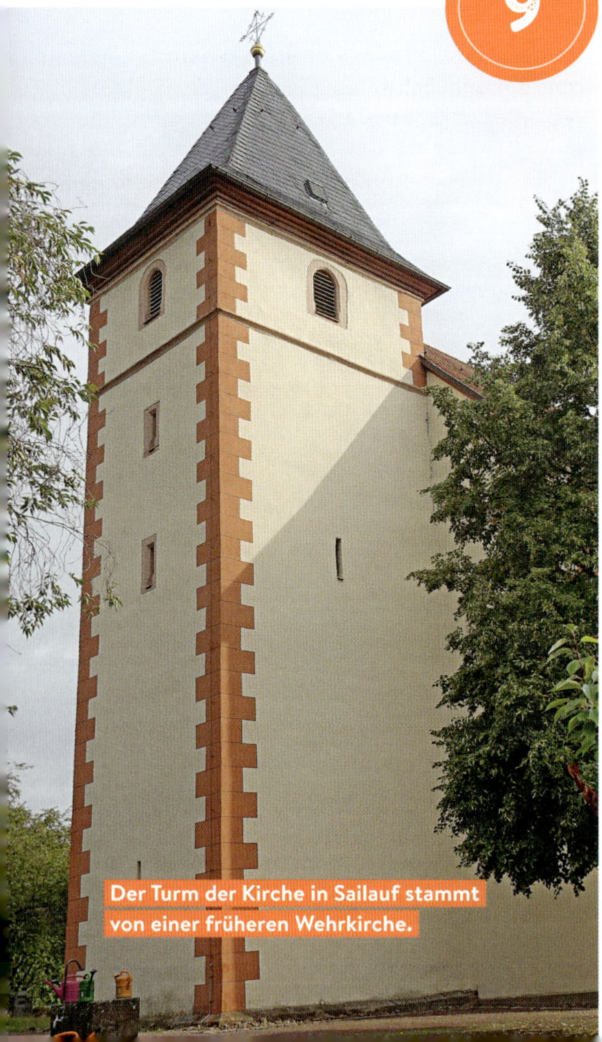
Der Turm der Kirche in Sailauf stammt von einer früheren Wehrkirche.

ZUR HARTSTEINGRUBE Am Parkplatz an der **A Kirche** besichtigen wir die Kirche St. Vitus, an deren Stelle schon im Jahr 1080 ein Gotteshaus dokumentiert war. An einem Sims unter dem Dach am Turm ist das sogenannte Relief »Bleckmaul« eingelassen. Der Kopf soll seine Zunge in Richtung Rottenberg und Eichenberg richten, weil diese Dörfer keinen Beitrag für die Erhöhung des Kirchturms leisteten. Der romanische Torbogen an der Treppe trägt einen Querstein mit den barocken Figuren St. Vitus, die Gottesmutter Maria und mit dem Pestpatron St. Sebastian. Auf der Treppe steigen wir hinab und überqueren unten geradeaus die Aschaffenburger Straße in die Straße Zum Bischling mit der blauen Markierung des Kulturweges an der Feuerwehr vorbei. An einer Gabelung gehen wir auf der Felgenstraße links und nach dem Spielplatz rechts mit der Markierung 5 und 6 in den Wald hinein. An einer **1 Kreuzung** folgen wir den Markierungen links hinab und nach 30 Metern rechts am Waldrand entlang. An einer T-Kreuzung an einem Jagdansitz geht es links ohne Markierung auf einem Wiesenweg abwärts an einem Wasserbehälter vorbei. Unten überqueren wir die 2 **Engländerstraße** in Richtung Hartsteinwerk. Weiter oben folgen wir an einer T-Kreuzung der blauen Markierung rechts in Richtung Recyclinghof zu einem Aussichtspunkt über das riesige Loch der alten 3 **Hartsteingrube**, in dem mineralienreicher Rhyolith (Quarzporphyr) für den Straßenbau abgebaut wurde.

RÜCKWEG ÜBER DAS RATHAUS Wir gehen wieder hinunter, an der T-Kreuzung links und an der Kreuzung mit Picknickplatz rechts. In Sailauf bleiben wir geradeaus und gehen rechts auf dem Klingerweg weiter. An der Kreuzung geht es links über die Engländerstraße und über den Bach in die Straße Zur Lauterhecke. An der T-Kreuzung kommen wir rechts zur Aschaffenburger Straße, der wir links folgen, gehen rechts in die Frühlingstraße und links auf der Rathausstraße zum hübschen 4 **Rathaus** aus

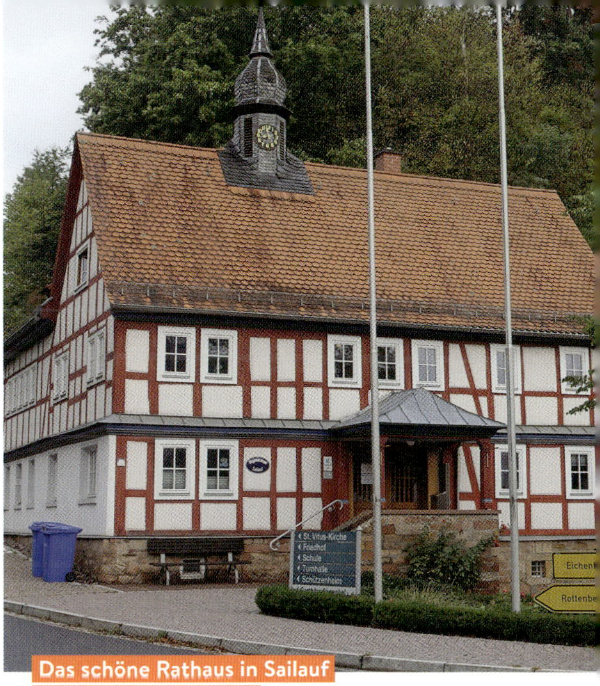

Das schöne Rathaus in Sailauf ist über 200 Jahre alt.

dem Jahr 1800. 30 Meter nach links geht es rechts auf dem Schwester-Cantina-Weg zur E **Kirche** St. Vitus hinauf.

INFO

TOURENCHARAKTER

Leichte, meist sonnige Wege durch Wälder und Wiesen

AUSGANGS-/ENDPUNKT

Kirche St. Vitus, Kirchberg 6, 63877 Sailauf
GPS 50°01'28.3"N 09°15'13.0"E (200 m)

ANFAHRT

ÖPNV: Bahn nach Aschaffenburg, Bus Linie 45 nach Sailauf
Auto: Auf der A 3 Ausfahrt 61 Hösbach und auf der B 26 und Aschaffenburger Straße nach Sailauf

GEHZEITEN

Kirche – Kreuzung 0:40 Std. – Engländerstraße 0:20 Std. – Hartsteingrube 0:15 Std. – Rathaus 0:45 Std. – Kirche 0:10 Std.

EINKEHR

Gasthaus Zur Traube, Brückenstraße 7, 63877 Sailauf, Tel. 06093/664, www.traube-sailauf.jimdosite.com

Leicht	6,7 km	160 Hm	2.10 Std.

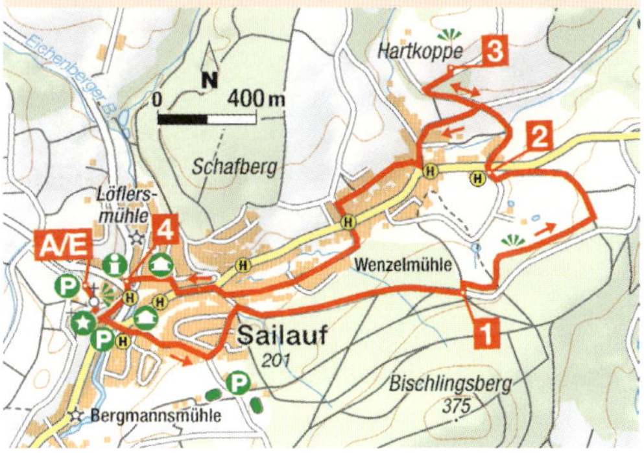

INFORMATION

Schloßplatz 2, 63739 Aschaffenburg, Tel. 06021/39 58 00, www.aschaffenburg.de

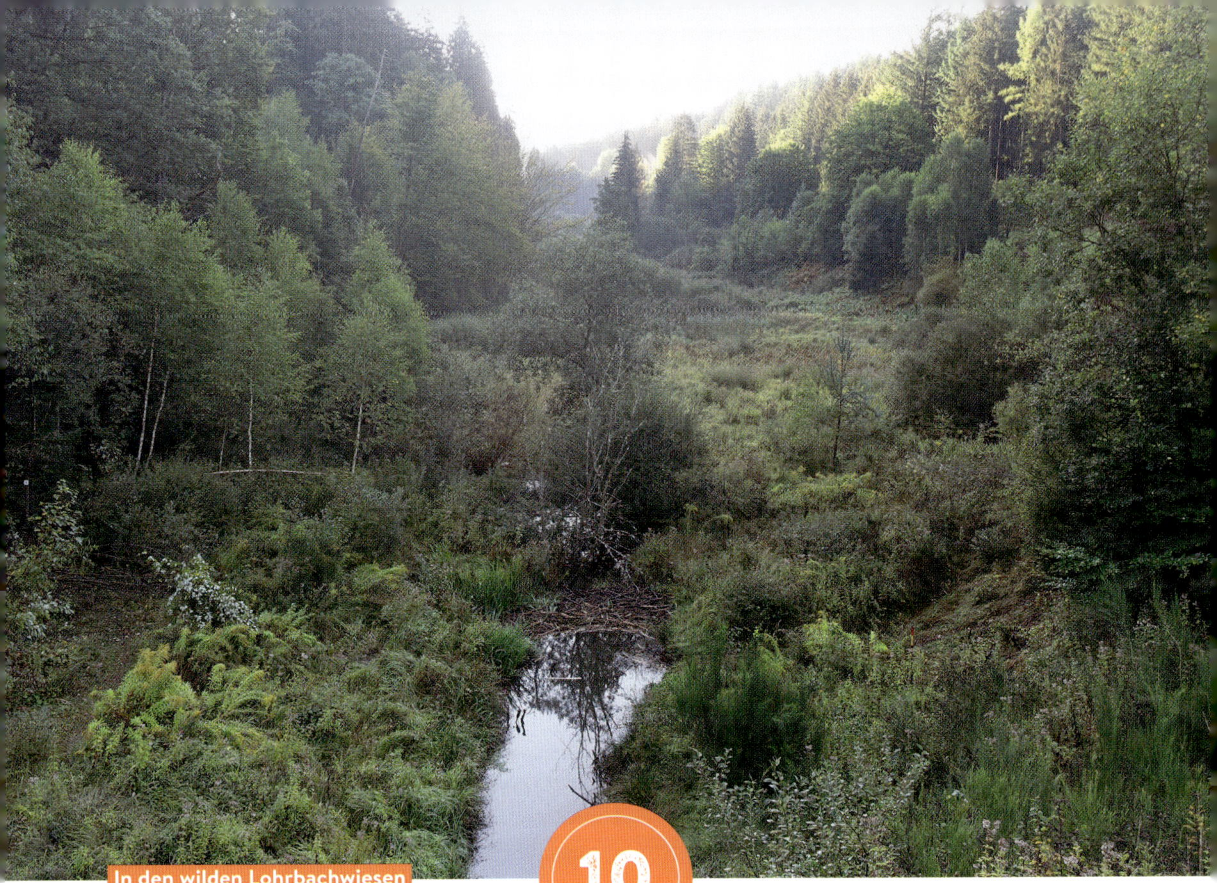

In den wilden Lohrbachwiesen ist die Natur zurück.

10

IN DEN HEIGENBRÜCKENER BACHWIESEN

Frische Luft und Sandstein

Die Wiesentäler mit den plätschernden Bächen sind typischer Bestandteil der Spessartlandschaft. Im Mittelalter war Heygerbruck ein Glasmacherdorf. Der Ort wird noch heute vom größten Laubwaldgebiet Deutschlands eingefasst, der einst Aufenthaltsort der sagenhaften Spessarträuber war.

Im verzweigten Naturschutzgebiet Spessartwiesen befinden sich an den natürlichen Bachläufen wichtige und seltene Lebensräume für viele Tier- und Pflanzenarten. Wer sich still verhält, kann vielleicht dem Eisvogel oder der Wasseramsel bei ihrem geschäftigen Treiben zuschauen.

ZUR PATRONA BAVARIAE Am untersten Teil des Parkplatzes am **A Bahnhof** in Heigenbrücken ist ein Wegweiser zu sehen. Dort gehen wir auf der Treppe abwärts rechts in Richtung Wildgehege und Kletterwald. Dabei überqueren wir zweimal den Lohrbach, der durch Heigenbrücken läuft. Vor der Linkskurve laufen wir über den kleineren Bächlesbach, der dort das Wassertretbecken speist. Hier im Bächlesgrund standen bis zum 17. Jahrhundert zwei Glashütten. Dort fanden auch jeweils am Pfingstmontag die Jahresversammlungen des 1406 gegründeten Bundes der Spessarter Glasmacher statt. Heute sind hier am 10 Hektar großen **1 Wildpark** Wildschweine, Damwild und Rotwild zu sehen. Am Wasserspielplatz mit Kiosk führt links ein Weg entlang des Wildparkzaunes aufwärts an den Waldrand. Rechts hinten setzt sich der Bächlesgrund als Naturschutzgebiet fort. Auf dem Sträßchen, oben am Waldrand, wandern wir mit der Markierung eines M in einer blauen Raute links zur Kreuzung, an der die **2 Kleine Grotte** ist. Hier steigen wir auf der Straße rechts hinauf und gehen an der zweiten Kreuzung links auf

Tipp

IN DER MOPPEDSCHEUNE

Liebhaber historischer Motorräder und Fahrräder bekommen im privaten Museum Moppedscheune in Heigenbrücken glänzende Augen. Es handelt sich unter anderem um die weltweit größte Zweiradsammlung aus der Produktion der Klein-Auheimer Bauer-Werke (Dorfstraße 14, 63869 Heigenbrücken, Tel. 06020/17 93, www.moppedscheune-heigenbrücken.de, Öffnungszeiten nach Vereinbarung).

↓ Die Kapelle Patrona Bavariae ist zugleich Schutzhütte.
↘ Die Steinbornquelle ist ein himmlisch stiller Pausenplatz.

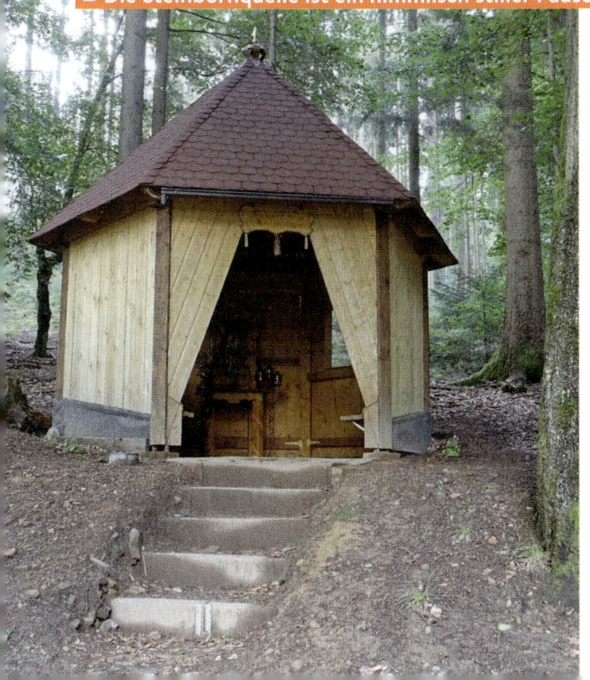

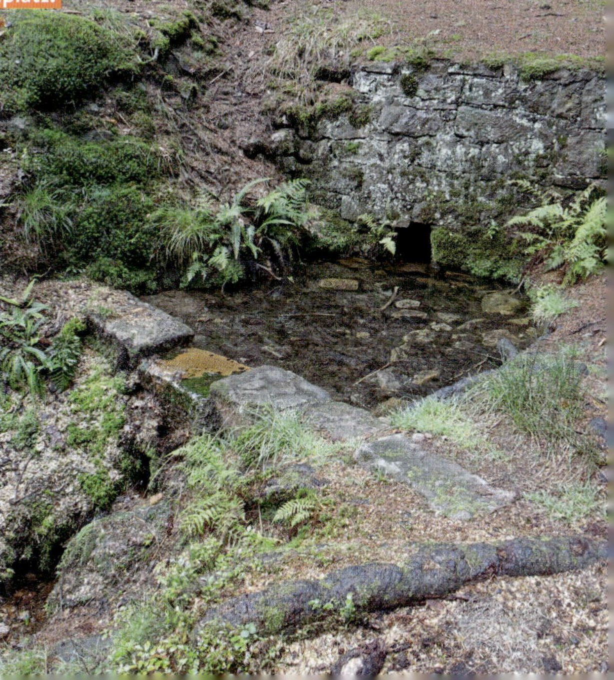

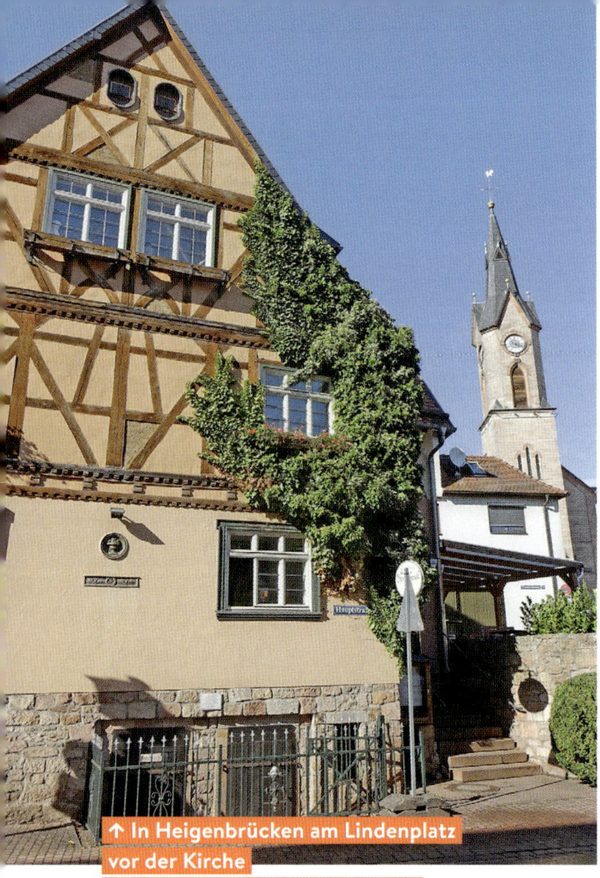

↑ In Heigenbrücken am Lindenplatz vor der Kirche

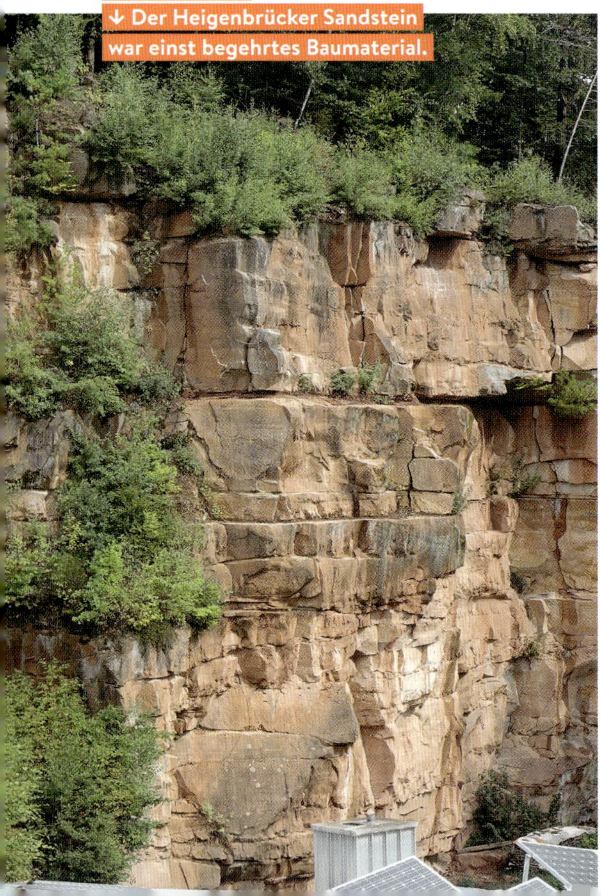

↓ Der Heigenbrücker Sandstein war einst begehrtes Baumaterial.

vorerst gleicher Höhe weiter. Immer wieder gibt es hier oben schöne Aussichten über Heigenbrücken mit seinen Wiesentälern. Schließlich tauchen wir in den Wald ein und bleiben auf dem Weg immer geradeaus in Richtung Steinborn. Nach einer Linkskurve stehen wir vor einem Weiher, an dessen linkem Rand ein Biber einen Vogelbeerbaum ins Wasser gefällt hat. Nach dem Weiher machen wir auf dem Weg mit der Markierung H1 nach rechts einen Abstecher zur still gelegenen **3 Steinbornquelle** mit Pausenbank.
Auf dem weiteren Weg bleiben wir an einem Abzweig der Forststraßen rechts in Richtung Hexenbaum. In einer langen Rechtskurve folgen wir der Markierung mit dem M in der blauen Raute links auf dem Pfad aufwärts. Nach der Querung einer Forststraße geht es weiter geradeaus auf einem alten Waldweg steil hinauf zur Wegspinne Hexenbaum, an der wir rechts in Richtung Heinrichsthal müssen. An einer Gabelung bleiben wir geradeaus und vor einem Jagdansitz gehen wir links hinab und überschreiten wieder eine Forststraße. Unten vor der Landstraße steht rechts die Schutzhütte und Kapelle **4 Patrona Bavariae**.

RÜCKWEG ÜBER DAS SCHWIMMBAD Wir überqueren die Straße AB 7 in den kleinen Pfad abwärts und gehen auf dem Waldweg rechts. Doch nach etwa 40 Metern geht es links wieder auf einem kleinen Pfad in den Wiesengrund hinab. Auf der Wiese überqueren wir den Lohrbach und kommen auf einem Pfad in Sichtweite der Unterlohrgrundmühle zu einer Forststraße hinauf, auf der es links in Richtung Schneckhütte weitergeht. An einem Abzweig wandern wir links über den Hasselbach und an dessen Mündung über den Lohrbach. Kurz bevor es zur Straße hinaufgeht, bleiben wir rechts unten und können neben dem Lohrbach durch einen **5 Tunnel** unter der Straße AB 7 in den langen Wiesen-

grund des Lohrbaches. Im Lohrbachtal gab es einst ebenfalls mehrere Glashütten. Heute sind die Wiesengründe weitgehend artenreiche Naturschutzgebiete. Die hohen Niederschläge haben im Lohrbachtal Feuchtwiesen, Nasswiesen und Flachmoore entstehen lassen. Dort wachsen Moosteppiche und Moorpflanzen wie Fieberklee. Die Bäche führen klares Wasser, in denen Bachforellen leben und Flussperlmuschel und Edelkrebs wieder ihren Lebensraum finden können. Der Wiesenknopf-Ameisenbläuling auf den Wiesen ist Garant für eine intakte Natur.
Auf dem Weg erreichen wir schließlich in Heigenbrücken das **6 Schwimmbad** und laufen geradeaus auf der Heinrichsthaler Straße und auf der Spessartstraße weiter. Rechts steht das alte Bahnhofsgebäude aus dem 19. Jahrhundert. 1850 wurde die Eisenbahn gebaut, wodurch Heigenbrücken zu einem der ersten Zentren des Tourismus im Spessart wurde. Die Straße wird zu einem Gehweg und heißt ab hier Promenadenweg. Auf der linken Seite ist die Wand eines Sandsteinbruches zu entdecken. Der Heigenbrückener Sandstein war im 19. Jahrhundert ebenfalls eine bedeutende Einnahmequelle. Auf dem Promenadenweg kommen wir genau zum Lindenplatz vor der Kirche und zum erwähnenswerten Wirtshaus Heygerbruck, das traditionelle Rezepte wiederaufleben lässt. Auf dem Hüttenwiesenweg rechts hinunter geht es durch den Kurpark hinaus zum **E Bahnhof** Heigenbrücken.

INFO

TOURENCHARAKTER
Leichte, meist sonnige Wege durch Wiesen

AUSGANGS-/ENDPUNKT
Parkplatz Bahnhof, 63869 Heigenbrücken
GPS 50°01'25.5"N 09°22'48.1"E (270 m)

ANFAHRT
ÖPNV: Bahn nach Heigenbrücken
Auto: Auf der A 3 Ausfahrt 63 Weibersbrunn und auf der St 2317 nach Heigenbrücken

GEHZEITEN
Bahnhof – Wildpark 0:20 Std. – Kleine Grotte 0:20 Std. – Steinbornquelle 0:45 Std. – Patrona Bavariae 0:25 Std. – Tunnel 0:30 Std. – Schwimmbad 0:30 Std. – Bahnhof 0:40 Std.

EINKEHR
Wirtshaus Heygerbruck, Hauptstraße 8, 63869 Heigenbrücken, Tel. 0170/904 68 06, www.heygerbruck.de

Leicht	11,1 km	200 Hm	3.30 Std.

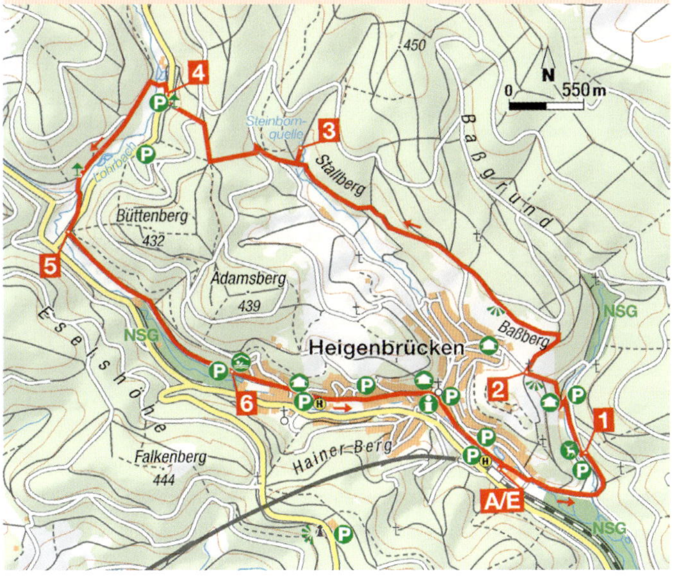

INFORMATION
Hauptstraße 7, 63869 Heigenbrücken, Tel. 06020/971 00, www.heigenbruecken.de

HISTORIE UND NATUR IN FRAMMERSBACH

Wanderung durch Feuchtwiesen

Im 16. Jahrhundert waren die Frammersbacher Fuhrleute für die großen Handelshäuser wie die Fugger europaweit unterwegs und prägten die Hohlwege durch den Spessart. Heute schlendern wir über den Feuchtwiesen-Erlebnispfad und durch das magische Rinderbachtal.

11

Blick in das geheimnisvolle Rinderbachtal

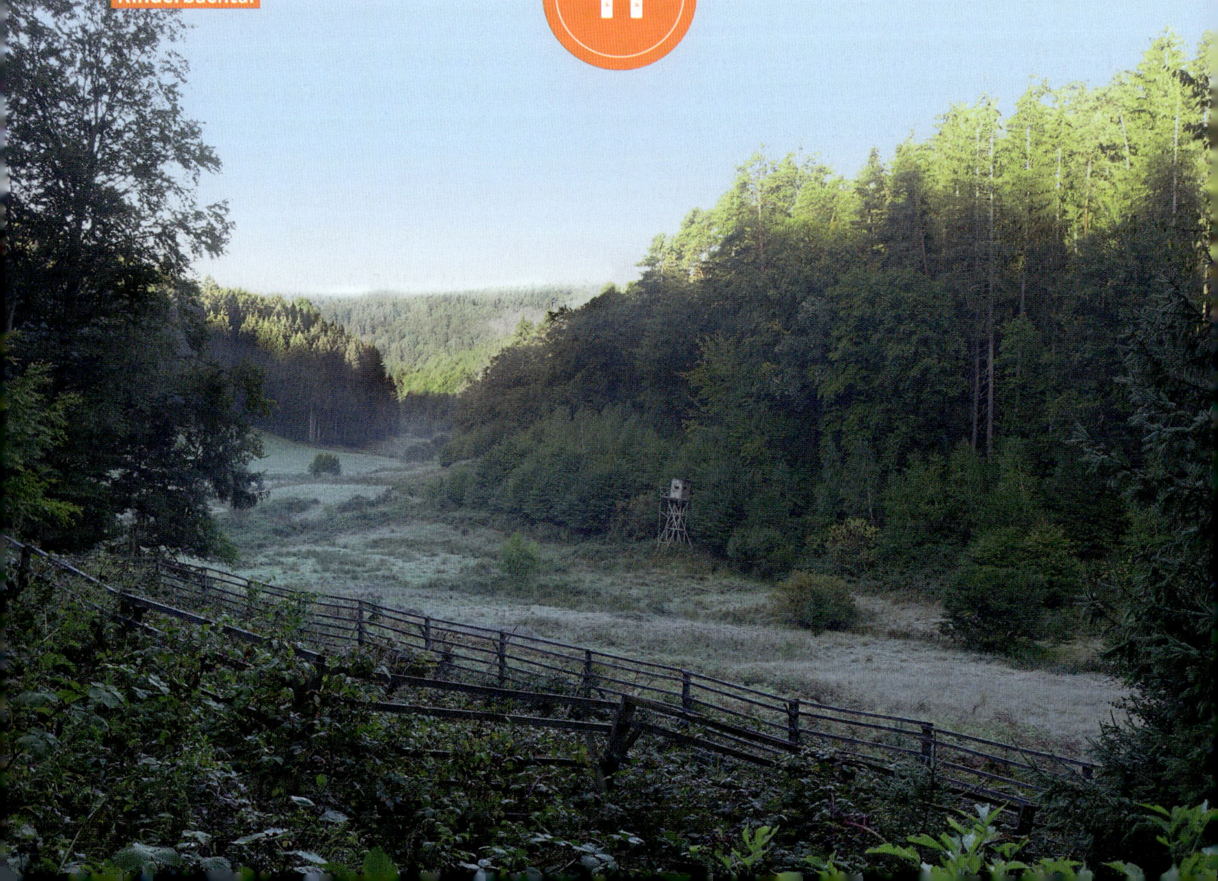

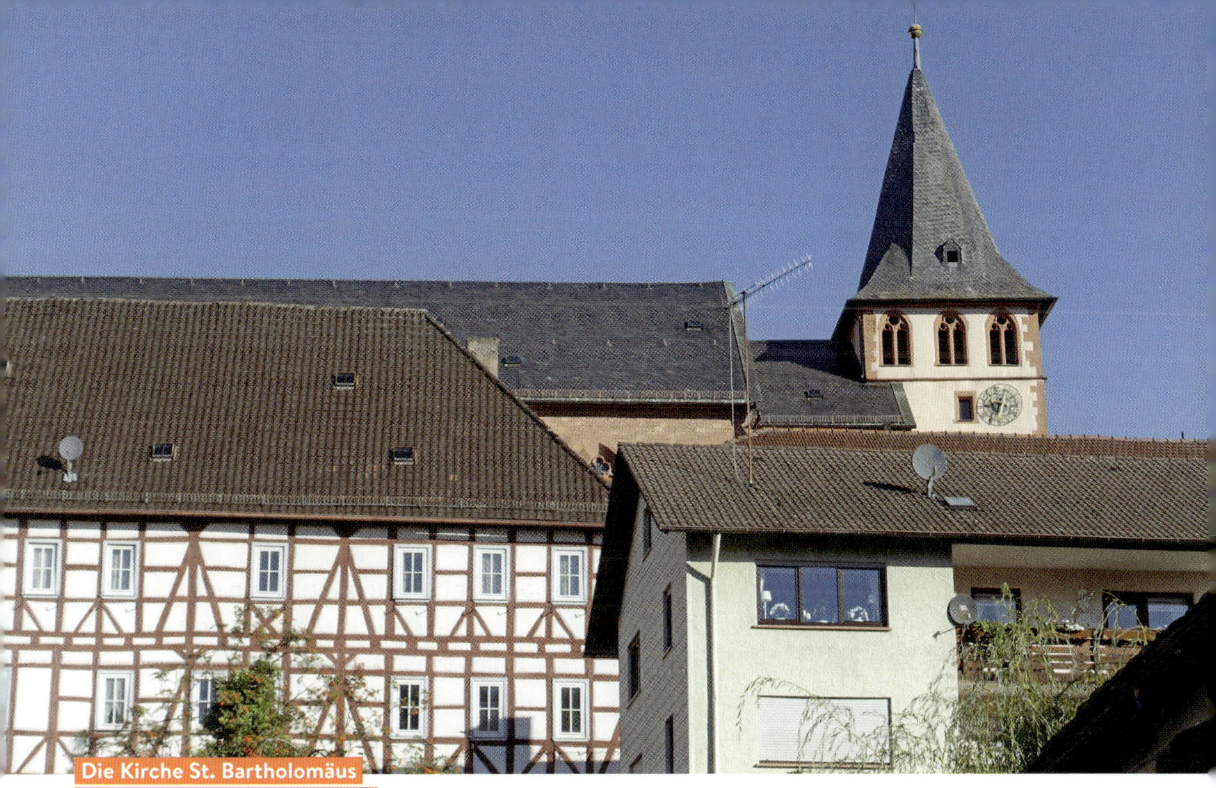

Die Kirche St. Bartholomäus steht hoch über den Dächern.

Bewegung an der frischen Luft erzeugt Hunger und Durst. Wo könnte das Bier noch frischer sein, als im Biergarten oder Bräustübl einer Brauerei? Der Biergarten der Waldschloss-Brauerei in Frammersbach wurde bereits zweimal unter die zehn schönsten Biergärten in ganz Deutschland gewählt. Seit 1886 wird in der Brauerei Bier gebraut.

ZUM MARKTPLATZ Vom Parkplatz am **A Sportplatz** gehen wir auf dem Gehweg parallel zur Orber Straße (B 276) in Richtung Flörsbachtal nach Norden. An einem Abzweig und an einer Gabelung bleiben wir geradeaus und überqueren den Rinderbach. Am Ende der Rinderbachwiesen wandern wir vor einem Parkplatz rechts in das stille Rinderbachtal, das als Naturschutzgebiet ausgewiesen ist. Das Rinderbachtal ist eine typische Wässerwiese des Spessarts. Im sumpfigen Grund der Wiesen konnte das Vieh nie direkt gehalten werden. So wurden die Wiesen zur Mahd genutzt. Um den Ertrag zu erhöhen, wurden die Hänge der Wiesen um Frammersbach bereits im 14. Jahrhundert bewässert. Im Rinderbachtal sind noch die Linien der früheren

Tipp

IM FUHRMANN-MUSEUM

Das Museum zeigt die Geschichte des Ortes Frammersbach auf, die eng mit dem Fuhrmannswesen und der Heimschneiderei verbunden ist. Die Frammersbacher Fuhrleute wurden erstmals 1441 erwähnt. Das alte Haus selbst spiegelt die sozialen Verhältnisse des 19. Jahrhunderts wider (Fuhrmann- und Schneidermuseum, Hinterdorf 10, 97833 Frammersbach, Tel. 09355/97 12 25, www.frammersbach.de).

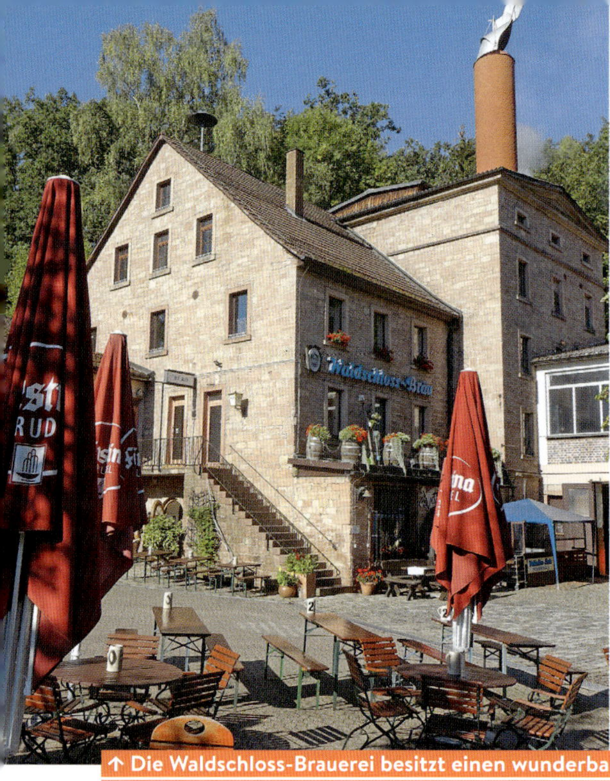

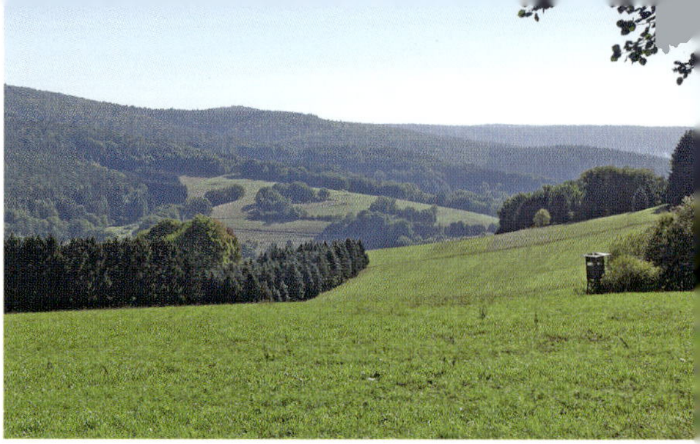

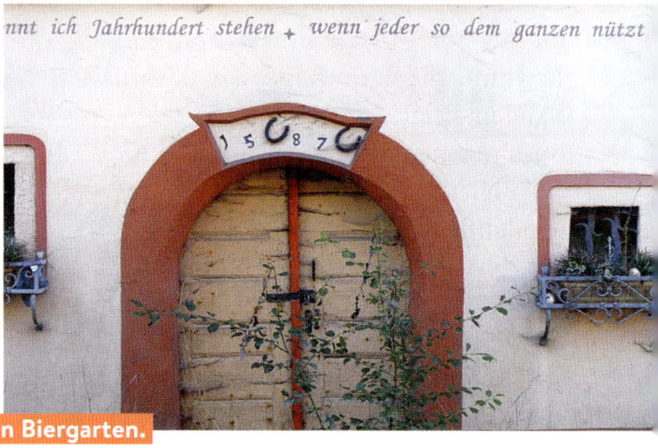

↑ Die Waldschloss-Brauerei besitzt einen wunderbaren Biergarten.
↗ Blick vom Höhenwanderweg über Frammersbach
→ In Frammersbach gibt es viele historische Bauten mit Geschichte.

Bewässerungskanäle sichtbar. Weiter hinten im Tal kommen wir an einem **1 Wasserwerk** vorbei. Am Ende des Tales müssen wir in spitzem Winkel rechts und wieder aus dem Tal heraus. Schließlich laufen wir wieder auf dem Gehweg neben der B 276 in Richtung Frammersbach nach Süden und über unseren Parkplatz weiter an den Sportplätzen vorbei. Wir sind nun auf dem Feuchtwiesen-Erlebnispfad mit Themenpunkten rund um Natur und Spessartwiesen, der auf einer **2 Brücke** über die Lohr führt. An der Wassertretanlage gibt es nach Wunsch einen kurzen Abstecher zum Terrassenbad. Bei den ersten Häusern laufen wir auf dem Herrenweg ein, gehen an der T-Kreuzung auf dem Hammerfurtweg links und auf der langen Lohrtalstraße rechts geradewegs zum **3 Marktplatz**.

ZURÜCK ÜBER DEN HEUBERG Ein historischer Rundweg leitet uns vom Marktplatz rechts auf die Wiesener Straße. An ausgewählten Objekten gibt es Tafeln mit Erläuterungen zur Geschichte der Gebäude, so zum Beispiel am Haus mit der Nummer 47, wo auf dem Rundbogen die Jahreszahl 1587 eingeschlagen ist. Danach biegen wir rechts in den Kirchberg ein. Mit offenen Augen gibt es auf den Tafeln an historischen Gebäuden einiges zu entdecken. Die Bäckerei existiert mindestens seit dem Jahr 1787. Nach dem großen Fachwerkbau des alten Forsthauses und der Schule geht es links zur **4 Kirche St. Bartholomäus** hinauf. Auf dem Kirchberg gab es bereits um das Jahr 500 einen fränkischen Jagdstützpunkt und eine Siedlung, die im 6. und 7. Jahrhundert bestand. Gegenüber dem Eingang der Kirche sind die Reste eines halbrunden Schalenturms der Mauer aus dem 15. Jahrhundert zu sehen.

Auf der Westseite der Kirche, also am Ende des Langhauses, steigen wir auf der Treppe zur Schule hinauf und gehen auf der steilen Schulstraße links aufwärts an der Sporthalle am Heuberg und am Parkplatz vorbei. 40 Meter nach einem Picknickplatz wandern wir ohne Markierung rechts auf dem Wiesenweg hinauf und haben bald den Funkturm auf dem Heuberg als unser ungefähres Ziel vor Augen. Von hier oben bietet sich ein weiter Panoramablick über Frammersbach und über die davon abgehenden Täler. An der Bank vor den Gebüschflächen gehen wir auf dem Asphaltsträßchen links herum zur **5 Hütte** am Modellflugplatz.

Wir bleiben auf der Höhe und wandern an einem links stehenden Baumstreifen aus Wildkirschen rechts mit der Markierung 3 eines Nordic-Walking-Weges auf der Fahrspur über die Wiese hinab. Am Waldrand gehen wir mit der Markierung des Fuhrmannsweges links und nach ungefähr 100 Metern in dem Wäldchen rechts hinunter. Auf der Wiese wird die Spur stellenweise undeutlich. Wir halten uns in dem breiten Wiesengraben einfach immer an die tiefste Stelle der Geländemulde und finden weiter unten die Fahrspur auch wieder deutlicher. Die ersten Gebäude sind drei Vereinsheime, an denen dann auch wieder die Markierung des Fuhrmannsweges zu sehen ist. Die weiter abwärts führende Straße ist der Wellerstalweg, der zur B 276 führt. Dort gehen wir links an dem schönen Biergarten der Waldschloss-Brauerei vorbei – oder doch lieber nicht gleich vorbei, sondern hinein. Auf jeden Fall ist nach der Überquerung des Baches Lohr rechts der Ausgangspunkt am Parkplatz am **E Sportplatz**.

INFO

TOURENCHARAKTER

Leichte, meist sonnige Wege durch Wälder und Wiesen

AUSGANGS-/ENDPUNKT

Parkplatz am Sportplatz, Orber Straße 104, 97833 Frammersbach
GPS 50°04'36.5"N 09°27'48.0"E (235 m)

ANFAHRT

ÖPNV: Bahn nach Wiesthal, Bus Linie 652 nach Frammersbach-Friedhof
Auto: Auf der A 3 Ausfahrt 63 Weibersbrunn und auf der B 26 und B 276 nach Frammersbach

GEHZEITEN

Sportplatz – Wasserwerk 0:35 Std. – Brücke 1:00 Std. – Marktplatz 0:25 Std. – Kirche 0:10 Std. – Hütte 0:25 Std. – Sportplatz 0:35 Std.

EINKEHR

Waldschloss-Brauerei, Orber Straße 103, 97833 Frammersbach, Tel. 0163/168 42 09, www.waldschloss-brauerei.de

INFORMATION

Marktplatz 3, 97833 Frammersbach, Tel. 09355/971 20, www.frammersbach.de

Leicht	10,6 km	220 Hm	3.10 Std.

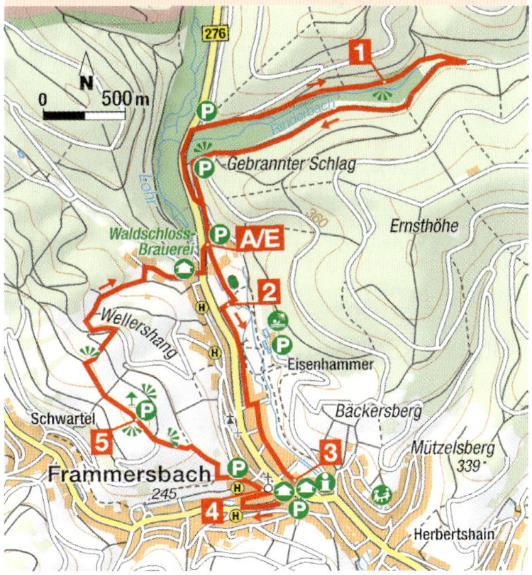

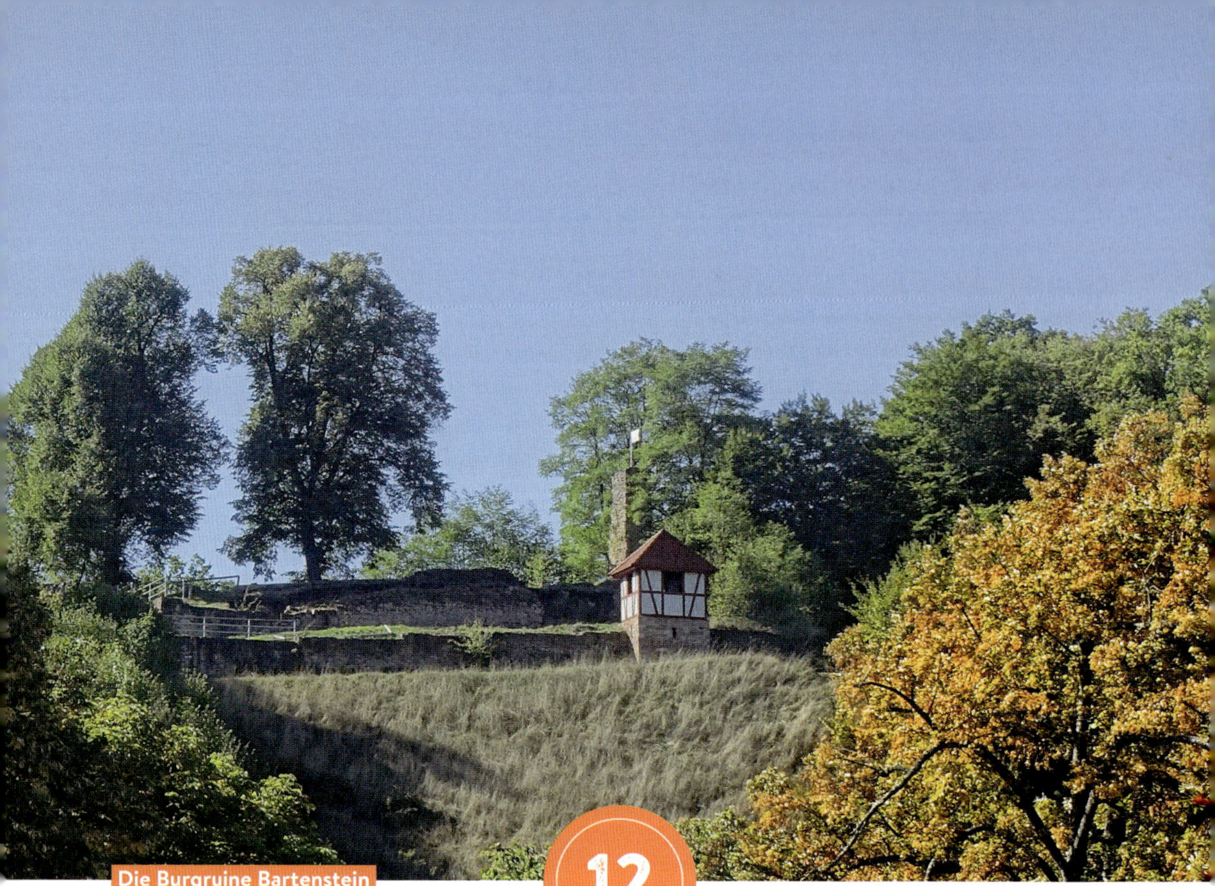

Die Burgruine Bartenstein ist vom Ort aus zu sehen.

12

PARTENSTEINER INDUSTRIEGESCHICHTE

Mittelalter auf Burg Bartenstein

Mit der Burg Bartenstein kontrollierten die Grafen von Rieneck im 13. Jahrhundert in strategisch günstiger Lage die mittelalterlichen Verkehrswege zwischen Lohr und dem Nordspessart. Heute folgen wir den Wanderwegen zu historischen Stollen des Bergbaus im beschaulichen Schnepfental.

Im 16. und 17. Jahrhundert wurden in Partenstein Glashütten betrieben. Im 19. Jahrhundert begann die Epoche der Industrialisierung durch den Bau der Eisenbahn und durch die Förderung von Schwerspat, das zur Herstellung von Farben benötigt wurde. Die reizvolle Landschaft mit den von Laubwäldern bedeckten Hügeln bringt heute sanften Tourismus voran. Dabei hat sich Partenstein Tradition, Ursprünglichkeit und Dorfgemeinschaft erhalten.

ZUM MARIENSCHACHT Vom Parkplatz am **A Bahnhof** mit den Gebäuden der alten Schuhfabrik in Partenstein gehen wir zu Beginn auf der Bahnhofstraße nach Norden abwärts und mit der blauen Markierung des Kulturweges auf der Straße Schnepfental rechts aufwärts. An der Weggabelung am letzten Haus wandern wir auf dem rechten Kiesweg in das idyllische Schnepfental hinauf. Bald ist der Weg mit großen Steinplatten gepflastert, auf denen sich die Räder der schweren Fuhrwerke gleich Schienen eingearbeitet haben. An manchen Stellen erinnert dies an die Römerstraßen, auf denen sich ähnliche Spuren erhalten haben. Auf der rechten Seite des Weges kommen wir an der Verladestation vorbei und bald darauf ist rechts das Mundloch des **1 Erichstollens**. Ein unergründliches, mystisches schwarzes Loch ist zu sehen, sonst nichts. Doch der Zugang ist verboten und irgendwie auch unheimlich. Auf dem weiteren Weg bleiben wir in einer engen Linkskehre an der Verladestation Hirtleswiese geradeaus aufwärts zum **2 Marienschacht**. An dem eingezaunten ehemaligen Grubengelände hat sich die Natur alles zurückerobert, aber die Informationen dort sind interessant.

Das Mundloch des Erichstollens ist ein unheimliches schwarzes Loch.

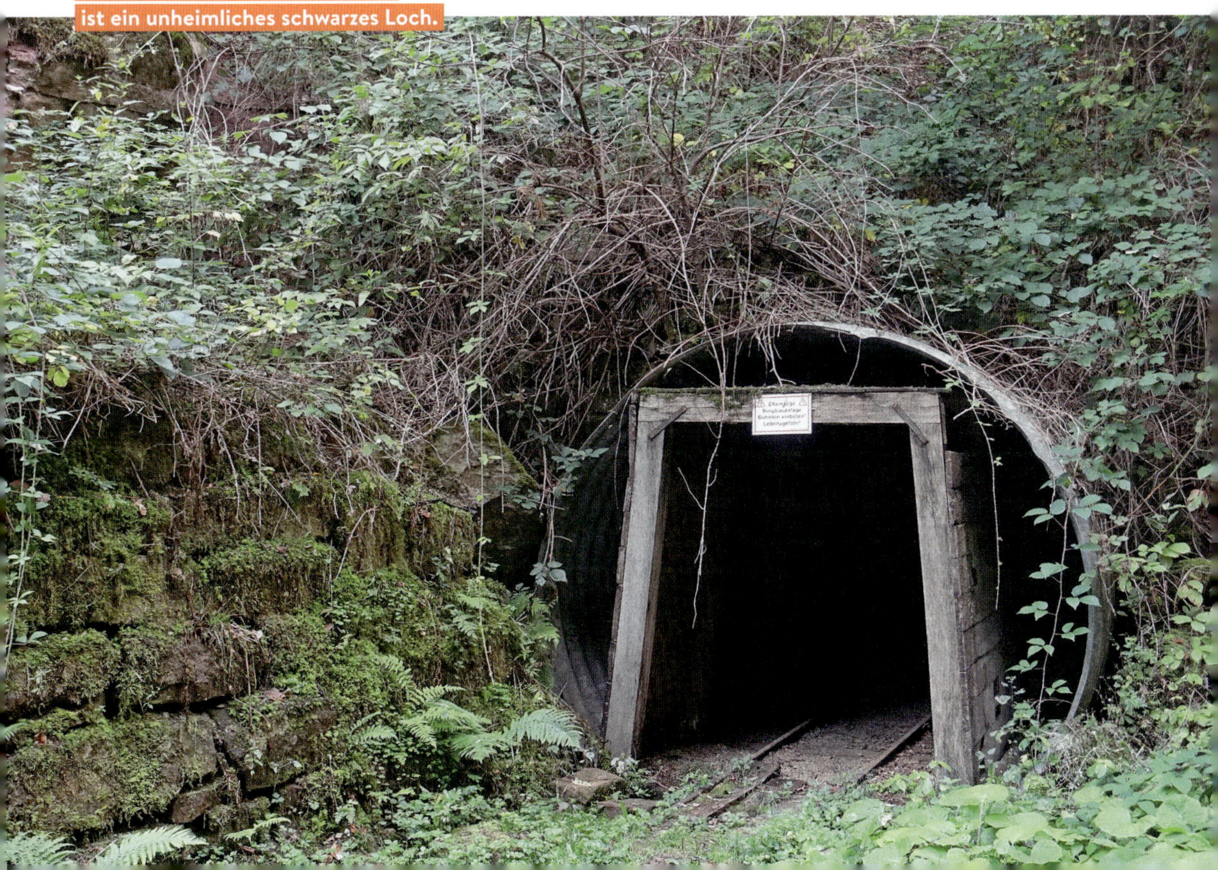

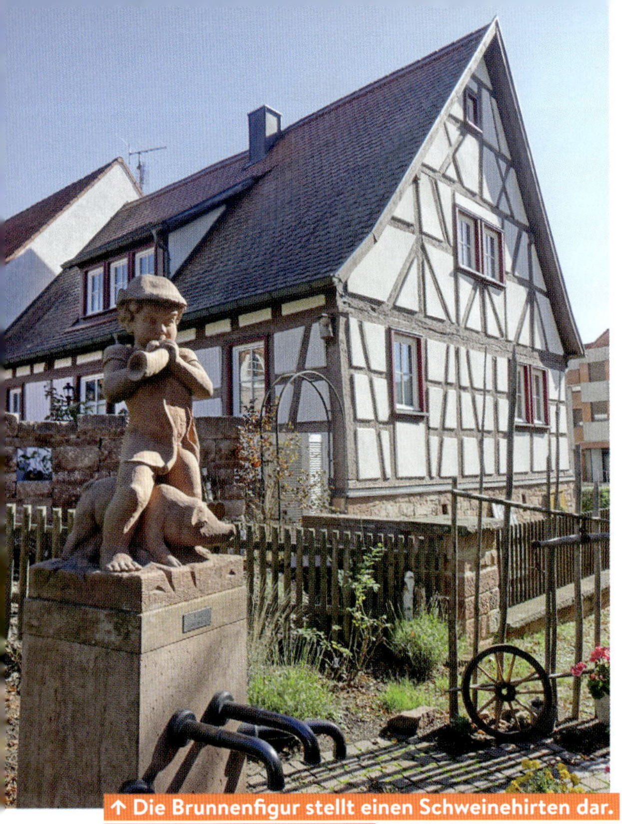

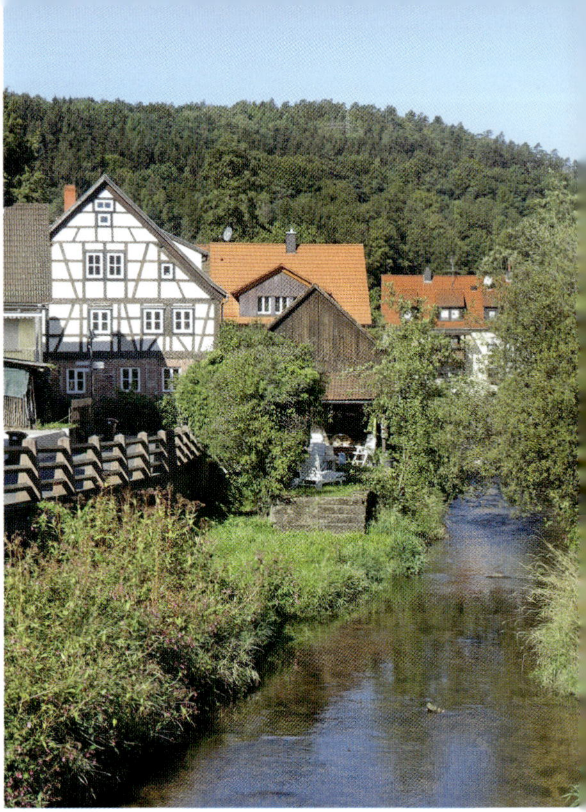

↑ Die Brunnenfigur stellt einen Schweinehirten dar.
↗ Idylle am Flüsschen Lohr

ZUR RUINE BARTENSTEIN Wieder zurück an der Kehre an der Hirtleswiese gehen wir rechts weiter. An einem Abzweig bleiben wir geradeaus und an der T-Kreuzung vor einem Strommast laufen wir auf dem Asphaltsträßchen rechts hinauf. An einer T-Kreuzung geht es links, ebenfalls auf Asphalt, den Hügel Hoffeld hinauf und an der höchsten Stelle auf dem Kiesweg links weiter. Hier oben besteht schöne Aussicht über die Landschaft. Wir bleiben immer geradeaus zur ökumenischen **3 Friedenskapelle**, die 2013 eingeweiht wurde. Von der Kapelle neigt sich der Weg abwärts und wir bleiben bei der ersten Kreuzung geradeaus. An einer T-Kreuzung vor einer Bank müssen wir nun wieder auf Asphalt links und an der nächsten T-Kreuzung auf Kies rechts hinab auf die Häuser zu. Vor dem ersten Haus gehen wir links hinunter und an der zweiten T-Kreuzung auf dem Torweg rechts bis zur katholischen **4 Kirche** hinab. Nach der Kirche geht es rechts und dann auf der Kirchgasse links hinunter. Zwischen der Christuskirche und dem Museum Ahler Kråm kommen wir auf dem Gehweg zur Hauptstraße (B 276) durch. An der Bushaltestelle laufen wir links und am Rathaus rechts in die Straße Am Lohrbach.

Nach dem Parkplatz können wir links auf dem Steg über die Lohr gehen. Nach links versetzt steigen wir am Haus mit der Nummer 9 auf der Treppe hinauf zur **5 Ruine Bartenstein**. Vor dem Burghügel rechts herum kommen wir zum Aussichtspunkt mit Blick über den Ort Partenstein. Vor dem Burghügel links herum erreichen wir am Halsgraben den Aufstieg zu den obersten Teilen der Ruine. Die Burg Bartenstein wurde im Jahre 1233 durch die Grafen von Rieneck erbaut. Sie zählt zu den größeren Anlagen im Spessart. Ende des 15. Jahrhunderts verlor die

Burg an Bedeutung. Im Jahr 1626 wurde die Burg durch schwedische Truppen erobert und weitgehend zerstört. Danach überließ man sie dem Verfall. Neuzeitliche Ausgrabungen brachten eine Silbermünze aus der Ursprungszeit der Burg um das Jahr 1230 zutage. Fragmente von Ofenkacheln stammen aus der Zeit zwischen 1300 bis zum Ende der Burg. Am sichersten steigen wir wieder auf dem gleichen Treppenweg abwärts und gehen unten auf der Straße Am Schloßberg rechts und dann links auf der Straßenbrücke über die Lohr. In der Grünanlage an der Hauptstraße gibt es die Brunnenfigur eines Schweinehirten und weiter unten eine stilisierte Suhle mit zwei Schweinen zu bewundern. Diese Darstellungen nehmen wohl Bezug auf die Arbeitsmöglichkeiten vor der frühen Industrialisierung Partensteins. Auf der Hauptstraße wandern wir rechts und in der Rechtskurve geradeaus auf der Bahnhofstraße zum Parkplatz am E **Bahnhof** zurück.

Tipp

IM MUSEUM AHLER KRÅM

Im alten Schulhaus werden im Museum Ahler Kråm das ländliche Leben und die industriellen Anfänge in Partenstein veranschaulicht. Die Exponate spiegeln den Alltag des bäuerlichen Lebens wider, das von Armut, harter Arbeit und Frömmigkeit geprägt war. Auch die Erwerbsquelle der schweren Förderung von Schwerspat wird aufgezeigt (Am Herrenhof 8, 97846 Partenstein, Tel. 09355/79 09).

INFO

TOURENCHARAKTER

Leichte, meist sonnige Wege und Pfade durch Wälder und Wiesen

AUSGANGS-/ENDPUNKT

Parkplatz Bahnhof, Bahnhofstraße 4, 97846 Partenstein
GPS 50°02'19.5"N 09°31'26.9"E (200 m)

ANFAHRT

ÖPNV: Bahn nach Partenstein
Auto: Auf der St 2315 entlang des Mains nach Lohr und auf der B 276 nach Partenstein

GEHZEITEN

Bahnhof – Erichstollen 0:25 Std. – Marienschacht 0:15 Std. – Friedenskapelle 0:30 Std. – Kirche 0:20 Std. – Ruine Bartenstein 0:15 Std. – Bahnhof 0:15 Std.

EINKEHR

Keine auf der Tour; Waldschloss-Brauerei, Orber Straße 103, 97833 Frammersbach, Tel. 0163/168 42 09, www.waldschloss-brauerei.de

INFORMATION

Schloßplatz 5, 97816 Lohr am Main, Tel. 09352/84 84 65, www.lohr.de

Leicht | 6,9 km | 180 Hm | 2.00 Std.

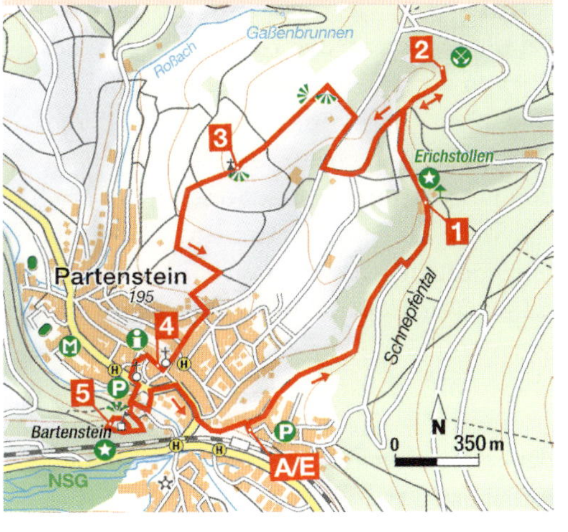

IM NATURIDYLL HAFENLOHRTAL

Spessarttal in Ursprünglichkeit

Im Hafenlohrtal fühlen sich Wanderer in Zeiten zurückversetzt, als diese Gegend Jagdrevier hoher Herren war, Räuber ihr Unwesen trieben und es noch verwegene Wilderer gab. Von der Staatsstraße einmal abgesehen regiert an den Mäandern des Baches Hafenlohr noch Natur pur.

13

Die Feuchtwiesen im Hafenlohrtal sind ein einzigartiger Lebensraum.

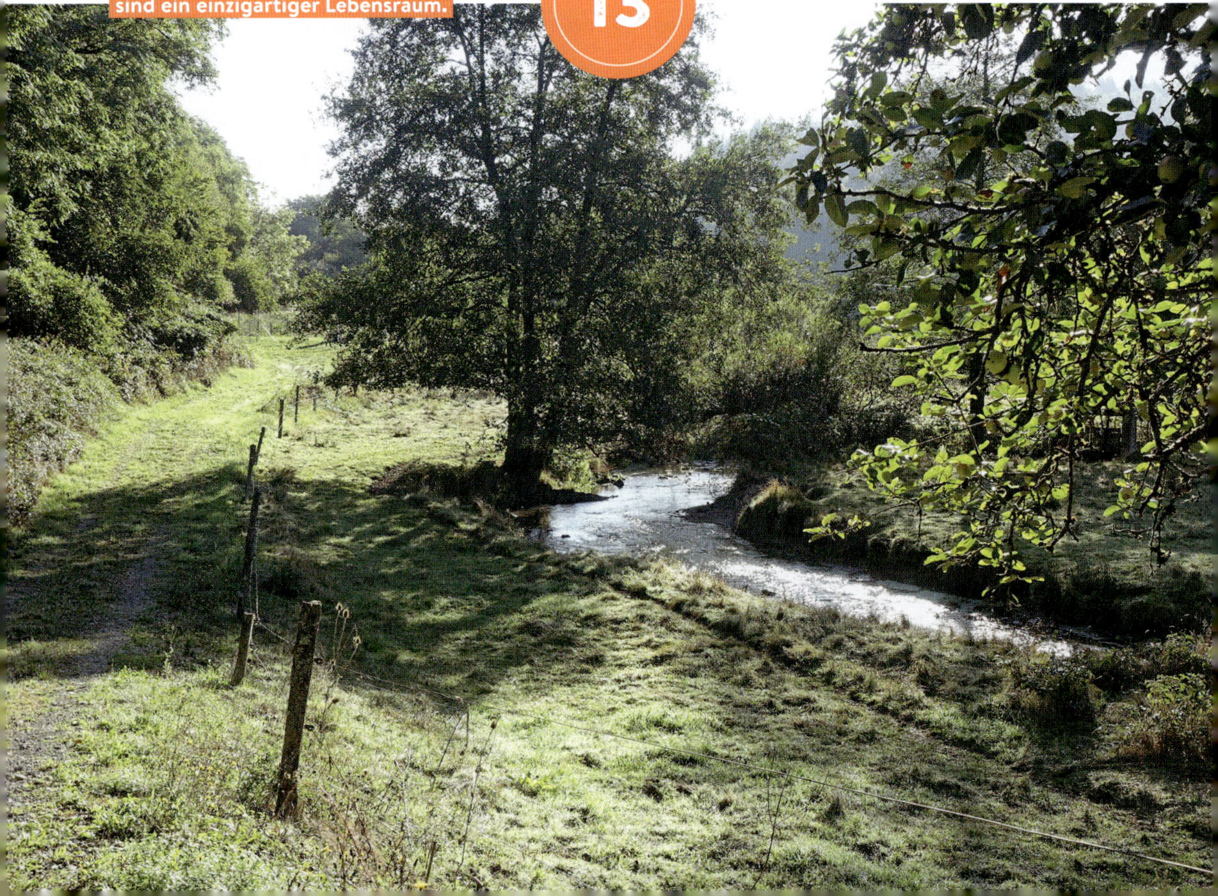

Schon Tucholsky rühmte seinerzeit die märchenhafte Idylle des Hafenlohrtals: »Dies ist eine alte Landschaft, die gibt es gar nicht mehr, hier ist die Zeit stehen geblieben. Wenn Landschaft Musik macht, ist dies ist ein deutsches Streichquartett«. Das Flüsschen Hafenlohr entspringt in Rothenbuch, das 1318 erstmals urkundlich erwähnt wurde. Der Ortskern formiert sich aus historischen Gebäuden um das Jagdschloss der Mainzer Kurfürsten aus dem 16. Jahrhundert.

ZUR BRÜCKE Auf dem kleinen Parkplatz in der Straße zum Bischbornerhof nördlich vom Gasthaus im Hochspessart in **A Lichtenau** können wir parken. An der Kreuzung vor dem Gasthaus gehen wir hinter der linken Leitplanke mit der Markierung einer roten Linie rechts in Richtung Sägewerk nach Westen. Am Abzweig geht es mit wunderbarem Blick in die Wiesen des Hafenlohrtals links zur Kreuzung am ehemaligen **1 Sägewerk**. Wer möchte, macht einen 500 Meter weiten Abstecher nach rechts zum Bohlensteg, von dem aus diese einzigartige Kultur- und Naturlandschaft noch näher betrachtet werden kann.
Unsere Wanderung führt von der Kreuzung Sägewerk links nach Osten und oberhalb des Gasthofes Hoher Knuck vorbei. An der T-Kreuzung Lichtenauer Grund müssen wir nun mit der Markierung einer schrägen roten Linie auf der Forststraße links hinunter in Richtung Erlenfurt. Bald geben die Bäume den Blick frei auf die Becken der Forellenzucht Hochspessart. In dem klaren Wasser der Hafenlohr gedeihen die Forellen prächtig. Am **2 Abzweig Erlenfurt** bleiben wir auf einem Schlepperweg geradeaus. Am Ende des Weges geht es über Wurzeln rechts hinauf und auf einem Überstieg über den Wildschutzzaun des Fürstlich Löwenstein'schen Parks. Auf der Forststraße laufen

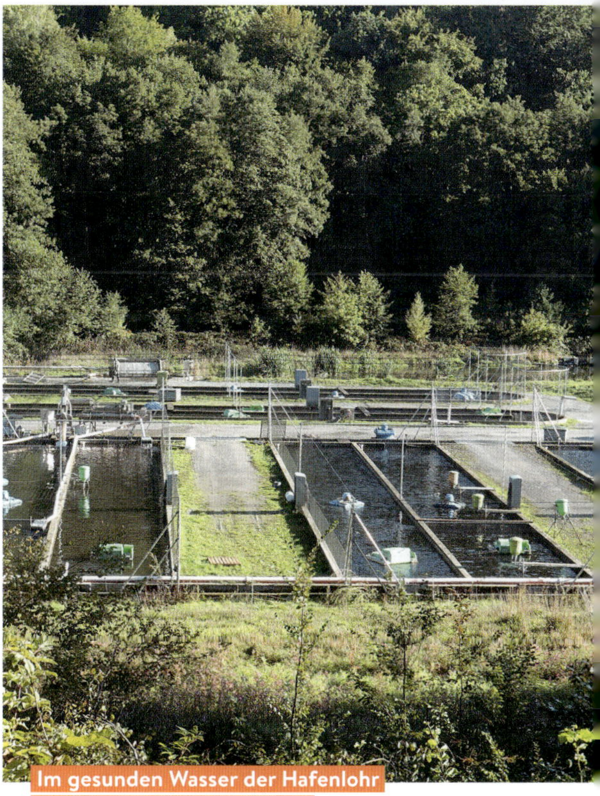
Im gesunden Wasser der Hafenlohr gedeihen Forellen prächtig.

wir links abwärts mit Blick in den Erlenbruchwald auf der linken Seite. Die Forststraße endet an der Straße MSP 26, auf der wir in spitzem Winkel nach links auf

Tipp

IM BAUERNHAUSMUSEUM

Im alten Fachwerkhaus aus dem Jahre 1780 sind alle Zimmer mit Möbeln und Hausgeräten aus der damaligen Zeit eingerichtet. Sie lassen die armseligen Wohnverhältnisse und die Lebensgewohnheiten früherer Zeiten erkennen. Die Renovierung des Gebäudes brachte eine Auszeichnung des Vereins für Denkmalpflege ein (Hauptstraße 25, 63860 Rothenbuch, Tel. 06094/94 00, www.rothenbuch.de).

der **3 Brücke** das Flüsschen Hafenlohr überqueren. Am großen Parkplatz vor dem Forsthaus informiert eine Tafel über ein Projekt mit Wasserbüffeln. In den Feuchtgebieten des Hafenlohrtals fühlen sich die Tiere wohl und halten das Gelände offen.

ZURÜCK NACH LICHTENAU Vor dem Forsthaus steigen wir auf der Straße über das Wildgitter und müssen nun mangels Alternative auf der zum Glück nur wenig befahrenen Straße nach Westen laufen. 700 Meter nach dem Wildgitter erreichen wir das alte Gut am **4 Erlenfurt**. Nach weiteren 700 Metern sind wir an der Zufahrt zur **5 Forellenzucht**. Hier haben wir die Möglichkeit, halb rechts auf dem Waldweg in Richtung Lichtenau in den Wald aufzusteigen. Genau am Gasthaus im Hochspessart in **E Lichtenau** treten wir aus dem Wald. Das Gasthaus erzählt eine lange Geschichte. Um das Jahr 1000 stießen hier in Lichtenau Würzburger und Mainzer Interessen aufeinander. Jahrhunderte blieb das Gebiet eine Grenzlinie zwischen der von Ost und West gesteuerten Besiedelung. Das schlug sich auch in unterschiedlichen Mundarten nieder, die noch im 20. Jahrhundert spürbar waren und Kennern bis heute auffallen. Im Westen gibt es einen rheinischen, im Osten einen fränkischen Einschlag. Lange Zeit gab es in Lichtenau ein Gestüt, das von verschiedenen Landesherren geleitet wurde. Von 1823 bis 1871 betrieb die Familie Rexroth in Lichtenau ein Hammerwerk zur Eisenverarbeitung. Die Gaststätte existiert mindestens seit 1910 und wurde zu einem der ersten touristischen Anlaufpunkte im Spessart. 1927 kam Kurt Tucholsky mit seinen beiden Kumpa-

Der Gasthof Hoher Knuck steht auf der anderen Seite des Hafenlohrtals.

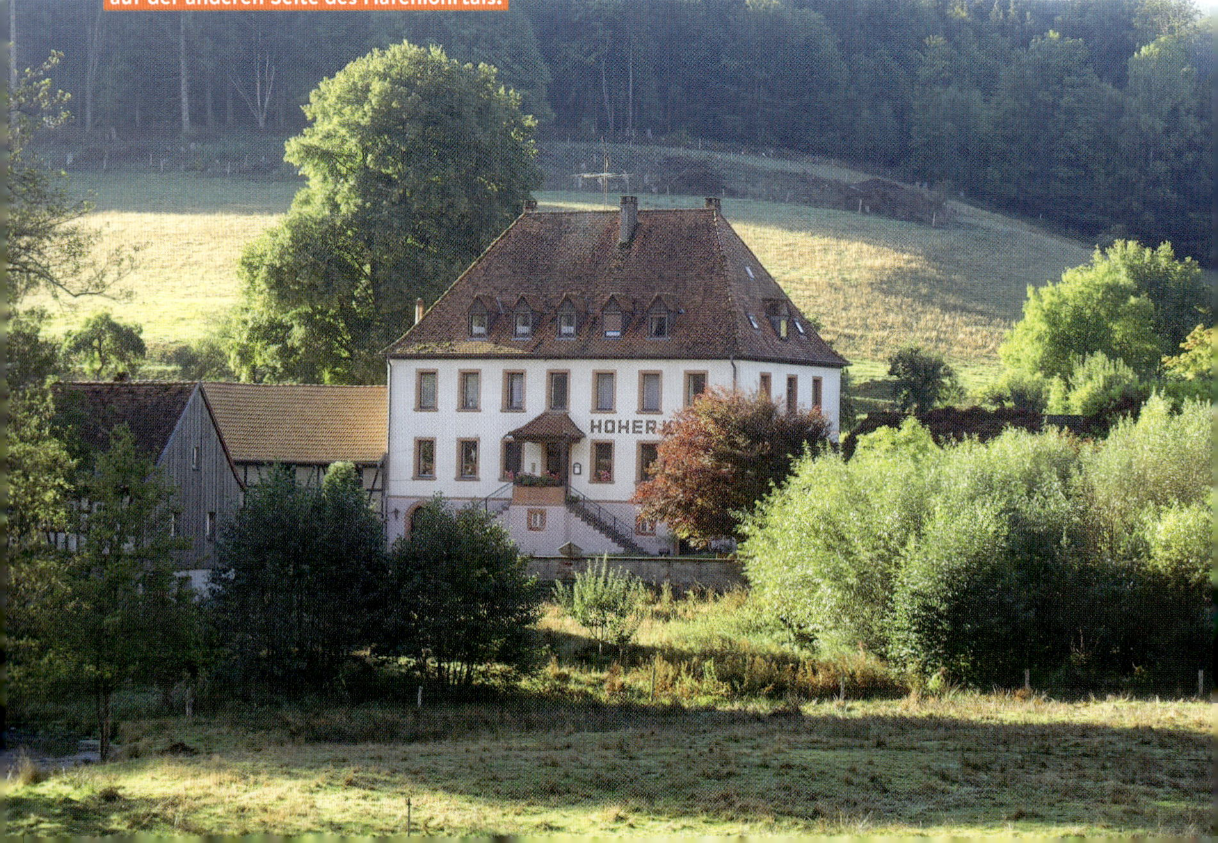

nen auf seiner Wandertour durch den Spessart durch Lichtenau und hielt die Erlebnisse in seinem Reisebericht »Das Wirtshaus im Spessart« fest. Das Gasthaus im Hochspessart in Lichtenau sowie die Siedlung Erlenfurt und die großartige Landschaft ab Rothenbuch bis Windheim sollten in den 1970er-Jahren gemäß der Planung in einem riesigen Trinkwasserspeicher versinken. Nach 30 Jahren Kampf der Aktionsgemeinschaft Hafenlohrtal mit dem BUND Naturschutz wurde das Projekt gestoppt und das Hafenlohrtal teilweise in Naturschutzgebiete umgewidmet. Das Hafenlohrtal ist heute eines der schönsten Bachtäler im Spessart. Es besitzt eine einzigartige und reichhaltige Flora. Im Tal wurden mehr als 400 Farn- und Blütenpflanzen nachgewiesen. Das Hafenlohrtal ist ein magischer, außergewöhnlicher und unersetzlicher Lebensraum.

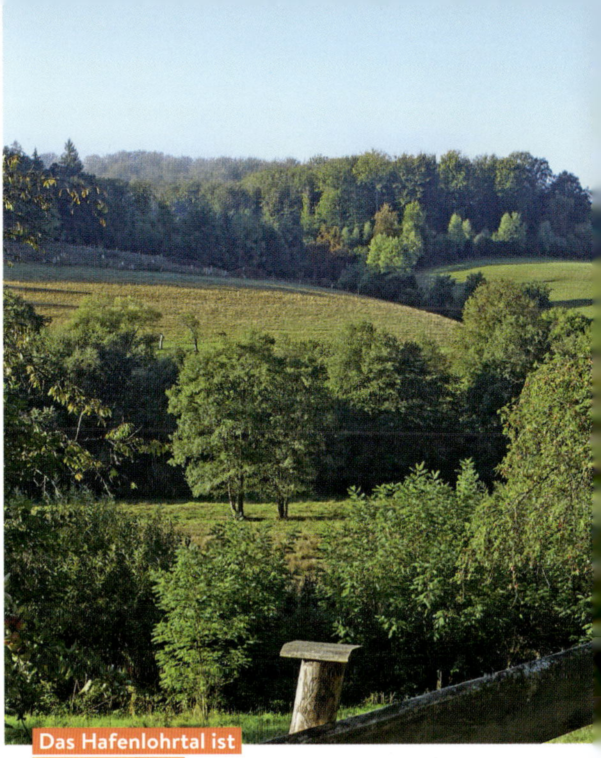

Das Hafenlohrtal ist ein Naturidyll.

INFO

TOURENCHARAKTER

Leichte, meist schattige Wege und Pfade durch Wälder und Wiesen

AUSGANGS-/ENDPUNKT

Parkplatz Setzbornstraße, 63860 Rothenbuch, GPS 49°56‘59.7“N 09°27‘10.4“E (275 m)

ANFAHRT

ÖPNV: keine gute Möglichkeit
Auto: Auf der St 2315 entlang des Mains nach Hafenlohr und auf der Hafenlohrtalstraße nach Lichtenau

GEHZEITEN

Lichtenau – Sägewerk 0:10 Std. – Abzweig Erlenfurt 0:40 Std. – Brücke 0:20 Std. – Erlenfurt 0:15 Std. – Forellenzucht 0:15 Std. – Lichtenau 0:30 Std.

EINKEHR

Gasthaus im Hochspessart, Lichtenau 3, 97840 Rothenbuch, Tel. 09352/12 28, www.gasthaushochspessart.de

Leicht	7,5 km	110 Hm	2.10 Std.

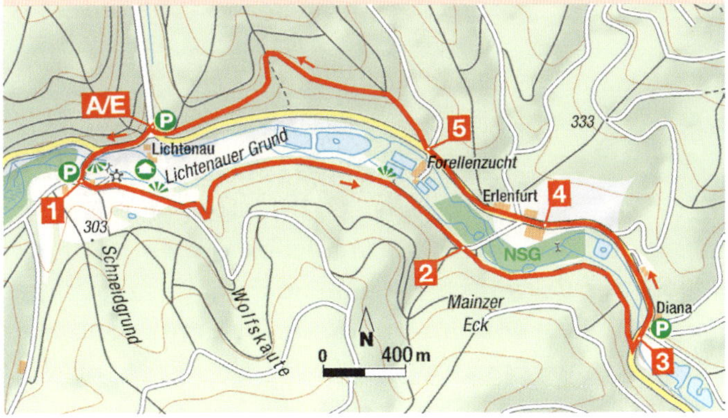

INFORMATION

Schloßplatz 1, 63860 Rothenbuch, Tel. 06094/94 00, www.rothenbuch.de

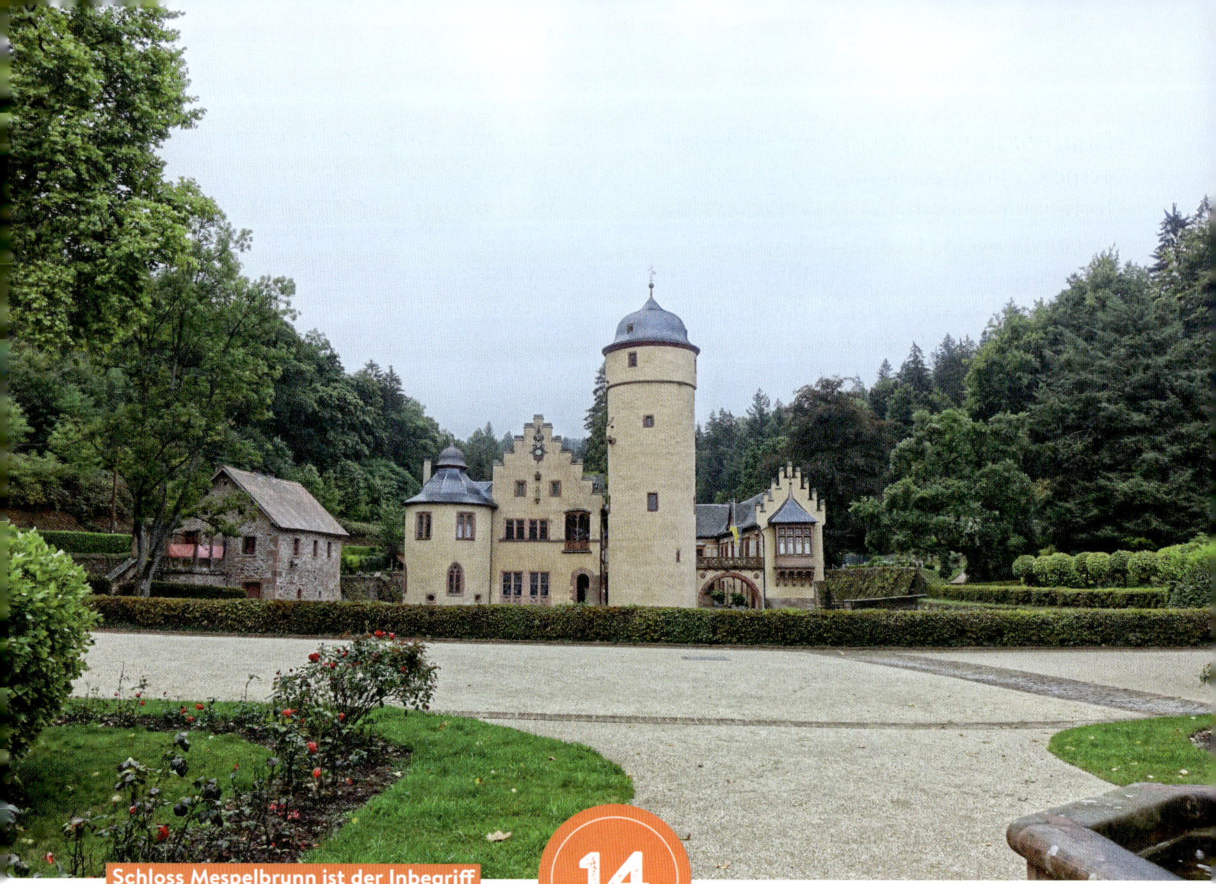

Schloss Mespelbrunn ist der Inbegriff der Spessartromantik.

14

ZUM SCHLOSS MESPELBRUNN

Am Geburtsort von Julius Echter

Schloss Mespelbrunn ist der Inbegriff der Spessartromantik und blickt doch auf eine noch länger zurückliegende Geschichte. 1545 wurde im Schloss Julius Echter geboren, der später 44 Jahre lang Erzbischof von Würzburg sein sollte. Nicht nur im langen Elsavatal klingt sein Wirken bis heute nach.

Naturliebhaber erleben in den Wäldern um Mespelbrunn Begegnungen nach ihrem Geschmack. Zudem gibt es neben dem Wasserschloss, der »Perle des Spessarts«, einen weiteren kunsthistorischen Höhepunkt anzuschauen: Die spätgotische Wallfahrtskirche in Hessenthal birgt neben anderen bedeutenden Ausstattungsstücken das Werk »Die Beweinung Christi« von Tilman Riemenschneider.

ZUR WALLFAHRTSKIRCHE Vom Parkplatz am Wanderheim Mespelbrunn in der **A Elsavastraße** beginnen wir die Wanderung im Wiesengrund der Elsava nach Norden. Dabei können wir nach Belieben an mehreren Stegen die Seite des Baches wechseln. So sind wir entweder auf dem Promenadenweg oder auf der Elsavastraße unterwegs. In jedem Fall kommen wir am Schluss an die Fußgängerampel an der **1 Brücke** der Hauptstraße (St 2308). Wir überqueren die Straße und der Weg führt weiter an der Elsava entlang. Am Ende des Weges stoßen wir wieder auf die Hauptstraße und gehen 70 Meter nach links zur breiten Treppe der spätgotischen **2 Wallfahrtskirche** Hessenthal mit der Gnadenkapelle. Zu den wertvollsten Ausstattungsstücken gehören die monumentale Kreuzigungsgruppe von Hans Backoffen und das Echter-Epitaph, geschaffen vom Renaissancebildhauer Erhard Barg. In einem barocken Altarzusammenhang befindet sich die lebensgroße Beweinungsgruppe, die als Frühwerk Riemenschneiders gilt.

ZUM SCHLOSS MESPELBRUNN Wir gehen auf der Hauptstraße wieder nach Norden am Parkplatz vorbei, steigen auf dem Heuweg rechts hinauf und folgen nach den letzten Häusern der Kehre nach rechts mit der Markierung des Julius-Echter-Weges. Über die Wiesen hinunter haben wir beste Aussicht über Hessenthal mit der Wallfahrtskirche, die im Grunde einst eine Kirchenburg war. In einem Geländeeinschnitt erreichen wir an

Die Gruftkapelle der Grafen von Ingelheim ist ein imposanter Bau.

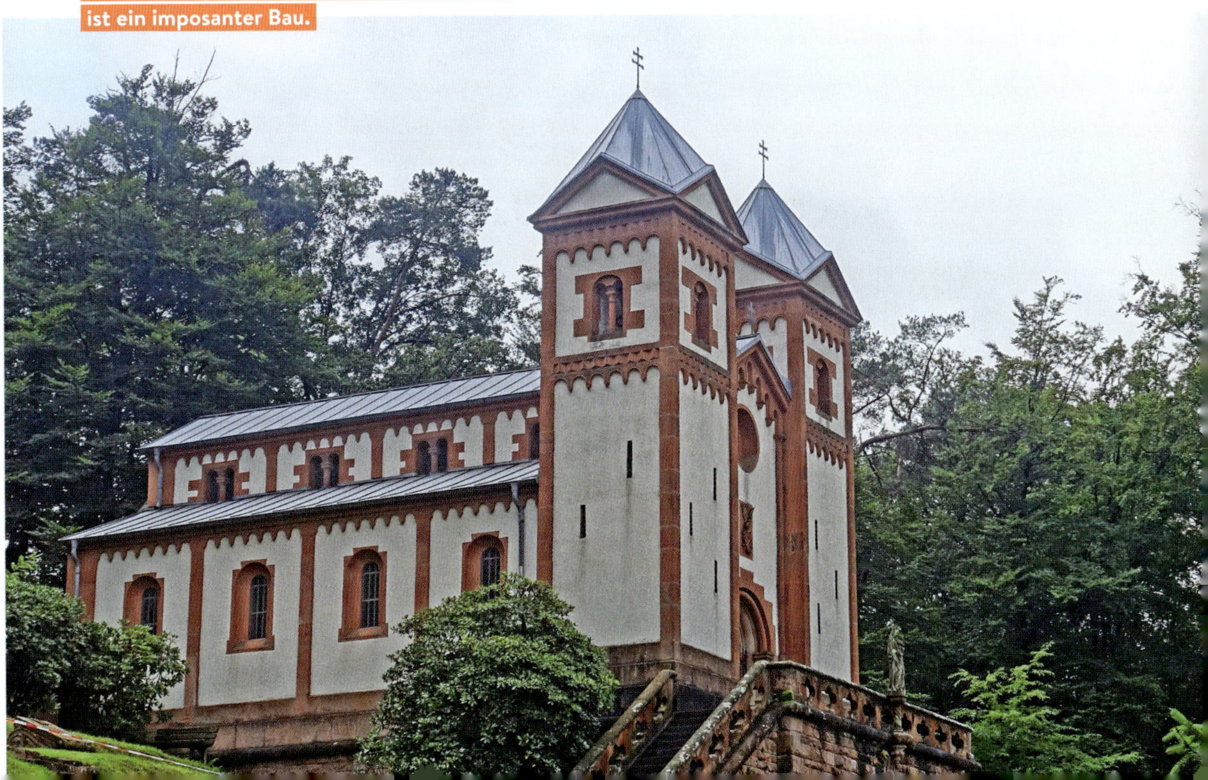

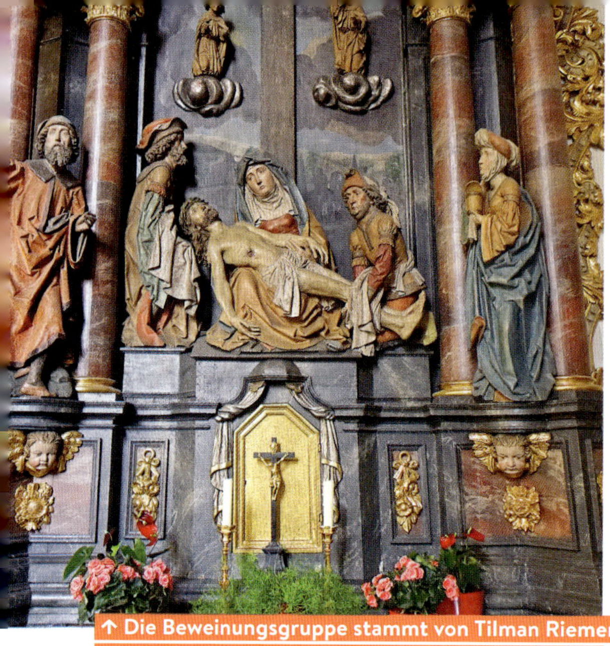

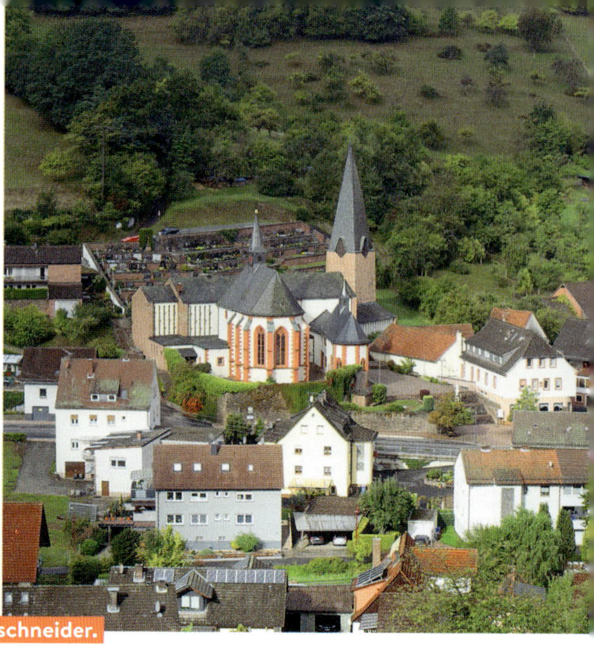

↑ Die Beweinungsgruppe stammt von Tilman Riemenschneider.
↗ Blick über Hessenthal und seine Wallfahrtskirche

einer Kreuzung die **3 Wassertretanlage**. Das Wasser des Gänsbrunnens wurde hierzu geschickt genutzt.

Wir wandern links in Richtung Schloss Mespelbrunn hinauf, bleiben an einem Abzweig am Waldrand geradeaus, müssen dann aber nach 70 Metern in spitzem Winkel rechts weiter. Wieder aus dem Wald beschreibt unser Weg einen großen Linksbogen und wir bleiben etwa auf gleicher Höhe im Hang. Am Ende geht es doch abwärts und wir erreichen einen Abzweig im Wald oberhalb eines **4 Wanderparkplatzes**. Am Abzweig geht es in spitzem Winkel links und dann durch einen alten Hohlweg rechts hinab. Weiter unten wird der Hohlweg zum Kapellenweg und ganz unten gehen wir auf der Schlossallee links. Links neben der Einfahrt zum großen Parkplatz beginnt auch ein Gehweg zum Schloss Mespelbrunn. Am Pferdestall schlendern wir rechts mit schönem Blick auf das Schloss zum Kasseneingang vom **5 Schloss Mespelbrunn**. Aus einem befestigten Haus gegen die Räuber im Spessart wurde durch Peter Echter von Mespelbrunn bis zum 16. Jahrhundert ein verträumtes Renaissanceschloss. Einer seiner Söhne war Julius Echter, der als Fürstbischof in Würzburg das Juliusspital und die Festung Marienberg erbaute und die Universität in Würzburg gründete. Durch Heirat ging das Schloss in die Linie der Grafen von Ingelheim über. Schloss Mespelbrunn zieht heutzutage jährlich 100 000 Besucher an. Der beste Blick auf das Schloss besteht vom Café Pferdestall, zu dem Besucher mit der Ein-

Tipp

IM SCHLOSS MESPELBRUNN

Die heutige Besitzerin, die Gräfin von Ingelheim, Nachfahrin der Familie Echter, bewohnt den Südflügel des Spessarter Märchenschlosses. Der Nordflügel ist für Besucher nur mit Führung zugänglich und von Karfreitag bis Allerheiligen täglich von 9 bis 17 Uhr geöffnet. Der Eintrittspreis inklusive Führung beträgt für Erwachsene 6 € (Schlossverwaltung, 63875 Mespelbrunn, Tel. 06092/269, www.schloss-mespelbrunn.de).

trittskarte zum Schloss exklusiven Zugang erhalten. Vom Kassentor aus gesehen wandern wir in Richtung Gruftkapelle geradeaus nach Westen und kommen zum aussichtsreichen Platz vor der neoromanischen Gruftkapelle der Grafen von Ingelheim. Die Kapelle gleicht eher einer doppeltürmigen Kirche und stammt aus dem 19. Jahrhundert. Über dem Portal prangt das vereinte Wappen der Grafen von Ingelheim, genannt Echter von und zu Mespelbrunn. Die drei Ringe im Wappen entstammen der Familie Echter, über die es eine Sage gibt. Am Echterpfahl ist die Grenze des bayerischen Staatsforstes zum Waldbesitz der Nachfahren der Familie Echter, den Grafen von Ingelheim. Der Name Echterspfahl geht auf die Sage zurück, nach der drei Brüder der Familie Echter an drei verschiedenen Orten im Spessart wohnten. Von Zeit zu Zeit trafen sie sich an diesem Ort zu Besprechungen und banden ihre Pferde an einem Pfahl fest, der mit drei Metallringen versehen war. Heute steht wenige Meter vom Forsthaus Echterspfahl entfernt direkt an der Landstraße St 2312 wieder ein Holzpfahl mit drei Metallringen und eingeschnitztem Echterwappen und erinnert an alte Zeiten.

Von der Gruftkapelle steigen wir im Wald besser den flacheren Serpentinenweg abwärts und überqueren unten die Hauptstraße zum Parkplatz am Wanderheim in der **E Elsavastraße**.

INFO

TOURENCHARAKTER

Leichte, meist sonnige Wege durch Wiesen

AUSGANGS-/ENDPUNKT

Parkplatz Wanderheim, Elsavastraße 60, 63875 Mespelbrunn
GPS 49°54'11.9"N 09°17'53.3"E (252 m)

ANFAHRT

ÖPNV: Bahn nach Aschaffenburg, Bus Linie 40 nach Mespelbrunn
Auto: Auf der A 3 Ausfahrt 63 Weibersbrunn und auf der St 2308 nach Mespelbrunn

GEHZEITEN

Elsavastraße – Brücke 0:45 Std. – Wallfahrtskirche 0:15 Std. – Wassertretanlage 0:30 Std. – Wanderparkplatz 0:50 Std. – Schloss 0:15 Std. – Elsavastraße 0:15 Std.

EINKEHR

Landgasthof Elsavatal, Schloßallee 2, 63875 Mespelbrunn, Tel. 06092/289

INFORMATION

Hauptstraße 16, 63872 Heimbuchenthal, Tel. 06092/15 15, www.spessartraeuberland.de

Leicht	9,5 km	160 Hm	2.50 Std.

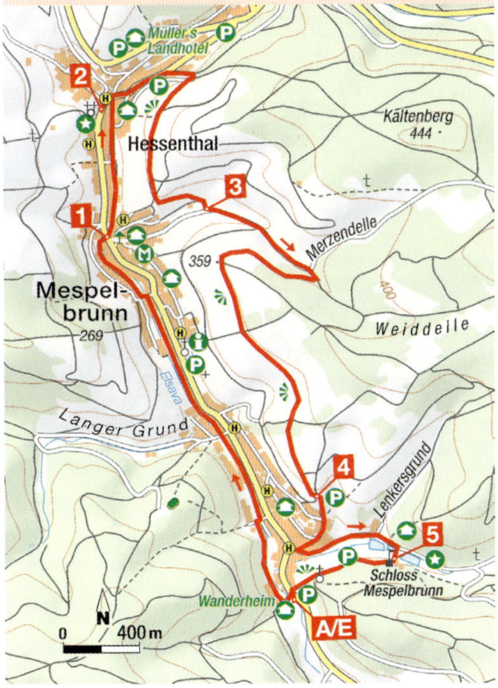

ZUM MYSTISCHEN HÖLLHAMMER

Industriegeschichte im Elsavatal

Die einsamen Dörfer im Spessart bewohnten einst arme Menschen. Einige Siedlungen wie Heimbuchenthal entwickelten sich erst im Gefolge einer frühen Industriegeschichte. Mit dem Industrieensemble Höllhammer blieb ein Industriedenkmal aus dem 18. Jahrhundert erhalten.

15

Die Kapelle »Herrin der Berge« steht an bevorzugter Stelle.

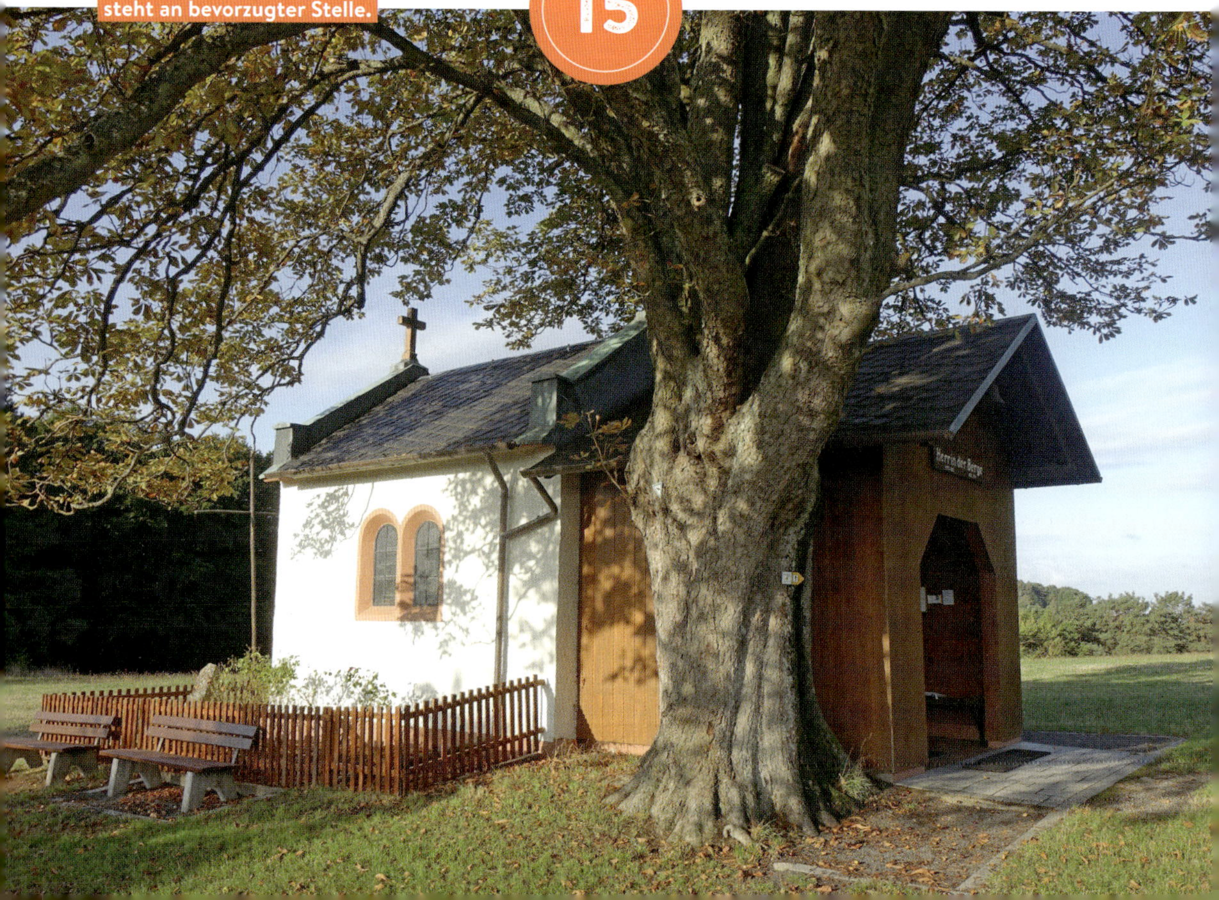

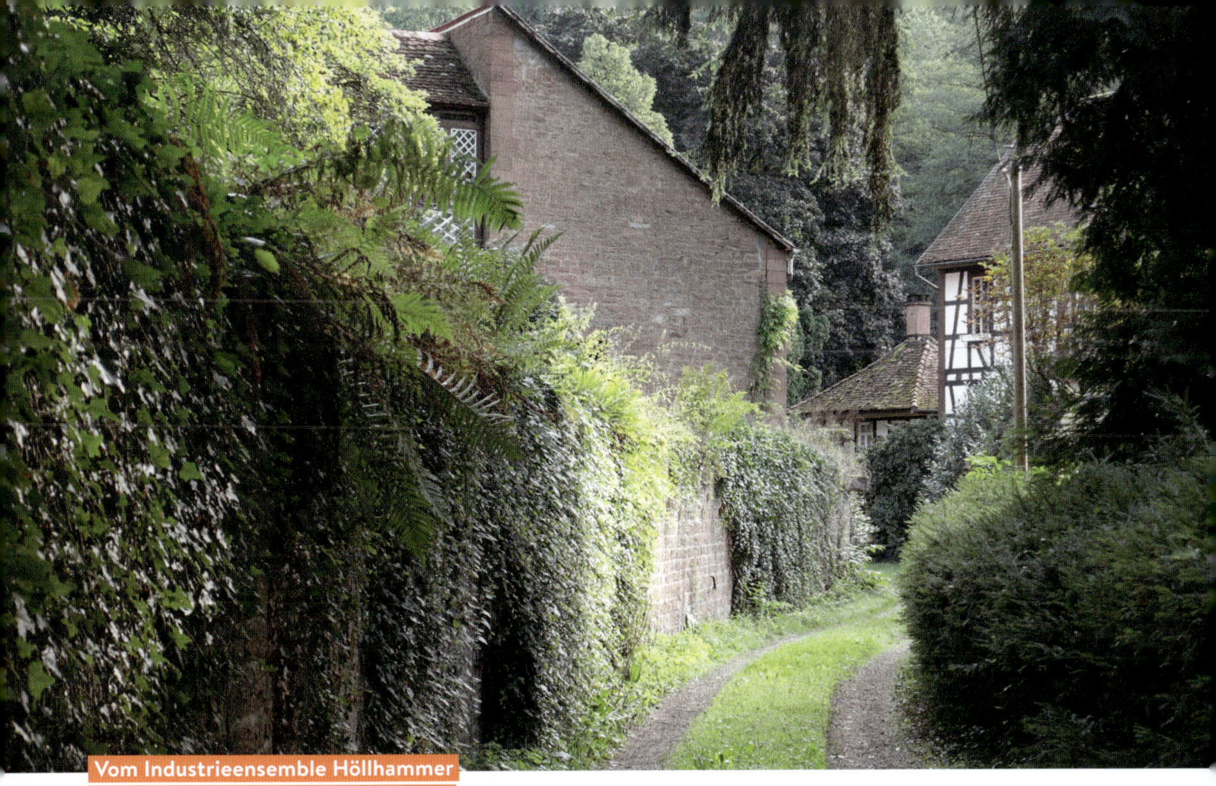
Vom Industrieensemble Höllhammer stehen nur noch die Nebengebäude.

Der Name der gestifteten Kapelle »Herrin der Berge« ist treffend, denn der Platz, an dem die Kapelle steht, ist ein exponierter Aussichtspunkt mit Blick nach Heimbuchenthal hinunter. Es ist nur eine der aussichtsreichen Stellen auf dieser Wanderung.

ZUR KAPELLE »HERRIN DER BERGE«

Vom Parkplatz und der Bushaltestelle am **A Alten Bahnhof** beginnen wir die Wanderung auf dem Wiesenweg am Musikpavillon und an der alten Lok vorbei nach Norden. Das lange Elsavatal haben die Heimbuchenthaler zu einer langen Promenadenstrecke mit einigen Attraktionen gemacht. Der Ort Heimbuchenthal wurde erstmals 1282 urkundlich erwähnt. Nach der modernen Kirche ist rechts an der Elsava die Kernsmühle zu sehen, die erstmals 1560 als kurmainzischer Besitz Erwähnung fand. Am Hotel Zum Wiesengrund müssen wir auf der Elsavastraße links und auf der Hauptstraße rechts. Weiter vorne sehen wir die barocke Martinskirche aus dem Jahr 1759. Am **1 Kapellenweg** geht es links aufwärts in Richtung Kapelle »Herrin der Berge«. Nach den letzten Häusern bleiben wir immer auf dem aussichtsreichen Kreuzweg. Es gibt den Berg hinauf auch Abkürzungen, die allerdings steiler sind. Auf dem Kapellenberg steht dominant die 1853 errichtete Kapelle **2 »Herrin der Berge«** mit toller Aussicht nach Heimbuchenthal hinunter.

ZUM HÖLLHAMMER Dem Sinne nach bleiben wir an der Kapelle geradeaus nach Westen über die Wiesen und dann durch den Wald in Richtung Volkersbrunn. Vor dem Ort überqueren wir die Straße AB 9 und kommen auf dem Wiesenweg zwischen zwei Koppeln hinauf zur **3 Bushaltestelle** an der Kreuzung vor Volkersbrunn. Das Dorf Volkersbrunn existierte schon im 16. Jahrhundert als kleine Ansiedlung, möglicherweise

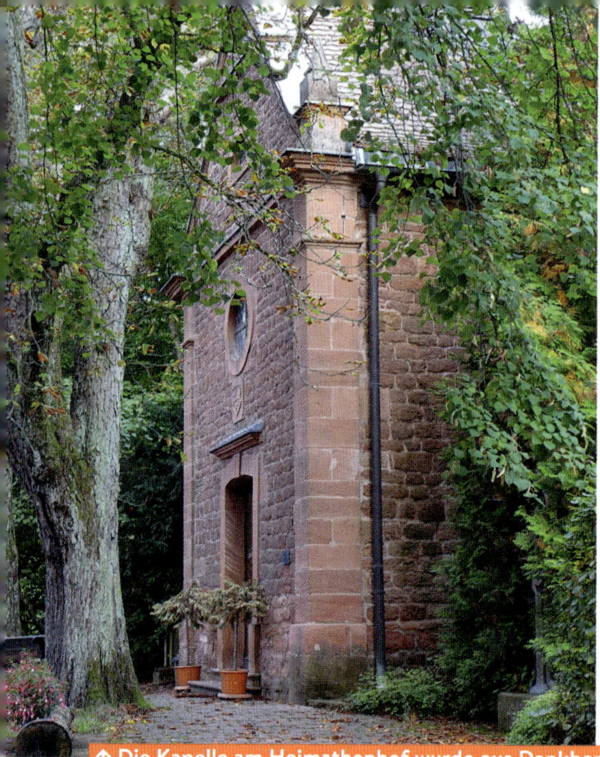

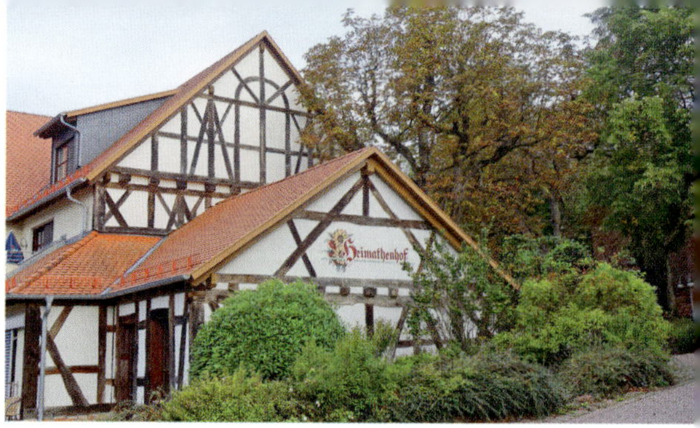

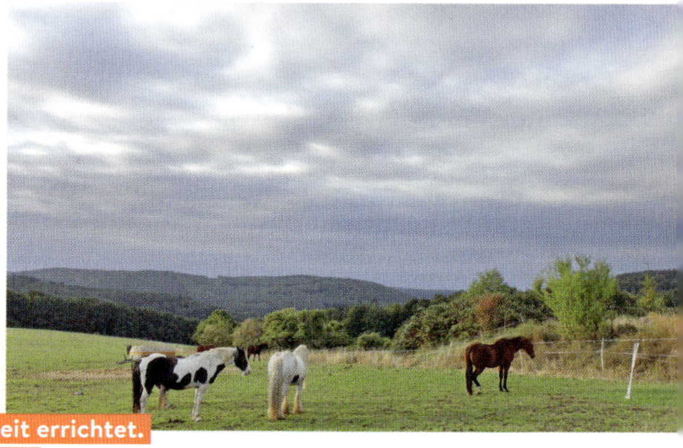

↑ Die Kapelle am Heimathenhof wurde aus Dankbarkeit errichtet.
↗ Heute ist der Heimathenhof ein Hotel mit Restaurant.
→ Auf den Weiden um den Heimathenhof stehen viele Pferde.

als Station an Handelswegen. An der Kreuzung wandern wir links auf dem Hegweg in Richtung Heimathenhof etwas aufwärts. An einer Weggabelung müssen wir links in Richtung Heimathenhof, dann geht es immer garadeaus abwärts zum Landhotel und Restaurant **4 Heimathenhof**. Die heutigen Gebäude stehen an Stelle eines Gehöfts, das bereits seit dem 14. Jahrhundert bestand. Die stimmungsvoll hinter Bäumen versteckte Kapelle Mariä Heimsuchung wurde von den Bewohnern 1804 aus Dankbarkeit für die Verschonung vor Kriegswirren erbaut. Hinter dem Hotel können an einem Gehege Rotwild und Damwild beobachtet werden.

Vom Hotel laufen wir noch 150 Meter auf der Straße abwärts und wandern dann vor dem Parkplatz rechts auf dem Feldweg hinab. An einer Gabelung bleiben wir rechts und erreichen im Tal an der Staatsstraße den historischen **5 Höllhammer**. Nur ist davon leider nichts zu sehen, denn die verbliebenen Gebäude verstecken sich geheimnisvoll hinter einer hohen Mauer und sind von dichtem

Tipp

IM MUSEUM PEDALWELT

Im außergewöhnlichen Museum Pedalwelt stehen keine alten Museumsstücke, wie man das in einem Museum erwarten würde. Es handelt sich vielmehr um eine Fahrrad-Erlebnisausstellung mit Spaßparcours, auf dem die verrücktesten Fahrräder ausprobiert werden können. Über 100 Kuriositäten entlocken den Besuchern ein Lächeln (das Museum wird zurzeit renoviert; Pedalwelt, Bergstraße 2, 63872 Heimbuchenthal, Tel. 06092/7214, www.pedalwelt.de).

Gebüsch eingerahmt. Nur noch Sagen erzählen von der Burg, die im 13. Jahrhundert hier stand, dennoch war die Burg mit dem Namen Mole tatsächlich vorhanden. In einer archäologischen Aktion wurden Mauern des Wohnturms freigelegt. Aus der zur Burg gehörigen Mühle ging um das Jahr 1700 der Höllhammer hervor, der im 18. Jahrhundert unter Leitung der Familie Rexroth zu einem selbstständigen Eisenhammerdorf mit Schule wurde. Im 19. Jahrhundert lebten etwa 100 Menschen auf dem Höllhammer. Der Eisenhammer galt zur damaligen Zeit als erstes effektives Hammerwerk im Fürstentum Aschaffenburg. 1829 wurden dort die eisernen Glieder der Bamberger Kettenbrücke hergestellt. Der Betrieb des Höllhammers wurde 1891 eingestellt, die Produktion der Familie Rexroth siedelte nach Lohr am Main und ist heute noch auf anderen Gebieten dort tätig. Heute stellen die restlichen Gebäude des Höllhammers ein historisches Ensemble frühindustrieller Kultur dar. Es gibt noch das Knechtshaus mit dem Glockenturm, das Herrenhaus, die Schule und die Schmieden. Auf einer gerodeten Höhe am Waldrand wurde ein eigener Friedhof geschaffen, auf dem die Hammerherren und ihre Angehörigen begraben wurden. Unter anderem sind dort Vorfahren der Rexroth-Familie begraben.

Den Weg nach Heimbuchenthal zu finden ist nun leicht, denn parallel zur Straße verläuft nach links ein Rad- und Gehweg. In Heimbuchenthal treffen wir auf der Straße Am Alten Bahnhof genau auf den Parkplatz **E Alter Bahnhof**.

INFO

TOURENCHARAKTER

Leichte, meist sonnige Wege durch Wälder und Wiesen

AUSGANGS-/ENDPUNKT

Parkplatz Am alten Bahnhof,
63872 Heimbuchenthal
GPS 49°52'53.9"N 09°17'39.6"E (215 m)

ANFAHRT

ÖPNV: Bahn nach Aschaffenburg, Bus Linie 40 nach Heimbuchenthal
Auto: Auf der A 3 Ausfahrt 64 Rohrbrunn und auf der St 2317 nach Heimbuchenthal

GEHZEITEN

Alter Bahnhof – Kapellenweg 0:25 Std. – Herrin der Berge 0:40 Std. – Bushaltestelle 0:15 Std. – Heimathenhof 0:40 Std. – Höllhammer 0:25 Std. – Alter Bahnhof 0:35 Std.

EINKEHR

Hotel Heimathenhof 2, 63872 Heimbuchenthal,
Tel. 06092/971 50, www.heimathenhof.com

INFORMATION

Hauptstraße 16,
63872 Heimbuchenthal, Tel. 06092/15 15,
www.spessartraeuberland.de

Leicht	10,3 km	200 Hm	3.10 Std

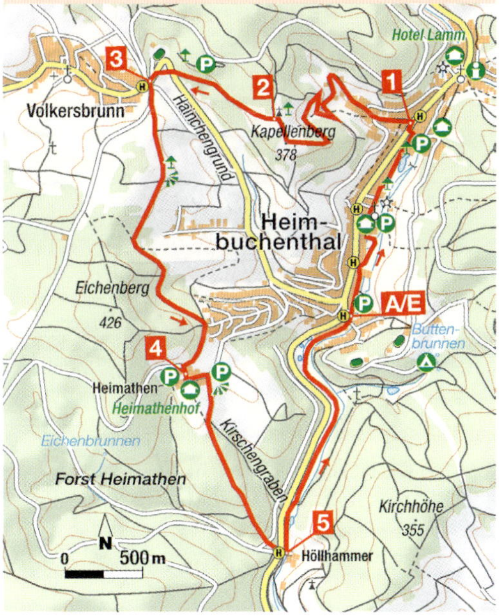

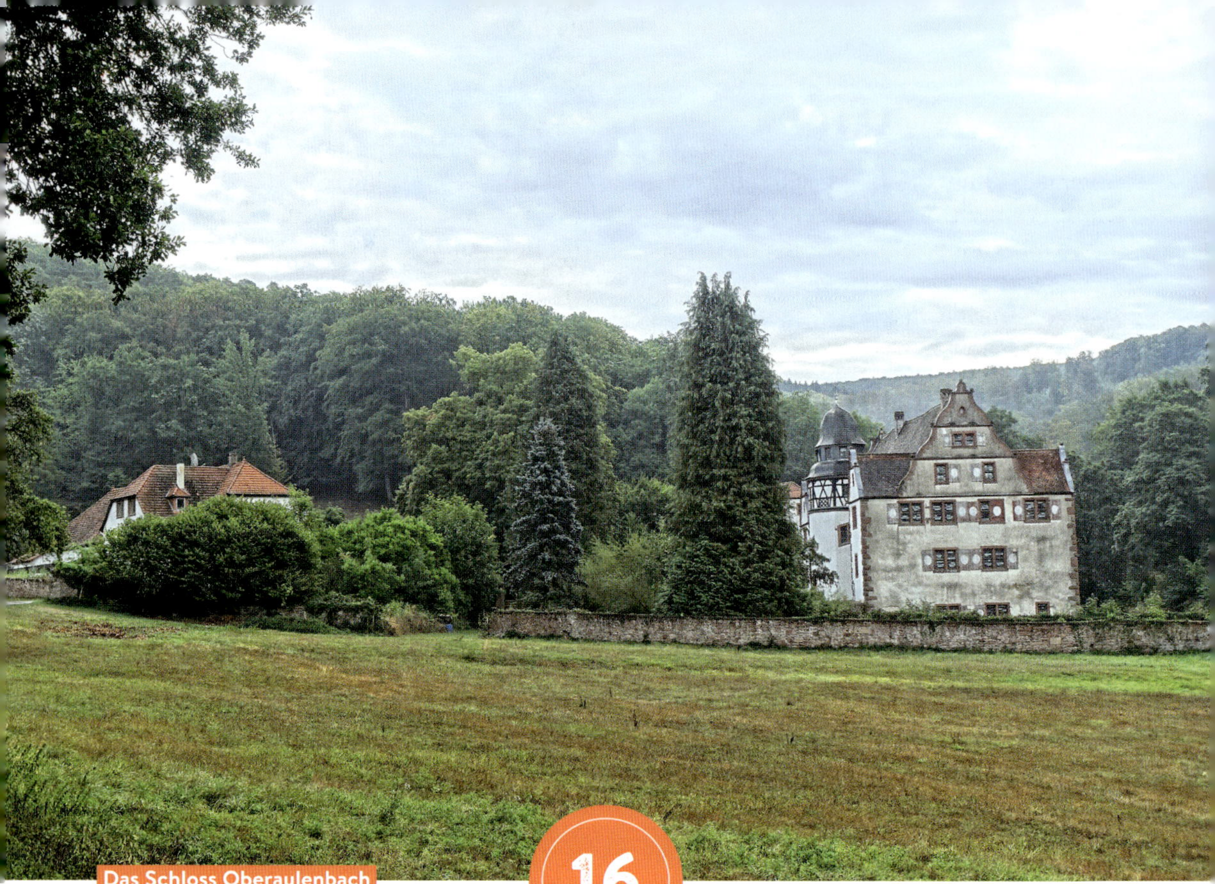

Das Schloss Oberaulenbach war einst ein Wasserschloss.

16

ZUR MAGISCHEN BURGRUINE WILDENSTEIN

Waldwanderung und Aussichtsturm

Sind auch die meisten Burgen im Spessart gänzlich verschwunden und bieten entsprechend nur geringe Konkurrenz, gilt die Ruine Wildenstein als eine der größten und interessantesten mittelalterlichen Burgen im inneren Spessart. Weiten Blick über das Meer der Bäume des Spessarts gewährt der Aussichtsturm auf der Geißhöhe.

Die mit Efeu bewachsenen dicken Mauern hinter dem Burggraben zeigen das romantische Bild einer Dornröschenburg. Was mag sich in all den Jahrhunderten in den Gemächern der Burg und in den Kellergewölben wohl abgespielt haben? Zumindest ist bekannt, dass im Gewölbekeller lange Zeit viel Wein lagerte.

ZUM LUDWIG-KELLER-TURM Vom kleinen Parkplatz an der **A Verkehrsinsel** mit Bank im Wiesengrund nördlich von Unteraulenbach beginnen wir die Wanderung auf dem ebenen Sträßchen in das Tal des Rosselbrunngrabens nach Osten. Die Markierung ist das blaue Zeichen des Europäischen Kulturweges. Bald steht rechts des Weges ein großes **1 Hochkreuz** von 1754 der Familie Mairhofen, den Besitzern von Schloss Oberaulenbach. Das Renaissancewasserschloss aus dem 15. Jahrhundert, weiter hinten im Tal, entstand aus einer Forsthube, einer Verwaltungseinheit für Waldgebiete im kurmainzischen Besitz. Seit 1693 bis heute gehört das Schloss mit Hofgut den Freiherren von Mairhofen.

Vom Picknickplatz am Hochkreuz steigen wir mit der blauen Markierung des Kulturweges auf dem Pfad links steil hinauf. Oben geht es auf einer Forststraße rechts weiter aufwärts. An einer Weggabelung müssen wir links weiter bergauf. An einem Abzweig folgen wir der blauen Markierung des Kulturweges in spitzem Winkel auf dem Schlepperweg links hinauf. An einer Kreuzung erzählt eine Infotafel von der historischen Wolfsgrube. Weil Wölfe als Konkurrenz zu den Interessen der Jagd auftraten, versuchte man, sie in Wolfsgruben zu fangen und zu töten. Der letzte Wolf wurde im Spessart im Jahr 1795 erlegt. An der Infotafel wandern wir rechts aufwärts und kommen nach 400 Metern zur historischen **2 Wolfsgrube**, die rechts des Weges 30 Meter weiter unten

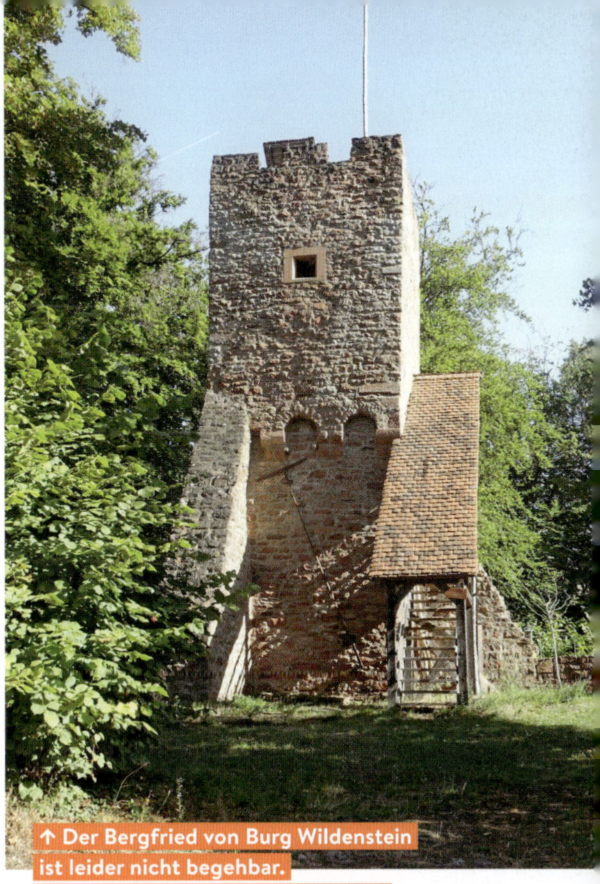

↑ Der Bergfried von Burg Wildenstein ist leider nicht begehbar.

↓ In den Wolfsgruben wurden einst tatsächlich Wölfe gefangen.

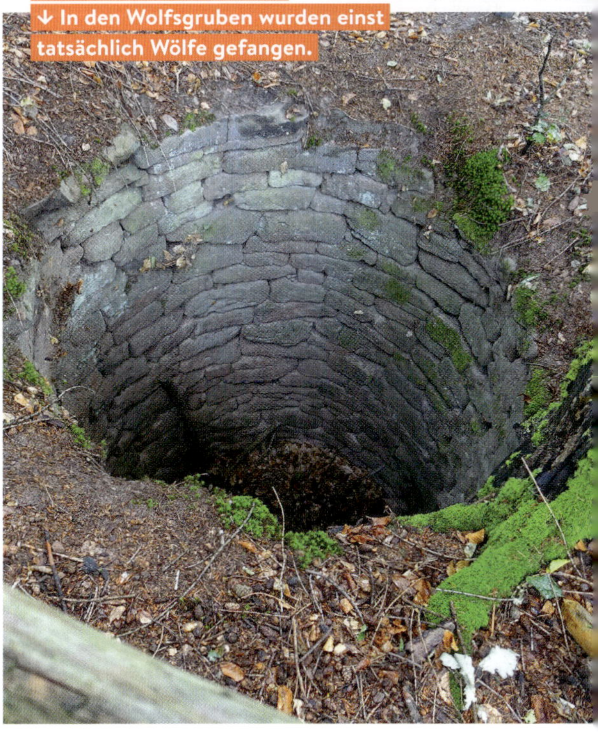

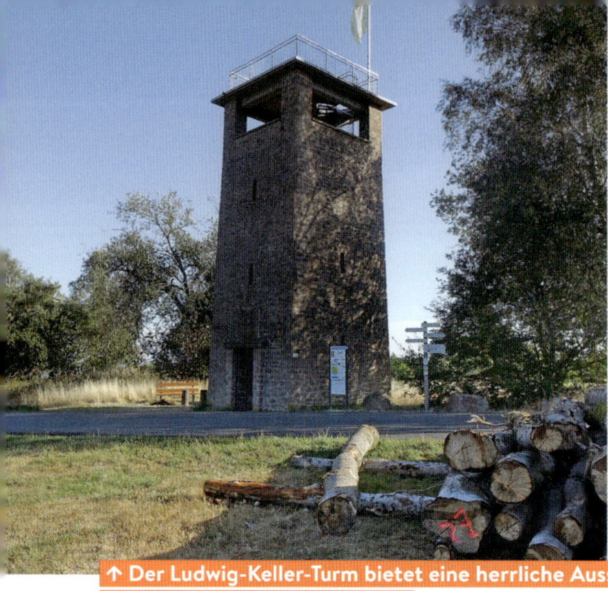

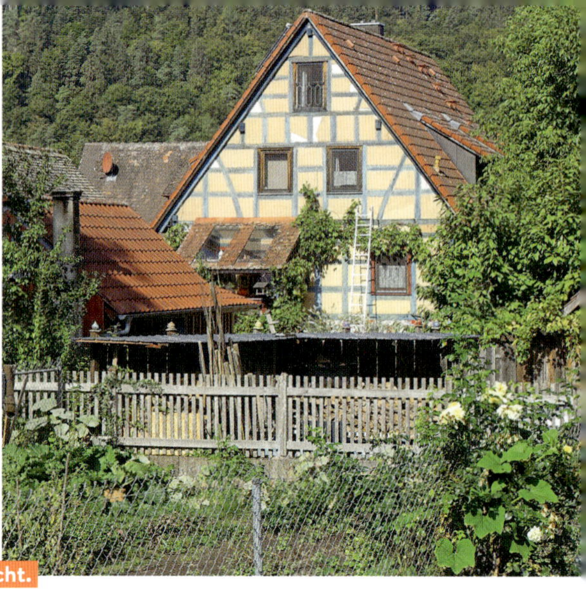

↑ Der Ludwig-Keller-Turm bietet eine herrliche Aussicht.
↗ Dorfidylle in Unteraulenbach

ist. Einst war sie mit losem Blattwerk und Ästen abgedeckt und in der Mitte lockten Schlachtabfälle den Wolf auf den brüchigen Untergrund.
Auf der Forststraße geht es weiter aufwärts. An einer Weggabelung vor einer großen Freifläche mit Jungpflanzen wählen wir den rechten Weg mit der verblassten Markierung eines Eichhörnchens. An Abzweigen bleiben wir geradeaus, aber an einer T-Kreuzung folgen wir dem Forstweg nach links mit der Markierung rote Linie. Auf der Straße vor einem Parkplatz müssen wir rechts hinauf am Gasthof Geißhöhe vorbei. Wir wandern weiter hinauf, denn an der höchsten Stelle der Hochfläche Geißhöhe steht der **3 Ludwig-Keller-Turm**. Von der Aussichtsplattform bietet sich eine weite Rundsicht über Spessart, Odenwald, Rhön, Taunus und bis Frankfurt. Die Orientierungstafel auf dem Aussichtsturm verrät Einzelheiten.

ZURÜCK NACH UNTERAULENBACH Wir laufen weiter über die Hochfläche und bleiben nach dem Haus mit der Nummer 4 auf dem Feldweg geradeaus. Am Ende der Freifläche ist in der spitzen Waldecke eine Kreuzung und wir folgen der Markierung Wildschwein nach rechts. An einer Fünfwegekreuzung steht ein historischer dreieckiger Grenzstein, den man **4 Dreiherrenstein** nennt. Auf der einen Seite ist zumindest das Mainzer Rad zu erkennen und auf der anderen Seite das Mairhofsche Wappen.
Hier wählen wir den Weg, der halb links mit der Markierung Wildschwein abwärtsführt. An einer T-Kreuzung geht es links hinab. Nach einer Einmündung von rechts kürzen wir in der Linkskurve rechts auf dem Schlep-

Tipp

ARCHÄOLOGIE AUF WILDENSTEIN

Scherbenfunde aus Keramik und aus verschiedenen Metallen legen den Lebensalltag und auch den Reichtum auf Burg Wildenstein offen. Die Artefakte sind in die Zeit der Staufer vom 12. Jahrhundert bis zum Frühbarock des 17. Jahrhunderts einzuordnen. Gefundene handgroße Figuren aus Ton wurden zwischen dem 12. und 15. Jahrhundert hergestellt. Aus dem 17. Jahrhundert stammen einige Ofenkacheln.

perweg eine Ecke ab. Wieder auf der Forststraße müssen wir mit der blauen Markierung des Kulturweges rechts in dem Hohlweg hinunter und kommen zu einem Aussichtsplatz über dem Ort Wildenstein, der auch der Festplatz der Burgfreunde Wildenstein ist. 50 Meter danach steigen wir rechts zur recht gut erhaltenen **5 Burg Wildenstein** hinauf, die 1260 erstmals erwähnt wurde. Dies war der Zeitpunkt einer Fehde der Grafen von Rieneck gegen Kurmainz, in der die Burg eingenommen und zerstört wurde. Östlich der Burg sind noch die Gräben und Wälle der Belagerungsburg der Mainzer zu finden. Früher dachte man, die Burg Wildenstein sei eine Gründung der Grafen von Rieneck, die hier ihr größtes Herrschaftsgebiet hatten. Funde deuten jedoch auf eine frühstaufische Anlage aus dem 12. Jahrhundert hin. Im 17. Jahrhundert wurde die Burg noch als Weinkeller genutzt, danach verfiel sie. Gegenwärtig findet eine Erhaltungssanierung der Anlage statt. Wir treten durch die Eingangstore am Zwinger wieder aus der Burg und bleiben aber jetzt 30 Meter nach der Holzbrücke mit der Markierung E3 geradeaus. An einer Weggabelung müssen wir rechts hinunter. Dann folgen zwei Kreuzungen in X-Form, an denen wir jeweils auf dem Pfad geradeaus abwärts bleiben. Dann geht es in einer Rechtskehre weiter abwärts. Im Talgrund folgen wir mit der Markierung E3 auf der Forststraße dem Aalenbach nach links aus dem Tal hinaus. In Unteraulenbach geht es rechts zur **E Verkehrsinsel** mit Bank zurück.

INFO

TOURENCHARAKTER

Leichte, schattige Wege mit starken Steigungen

AUSGANGS-/ENDPUNKT

Verkehrsinsel, 63863 Unteraulenbach
GPS 49°50'17.7"N 09°16'41.1"E (205 m)

ANFAHRT

ÖPNV:
Bahn nach Obernburg-Elsenfeld, Bus Linie 64 nach Unteraulenbach
Auto:
Auf der A 3 Ausfahrt 64 Rohrbrunn und auf der St 2317 und St 2308 nach Unteraulenbach

GEHZEITEN

Verkehrsinsel – Hochkreuz 0:15 Std. – Wolfsgrube 0:35 Std. – Ludwig-Keller-Turm 1:00 Std. – Dreiherrenstein 0:20 Std. – Burg Wildenstein 0:40 Std. – Verkehrsinsel 0:40 Std.

Leicht	11,6 km	320 Hm	3.30 Std.

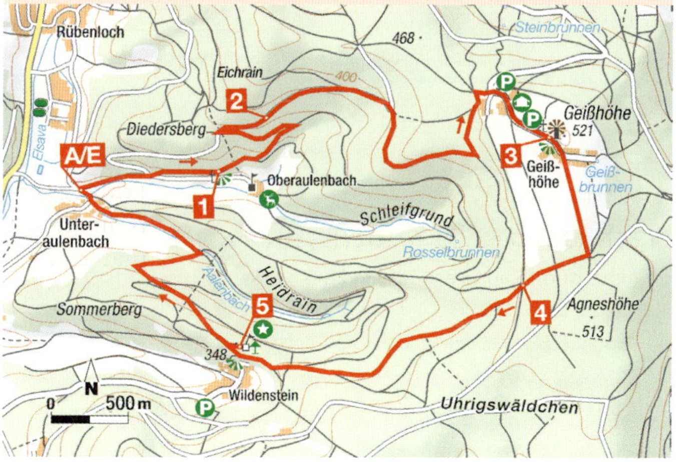

EINKEHR

Gasthof zur Geißhöhe, Geißhöhe 5, 63874 Dammbach, Tel. 06092/457, www.geisshoehe.de

INFORMATION

Hauptstraße 16, 63872 Heimbuchenthal, Tel. 06092/15 15, www.spessartraeuberland.de

ZUR KARTAUSE GRÜNAU

Mystische Ruinen und Eisenhammer

Im 14. Jahrhundert tötete die Grafentochter Elisabeth von Hohenlohe auf der Jagd aus Versehen ihren Ehemann. Zur Sühne stiftete sie das Kartäuserkloster Grünau. Die wechselvolle Geschichte ließ fast nur noch Ruinen übrig. Aber heute ist die Kartause eine gute Einkehrmöglichkeit für Wanderer.

Von der Kartause Grünau existieren nur noch alte Gemäuer.

17

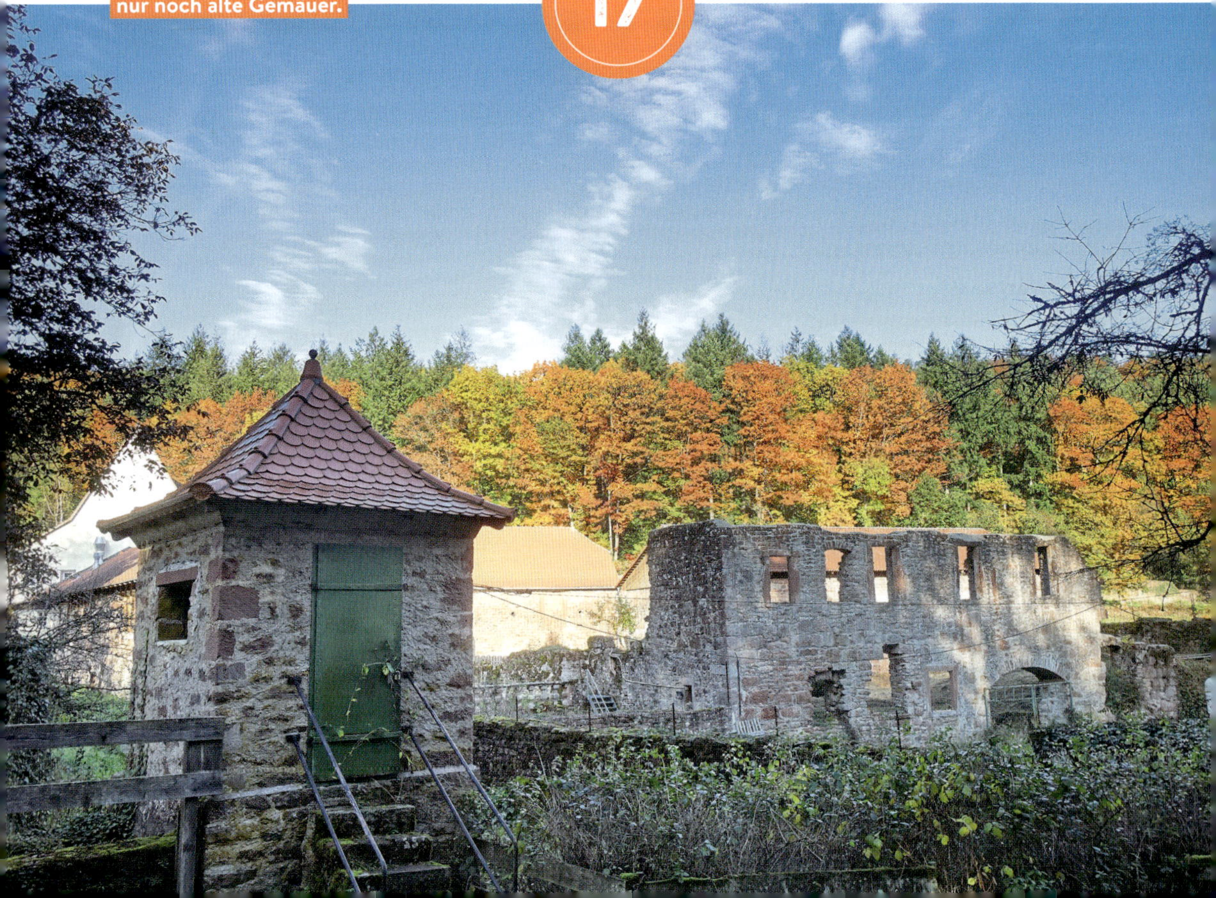

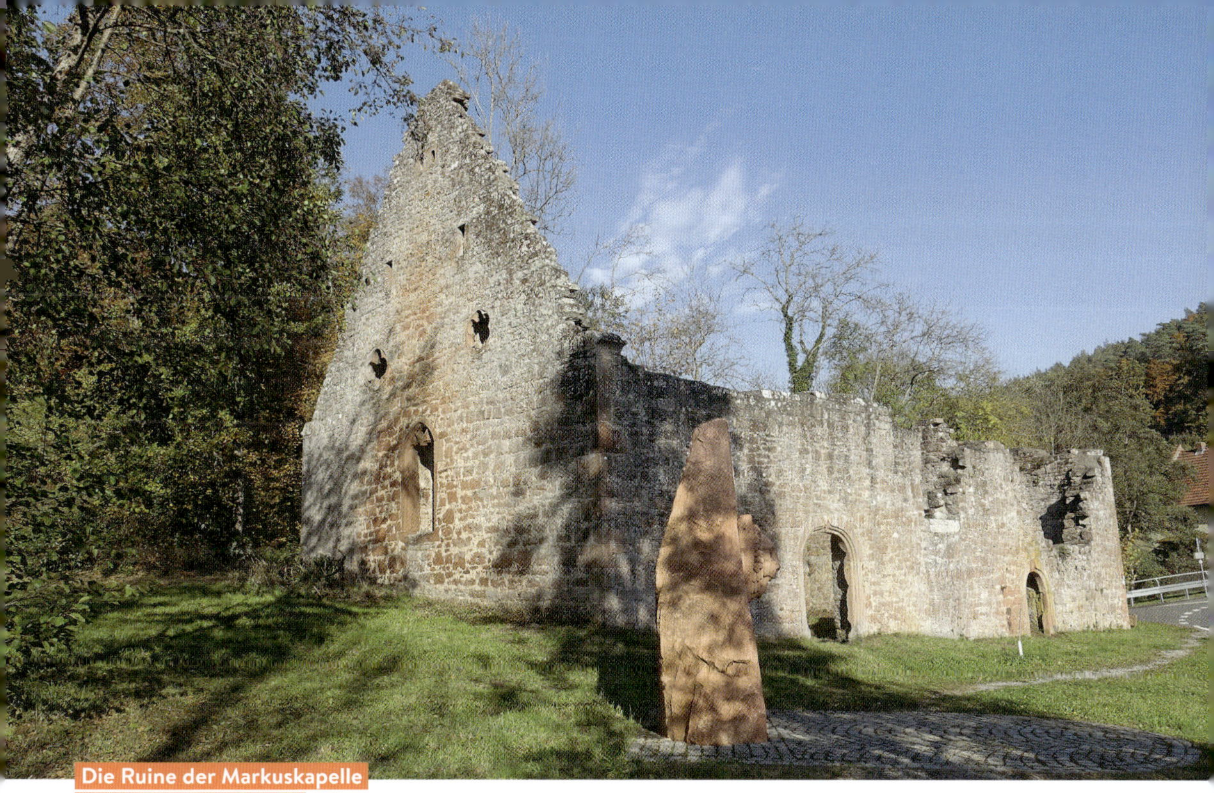

Die Ruine der Markuskapelle ist ein mystischer Ort.

Von der Ruine der Markuskapelle, um die sich ebenfalls Sagen ranken, steigen wir über bewaldete Hügel hinauf zur Schollbrunner Hochebene. Dort sind in einem Wildgehege sonst in freier Natur scheue Rothirsche, Damhirsche und Wildschweine anzuschauen. Zu den Ruinen der Kartause Grünau mit den Fischweihern geht es dann nur noch abwärts.

ZUM DORFBRUNNEN Vom Parkplatz und Bushaltestelle an der **A Waldeinfahrt** im Weiler Fechermühle besichtigen wir zuerst die Ruine der Markuskapelle auf der anderen Seite der Straße. Ein Wertheimer Graf soll sie aus Dankbarkeit für seine Errettung bei einem Jagdausflug gestiftet haben. Wahrscheinlich wurde die Markuskapelle im Jahre 1216 errichtet und entwickelte sich zu einem Marienwallfahrtsort. Zerstört wurde sie 1525 im Bauernkrieg. Wir gehen zurück und noch vor dem Parkplatz rechts mit der blauen Markierung des Kulturweges auf dem Pfad parallel zur Straße nach Schollbrunn aufwärts. Bei einem Strommast bleiben wir geradeaus bergauf und laufen parallel entlang zweier uralter Hohlwege zu einer Forst-

Tipp

IM HAMMERMUSEUM

Im letzten im Spessart noch betriebenen Eisenhammer stehen 250 Jahre Industriegeschichte und traditionsreiches Handwerk zur Schau. Besucher erleben hautnah, wie mit Feuer, Luft, Wasser und mit der Urgewalt des Aufwerfhammers glühendes Eisen präzise in die gewünschte Form gebracht wird (Eisenhammer, 97907 Hasloch, Tel. 09342/80 71 23, Do, Fr, Sa und So geöffnet, www.hammer-museum.de).

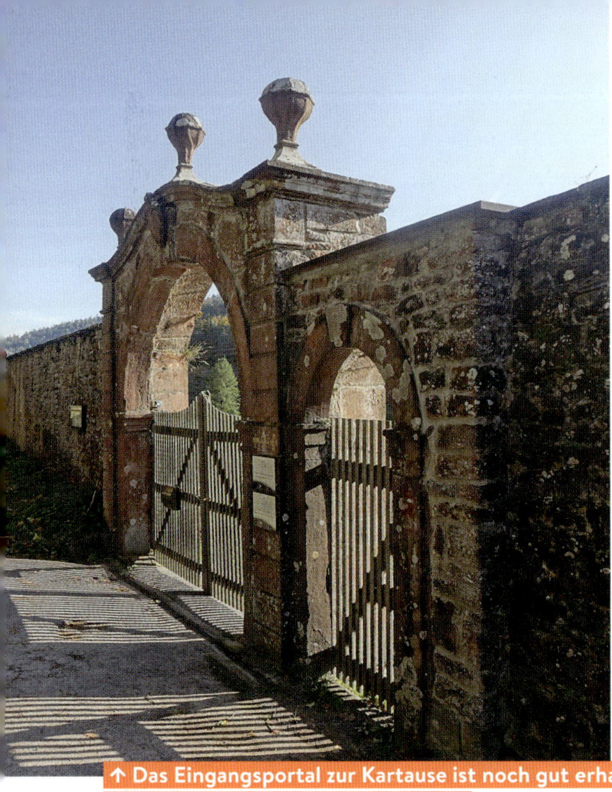

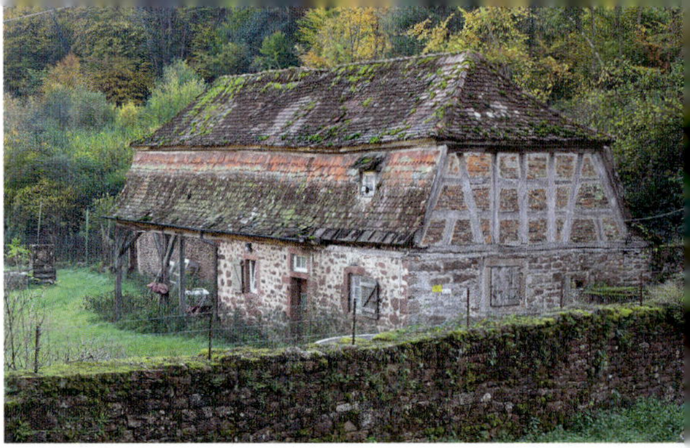

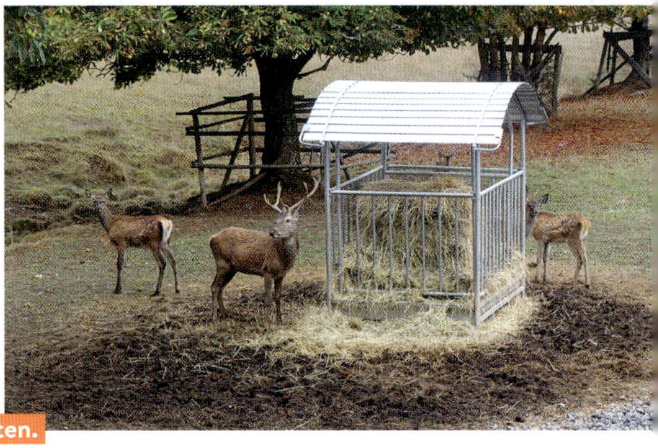

↑ Das Eingangsportal zur Kartause ist noch gut erhalten.
↗ Alte Scheune der Kartause Grünau
→ Wie in Schollbrunn gibt es im Spessart viele Wildgehege.

straße hinauf, auf der es rechts weiter hochgeht. An einer Gabelung müssen wir nach links und an einer weiteren Gabelung auf die Forststraße rechts und überqueren anschließend den **1 Klingelbach**.

Nach 250 Metern geht es links wieder über den Klingelbach und dann rechts entlang des Baches am Feldrand aufwärts. In Schollbrunn stoßen wir auf die Straße Am Rain, gehen auf ihr nach links und auf der Gartenstraße rechts und kommen, unterbrochen durch einen Gehweg, am Ende auf der Brunnenstraße nach links nach dem Dorfladen zum **2 Dorfbrunnen**.

ZUR KARTAUSE GRÜNAU Halb links führt die Spessartstraße am Gasthaus Zum Hirschen vorbei aus dem Dorf hinaus zum **3 Wildgehege** mit den grunzenden Wildschweinen. Nach dem Gehege bleiben wir vorerst geradeaus und wandern an der T-Kreuzung links in Richtung Kartause Grünau. In Sichtweite einer großen Wiese geht es mit der Markierung rote Linie rechts steil abwärts. Unten wandern wir gemütlicher auf der Forststraße links hinab. Nach einer engen Rechtskehre überschreiten wir in der folgenden Linkskehre den **4 Klosterbach**, der auch Kropfbach genannt wird. Hier wäre ein Abstecher im Klosterbachtal rechts aufwärts von 700 Metern einfach zum Hasenstabkreuz möglich. An der Stelle, an der der Wilderer Johann Adam Hasenstab 1773 erschossen wurde, befindet sich ein Steinkreuz, das vielen Wanderern als Ziel dient. Weiter in Richtung Kartause Grünau laufen wir an einer Wegspinne vor einem Hochspannungsmast links hinab und bleiben dann immer geradeaus. An einem Abzweig kommen wir links wieder über den Klosterbach und wandern auf der Forststraße rechts weiter. Nach 100 Metern folgen wir dem Pfad

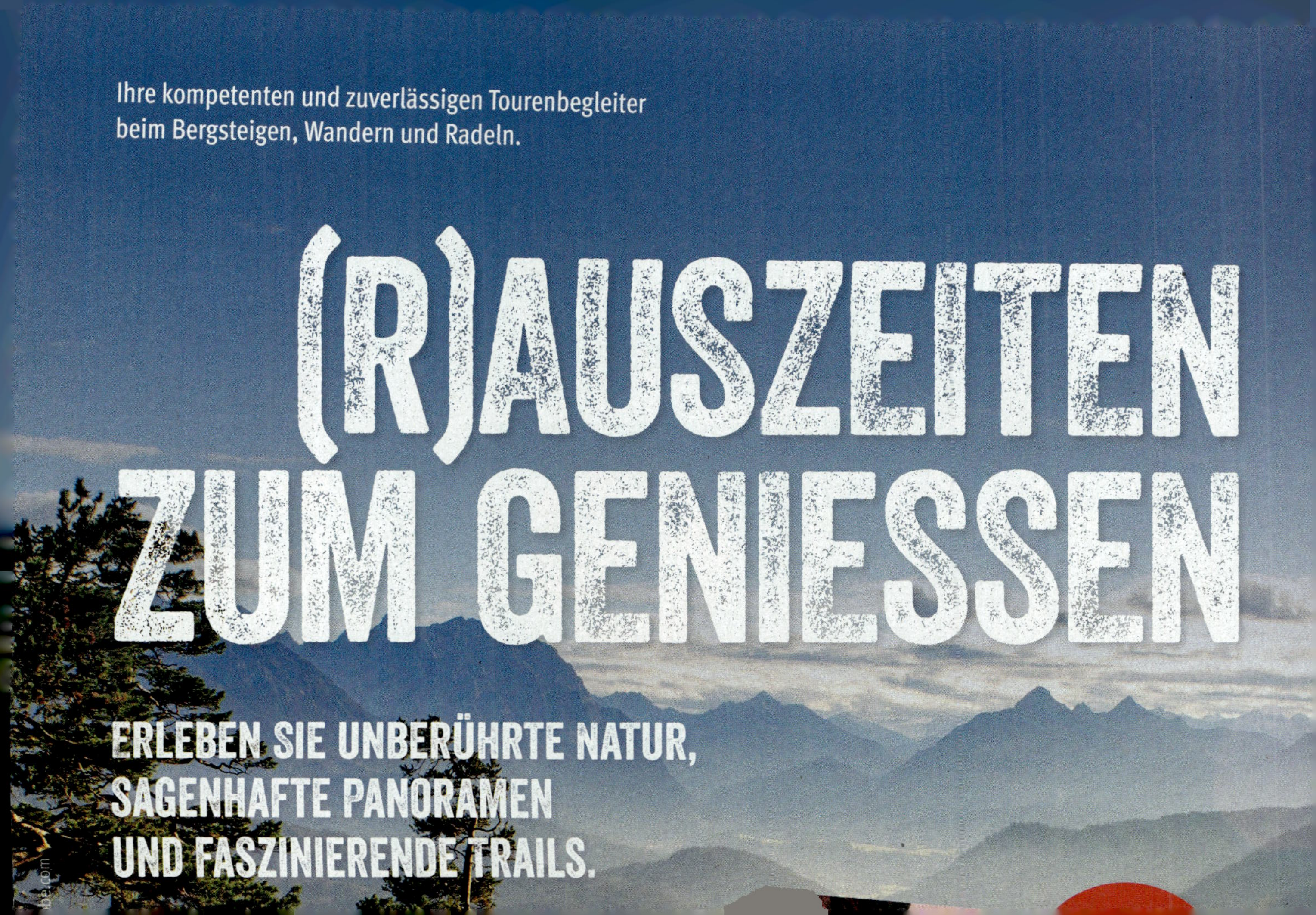
Ihre kompetenten und zuverlässigen Tourenbegleiter
beim Bergsteigen, Wandern und Radeln.
(R)AUSZEITEN
ZUM GENIESSEN
ERLEBEN SIE UNBERÜHRTE NATUR,
SAGENHAFTE PANORAMEN
UND FASZINIERENDE TRAILS.

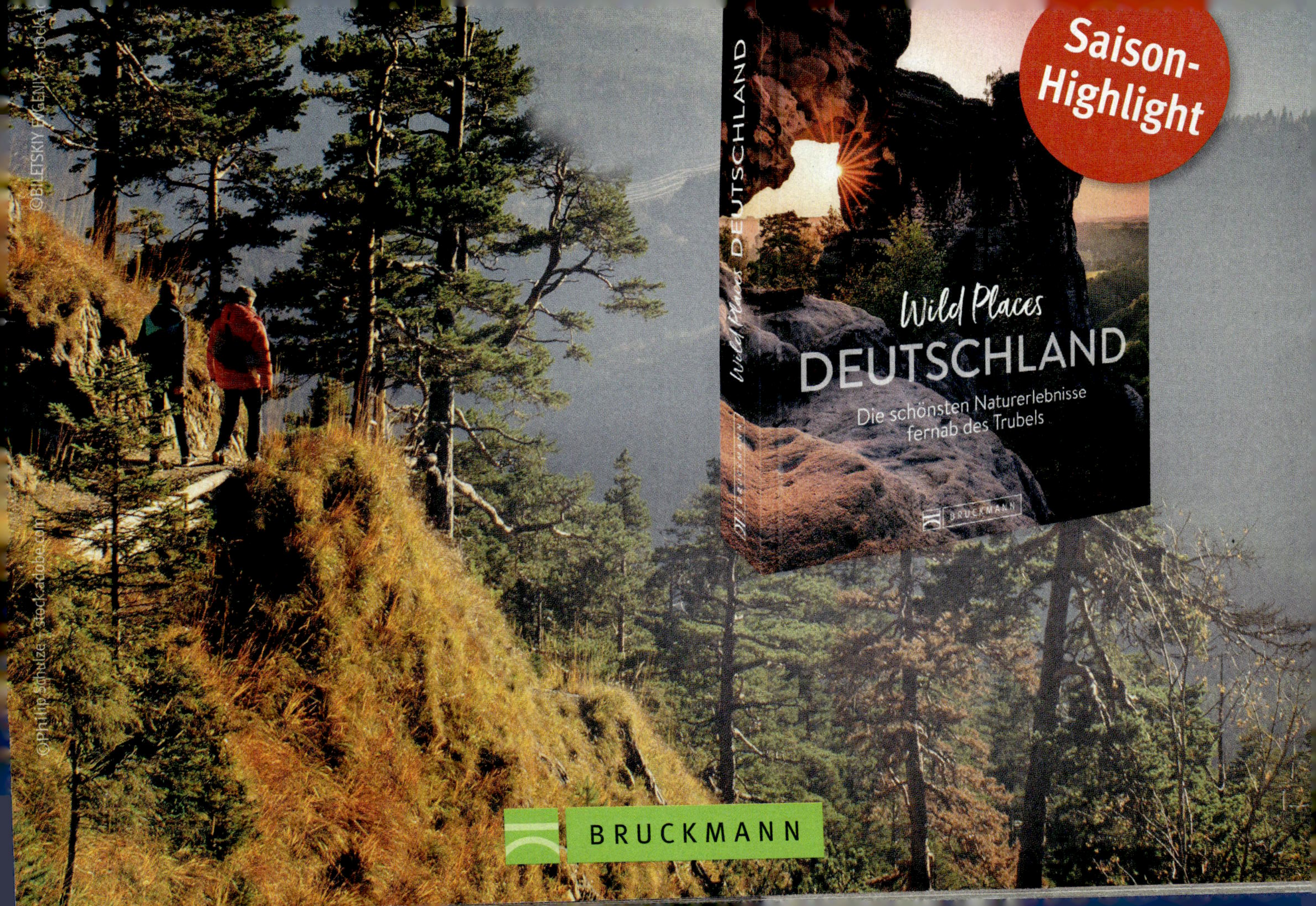
Saison-Highlight
Wild Places
DEUTSCHLAND
Die schönsten Naturerlebnisse fernab des Trubels
BRUCKMANN
©BILETSKIY EVGENIY – stock.ad
©Philip Schulze – stock.adobe.com

rechts hinab, der wildromantisch entlang des Baches führt. Nach einem Jagdansitz leitet erneut ein Pfad zum Bach hinunter, an dem wir nun bleiben. Bald erreichen wir die ersten Weiher der Kartause Grünau, an denen wir rechts vorbeigehen. Im stillen Klosterbachtal gibt es keine Hektik und Lärm. Nur das Plätschern des Baches und die stillen Weiher begleiten uns.

Schließlich erreichen wir an den Gebäuden links entlang an der Straße das Eingangstor zur **5 Kartause Grünau**. Die Mainzer Kartäuser erhielten 1328 den Ort Schollbrunn zum Bau eines Klosters. Anstelle des heutigen Klosters existierte vorher schon ein Kloster der Kanoniker aus Triefenstein am Main, das Ziel von Wallfahrten war. Zur Ruine wurde das neue Kloster der Kartäuser 1525 im Bauernkrieg, 1629 wurde es aber wiederaufgebaut. Auch nach den Zerstörungen während des 30-jährigen Krieges im Jahr 1631 kam die Kartause wieder zum Leben, verwaiste und verfiel aber in der Folgezeit. Nach der Säkularisation kam das Kloster in Besitz der Grafen zu Löwenstein-Wertheim-Freudenberg. Die augenfälligsten Reste des einstigen Klosters sind der schmucke Torbogen mit Wappen und Jahreszahl 1507, Teile der Kirche und der Umfassungsmauern. Aus den einst von den Kartäusermönchen angelegten Fischweihern stammen auch heute noch die Forellen und Saiblinge, die im Gasthaus auf die Teller kommen. Gut einen Kilometer auf der Waldstraße nach Osten und wir sind am Parkplatz in der **E Waldeinfahrt** zurück.

INFO

TOURENCHARAKTER

Leichte, meist schattige Wege durch Wälder und Wiesen

AUSGANGS-/ENDPUNKT

Waldeinfahrt Markuskapelle an der St 2316, 97907 Hasloch-Fechermühle GPS 49°48'59.0"N 09°29'31.6"E (175 m)

ANFAHRT

ÖPNV:
Bahn nach Hasloch, Bus Linie 662 nach Fechermühle
Auto:
Auf der A 3 Ausfahrt 65 Marktheidenfeld und auf der B 8 nach Fechermühle

GEHZEITEN

Waldeinfahrt – Klingelbach 0:30 Std. – Dorfbrunnen 0:45 Std. – Wildgehege 0:10 Std. – Klosterbach 0:20 Std. – Kartause Grünau 0:55 Std. – Waldeinfahrt 0:20 Std.

Leicht	9,8 km	240 Hm	3.00 Std.

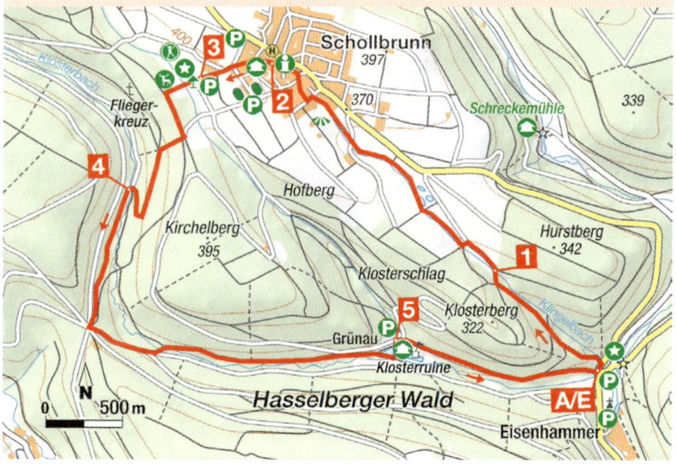

EINKEHR

Kartause Grünau, 97907 Hasloch, Tel. 09394/462, www.kartause-gruenau.net

INFORMATION

Marktplatz 22, 97828 Marktheidenfeld, Tel. 09391/503 54 14, www.stadt-marktheidenfeld.de

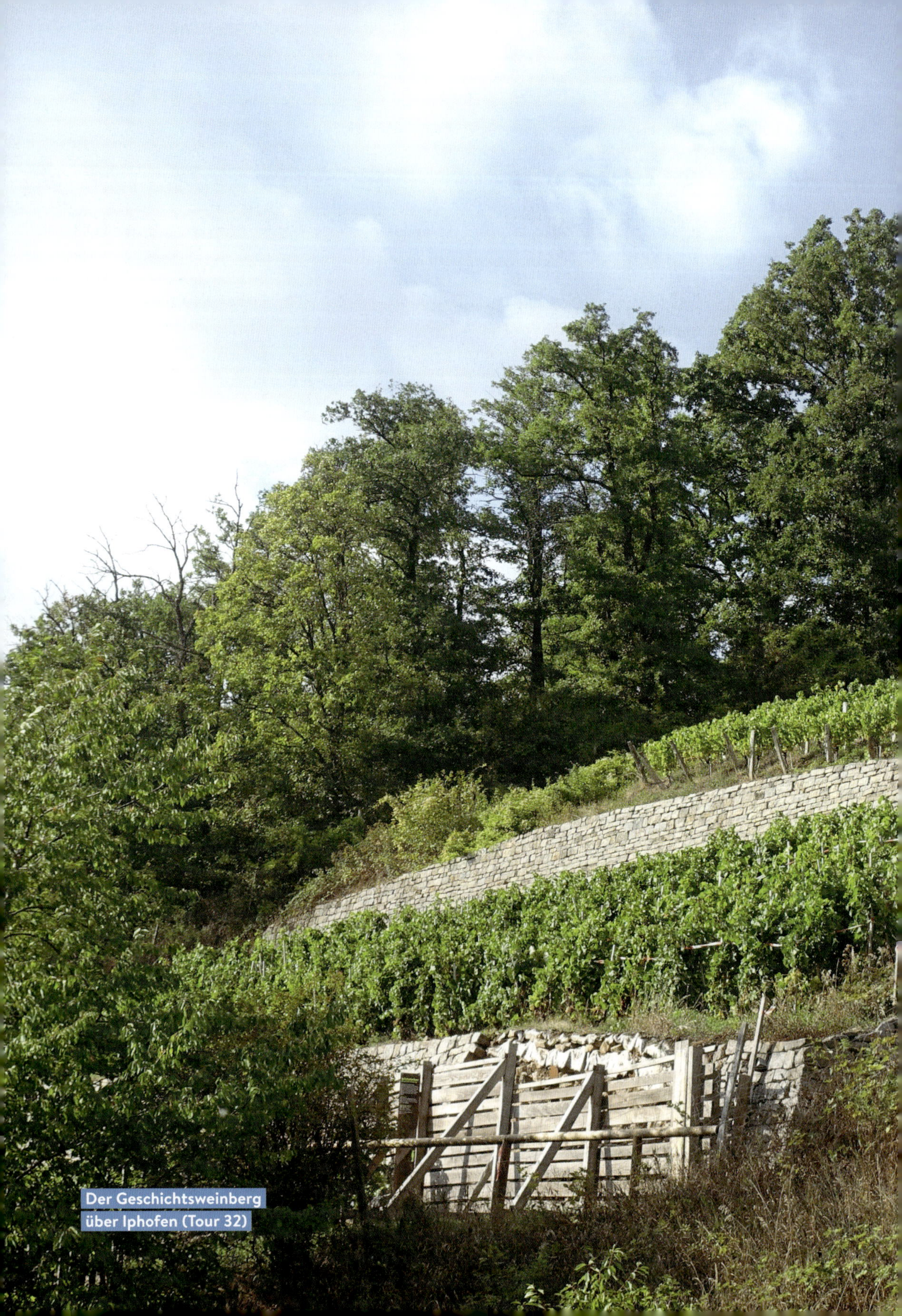

Der Geschichtsweinberg
über Iphofen (Tour 32)

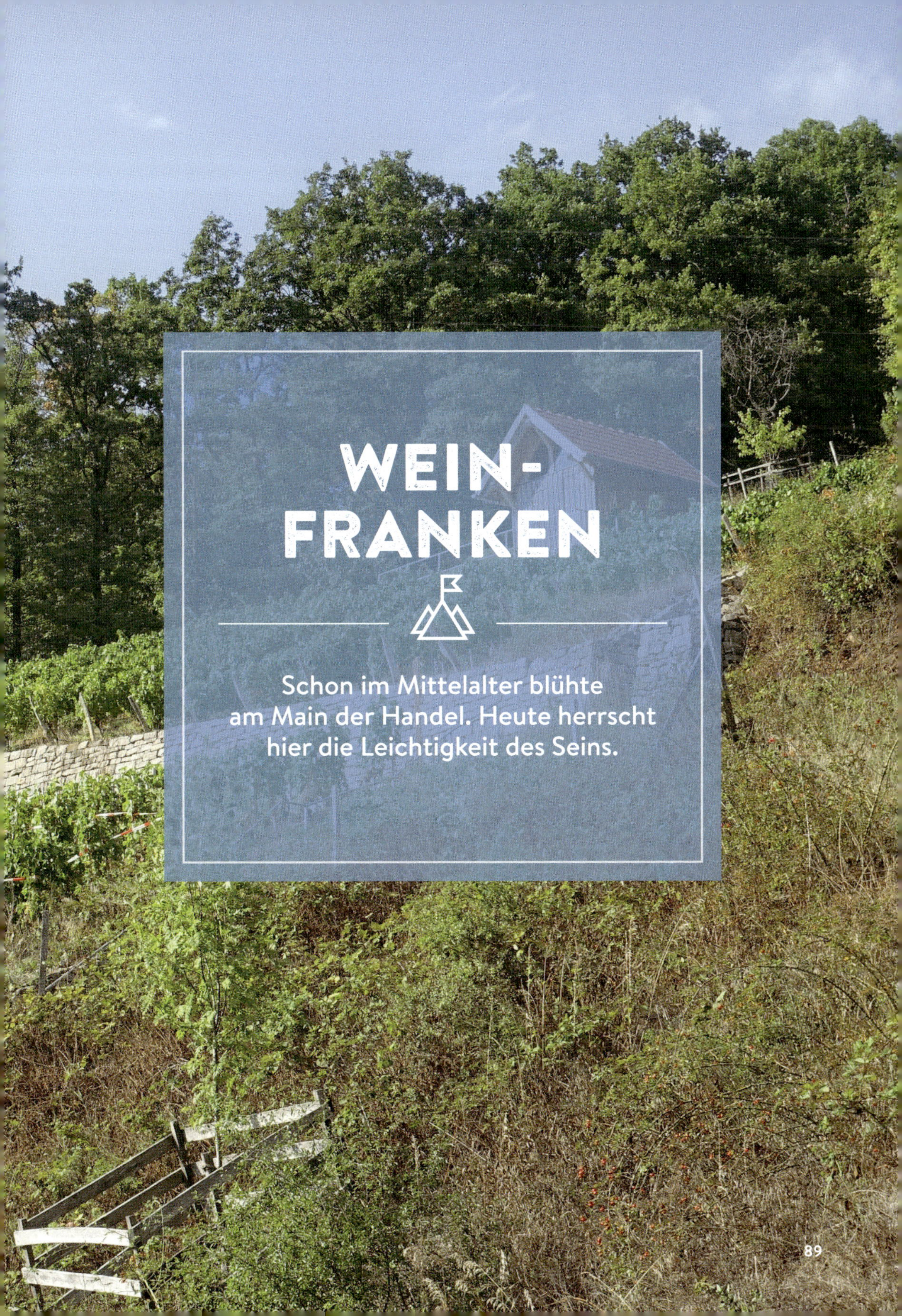

WEIN-FRANKEN

Schon im Mittelalter blühte am Main der Handel. Heute herrscht hier die Leichtigkeit des Seins.

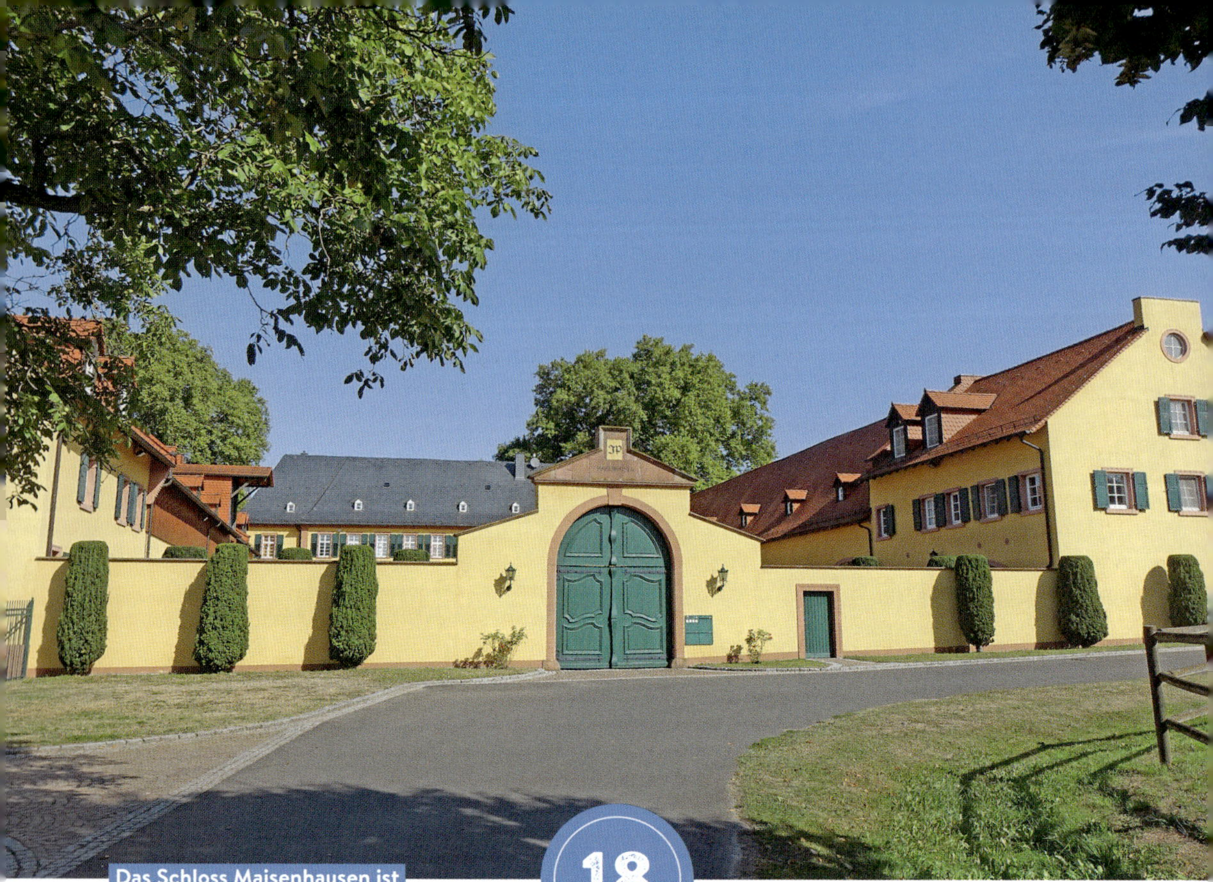

Das Schloss Maisenhausen ist eine gepflegte Anlage.

18

ZUR GEHEIMNISVOLLEN SCHWEDENSCHANZE

Kulturlandschaft um Michelbach

Seit dem hohen Mittelalter wird an den nördlichen Ausläufern des Spessarts Weinbau betrieben. Milde klimatische Verhältnisse in den weiten Flächen der Mainebene sind die Grundlage dafür. Diese günstige Lage bewog verschiedene Herrschaften, bei Alzenau Landgüter zu errichten.

Der Europäische Kulturweg in Michelbach verbindet Zeugnisse der Vergangenheit mit den Glanzpunkten der heutigen Landschaft, was besonders am Aussichtspunkt »terroir f«, einem magischen Punkt des Frankenweins, deutlich wird.

ZUR BODENSTATION Schräg gegenüber dem Parkplatz in der **A Schloßstraße** in Michelbach steht das Schlösschen Michelbach, ein barocker Landsitz aus dem 18. Jahrhundert. Im Gebäude ist das Museum der Stadt Alzenau untergebracht. Der Name der Adeligen von Michelbach erscheint urkundlich erstmals im Jahr 1234. Daher wird am Platz des Schlösschens eine frühere Wasserburg vermutet. Vom Schlösschen beginnen wir die Wanderung auf der Schloßstraße nach Norden in den Ort hinein und gehen an der Kreuzung rechts in der Spessartstraße an der Bäckerei und am Rathaus vorbei. An der Straßengabelung vor dem Michelbacher Winzerkeller geht es mit der blauen Markierung des Kulturweges links auf der Schießmauerstraße aufwärts. An einer Kreuzung wandern wir auf der Straße Am Erlenborn links hinauf. In den Weinbergen kommen wir an eine Kreuzung mit einem Papierkorb. Hier geht es ohne Markierung steil links auf dem Kiesweg durch die Reben bergauf. Am Waldrand müssen wir rechts und kommen in der Weinlage Apostelgarten an den Aussichtspunkt **1 Punkt »terroir f«**. Nach Westen schauen wir über Michelbach bis Hanau und Frankfurt.
Auf der Treppe abwärts an dem eisernen Schutzhäuschen vorbei steht das Steinerne Häuschen, das ein Frankfurter Ratsherr im 19. Jahrhundert als Schutzraum für die Rebenhüter erbauen ließ. Am Steinernen Häuschen schwenkt die Fahrspur durch die Weinberge nach Südosten. Am Waldrand gehen wir rechts abwärts und weiter unten im Wald auf der ebenen Forststraße wieder rechts nach Westen in die Reben hinaus zu einem roten Pappschindeldach über einer geologischen **2 Bodenstation**. Hier erfahren wir, warum der Boden in der Lage Apostelgarten optimale Voraussetzungen für den Anbau von spätreifenden Weißweinreben bietet.

ZUR SCHWEDENSCHANZE Wir kehren um und begeben uns wieder in den Wald, wo die Forststraße mit der blauen Markierung des Kulturweges abwärtsführt. Weiter unten können wir am Waldrand über Wiesen und über die Reben der Lage Aloisengarten hinab zum Weiler Dörsthöfe schauen, dessen Existenz seit 1469 belegt ist. Am Talboden sind wir im Wolfsgrund, in dem wir links aufwärts laufen. An einer dreifachen Weggabelung wählen wir die mittlere Forststraße bergauf. Links von uns ist der Graben des meist trockenen Wolfsbaches. An Abzweigen bleiben wir immer auf der Forststraße, aber

Der magische Punkt des Frankenweins »terroir f« ist ein Aussichtsplatz.

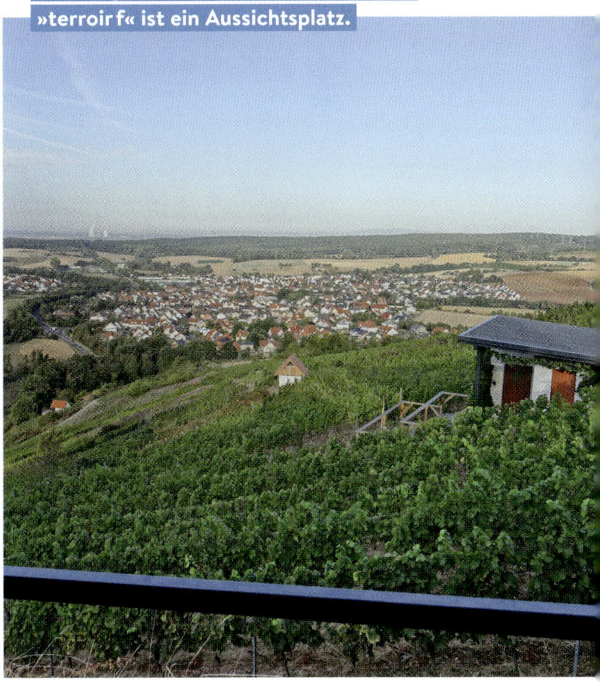

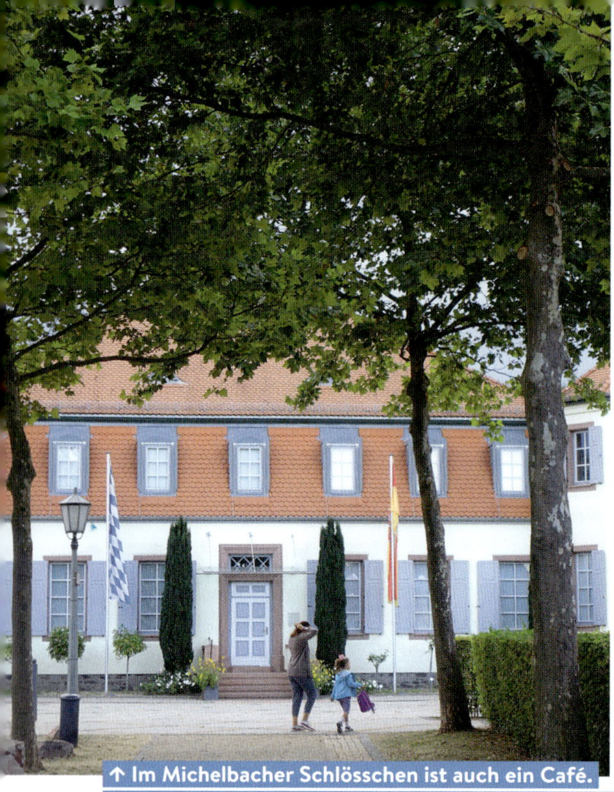

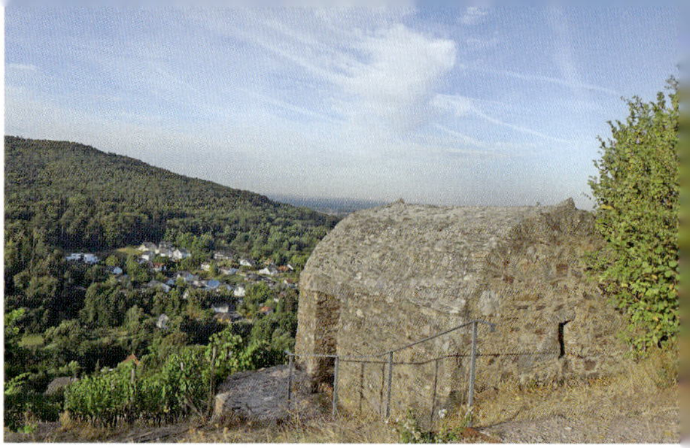

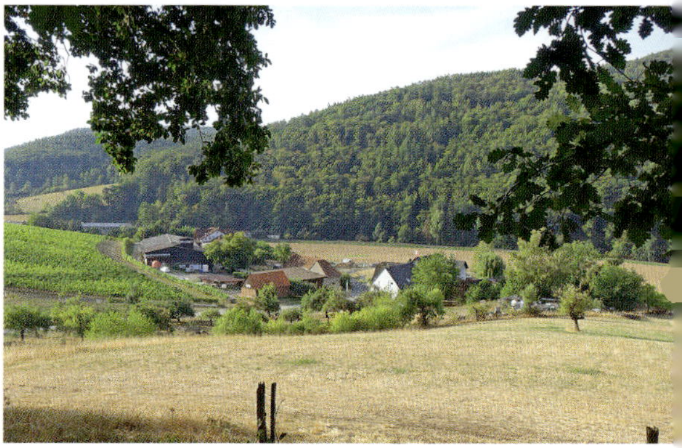

↑ Im Michelbacher Schlösschen ist auch ein Café.
↗ Das Häuschen für die Rebenhüter stammt aus dem 19. Jahrhundert.
→ Die Dörsthöfe gibt es bald seit 500 Jahren.

nach einer Linkskehre schickt uns die blaue Markierung des Kulturweges auf dem Pfad rechts steil in den Wald hinauf. Immer geradeaus kommen wir auf den Schanzenkopf, auf dem der Ringwall der sogenannten **3 Schwedenschanze** ist. Zwei im Halbkreis verlaufende Abschnittswälle und Mauern im Norden sicherten die Anlage. Die Befestigung dürfte in der Hallstattzeit zwischen 800 und 400 v. Chr. einzuordnen sein, hat also nichts mit den Schweden zu tun. Hier mag es noch Geheimnisvolles zu entdecken geben, denn genauere archäologische Untersuchungen sind noch nicht erfolgt.

Tipp

MUSEUM IM SCHLÖSSCHEN

Im Schlösschen Michelbach ist das Museum der Stadt Alzenau untergebracht. Unter modernen museumspädagogischen Aspekten zeigen die Ausstellungen Chroniken um frühere Grenzverläufe und lokale Geschichte und Geschichten. Der hübsche Schlossgarten bietet mit seinen Rosenbeeten und mit dem Museums-Café in der ehemaligen Remise Abwechslung (Schloßstraße 13, Tel. 06023/94 73 66, www.alzenau.de).

ZURÜCK ÜBER SCHLOSS MAISENHAUSEN

Auf dem Schanzenkopf bleiben wir auf dem Weg nach Nordosten und überschreiten 130 Meter nach der Informationstafel den deutlichen Erdwall der Befestigung. An einer T-Kreuzung geht es links und unten auf einer Forststraße rechts. An einer Weggabelung müssen wir rechts hinunter und an einer weiteren Kreuzung rechts hinab. An weiteren Abzweigen bleiben wir auf der Forststraße abwärts. Nach einer Wiese steht am Waldrand eine neue **4 Schutzhütte** vor dem idyllischen Angelteich. Ein guter Platz für eine Pause.

An der Kreuzung vor der Schutzhütte wandern wir mit der blauen Markierung des Kulturweges links hinauf und über den Hügelrücken Hundsrück. Rechts schauen wir nach Neuses, das bereits in Hessen liegt, und vor uns ist Albstadt, eine Siedlung, die schon im Mittelalter bestand. An der Weggabel vor dem Vereinsgelände Gickelsalm geht es links hinab und nach 170 Metern ohne Markierung in spitzem Winkel links hinunter. Unten gehen wir vor den Feldern rechts auf Albstadt zu. 15 Meter vor einem Jagdansitz können wir links zwischen zwei Feldern auf die linke Ecke des Zaunes um das Schloss Maisenhausen zugehen. Am Zaun entlang kommen wir zur Vorderseite des repräsentativen **5 Schlosses Maisenhausen**, das im Jahr 1323 erstmals erwähnt wurde und heute im Privatbesitz ist.

Nach Süden laufen wir nun immer geradeaus durch Felder auf Michelbach zu. An der Weggabelung vor einem großen Nussbaum an einem Hof wandern wir links und laufen in Michelbach auf der Straße Zum Simmig und in der Folge auf der Maisenhäuser Straße ein. Schließlich gehen wir auf der Schießmauerstraße rechts und auf der Spessartstraße weiter. An der Kreuzung geht es nach links und auf der Schloßstraße wieder links zum Parkplatz an der **E Schloßstraße** zurück.

INFO

TOURENCHARAKTER

Leichte, meist sonnige Wege, aber lange, steile Aufstiege

AUSGANGS-/ENDPUNKT

Parkplatz (im hinteren Teil keine Zeitbegrenzung) Schloßstraße 26, 63755 Alzenau-Michelbach
GPS 50°06'07.0"N 09°06'08.5"E (135 m)

ANFAHRT

ÖPNV: Bahn nach Michelbach
Auto: Auf der A 45 Ausfahrt 44 Alzenau-Nord und auf der St 2305 nach Michelbach

GEHZEITEN

Schloßstraße – Punkt »terroir f« 0:50 Std. – Bodenstation 0:10 Std. – Schwedenschanze 0:50 Std. – Hütte 0:40 Std. – Maisenhausen 0:35 Std. – Schloßstraße 0:35 Std.

EINKEHR

Museums-Café Am Schlösschen, Schloßstraße 1, 63755 Alzenau-Michelbach, Tel. 06023/94 73 66

Mittel | 11,1 km | 370 Hm | 3.40 Std.

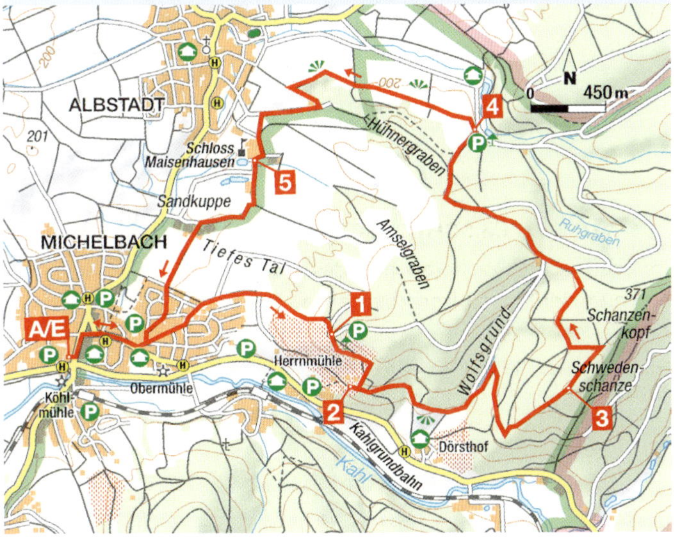

INFORMATION

Hanauer Straße 1, 63755 Alzenau, Tel. 06023/50 21 12, www.alzenau.de

ZUR KELTISCHEN ALTENBURG

Im einst geschäftigen Sodental

Soden war im Mittelalter Standort einer Salzsiederei und im 19. Jahrhundert ein blühendes Kurbad. Heutzutage erkunden Wanderer die schöne Landschaft des stillen Tales und den Schloßberg mit der keltischen Ringwallanlage Altenburg, in der noch einige Geheimnisse verborgen sind.

19

Pfostenschlitzmauern waren aufwendige Verteidigungsanlagen.

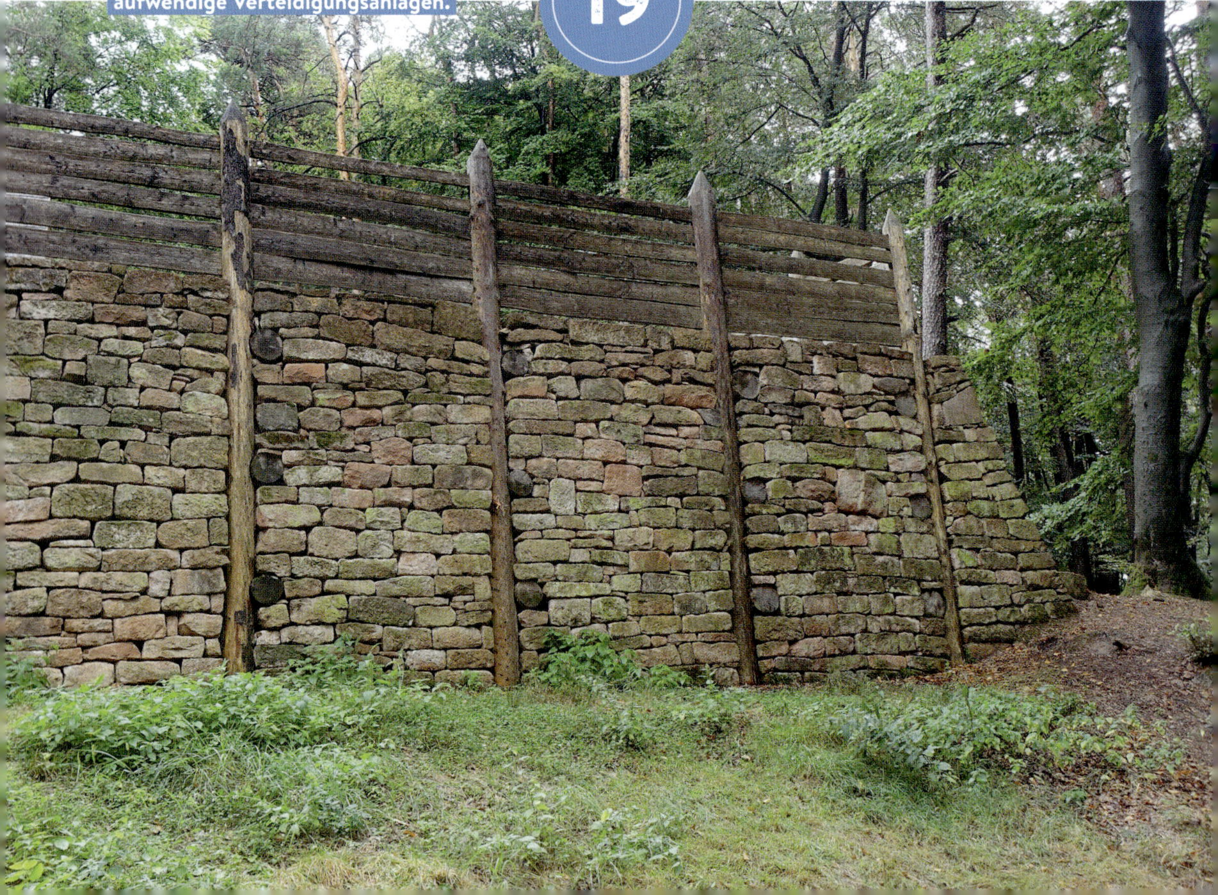

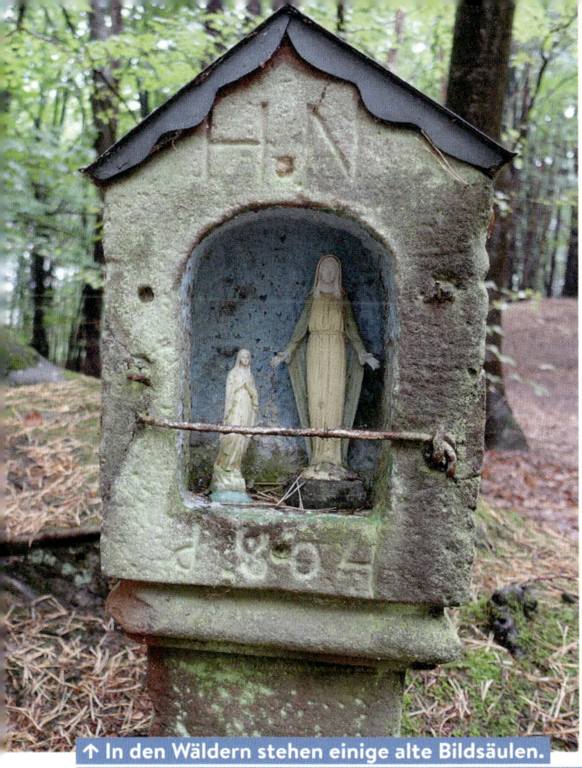

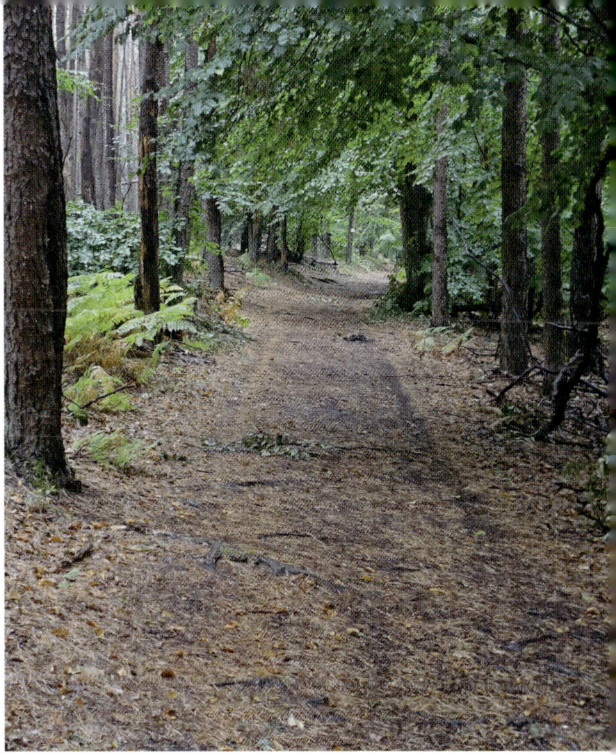

↑ In den Wäldern stehen einige alte Bildsäulen.
↗ Der angenehme Wanderweg erfreut das Herz und füllt die Lungen.

Eine vage Vorstellung von der Keltenfestung aus der Hallstattzeit gibt uns heute der Versuch einer Rekonstruktion der Pfostenschlitzmauer und des eingerichteten Keltenhauses am Ringwall. Auf der Wanderung genießen wir zudem die Aussichten und die würzige Waldluft der einsamen Gegend.

ZUM FUNKMAST Vom Wanderparkplatz am **A Trafohaus** an der linken Waldeinfahrt an der Sodentalstraße gehen wir zurück zur Straße und links auf der Forststraße mit der Markierung S2 im Wald auf den Sulzberg. An Abzweigen bleiben wir immer geradeaus aufwärts und wenden uns an der Kreuzung vor einer großen Wiese nach links in Richtung Frühstückseiche. Aber 30 Meter von der Kreuzung weiter rechts liegt ein genialer Picknickplatz mit Blick nach Osten auf den Schlossberg mit dem keltischen Ringwall. Auf der Straße weiter vorne können wir nach Soden hinunterschauen. Die großen Hallen sind die Sodenthaler Mineralbrunnen. Mindestens seit 1333 wurde aus dem Wasser Salz gewonnen und 1856 dann ein Kurbad eröffnet. Das Wappen von Sulzbach zeigt zwei gekreuzte Salzhaken auf rotem Grund, die auf

Tipp

IN SULZBACH

Der mit Wegweisern versehene historische Stadtrundgang in Sulzbach ist ein lohnendes Erlebnis. Das Städtchen war im Mittelalter mit einer wehrhaften Mauer umgeben, deren Tore mit Wehrtürmen und Reste der Mauer aus dem Jahr 1500 noch vorhanden sind. Die St.-Anna-Kirche im Ortszentrum ist ein auffallendes klassizistisches Kleinod aus dem 18. Jahrhundert (www.sulzbach-main.de).

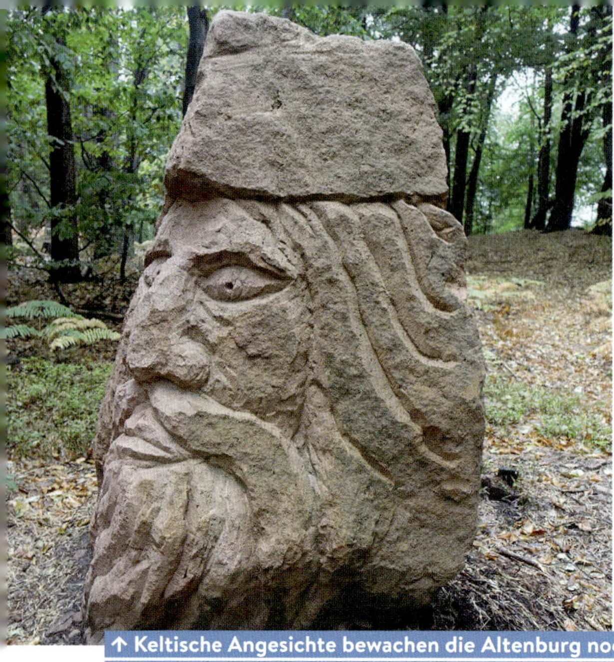

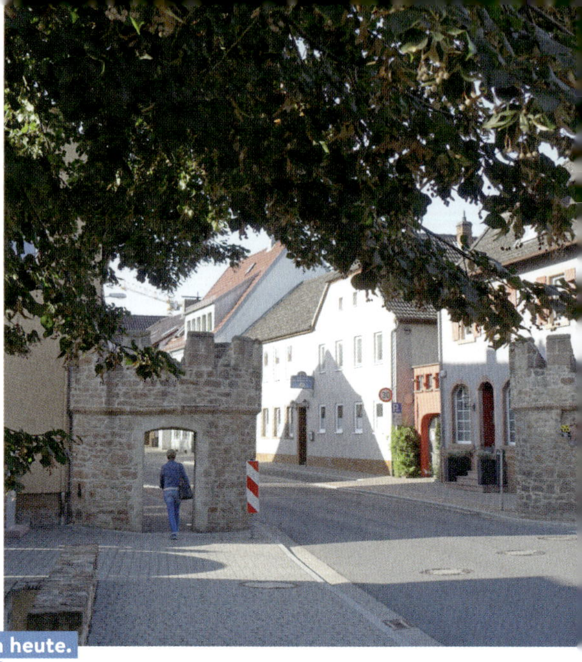

↑ Keltische Angesichte bewachen die Altenburg noch heute.
↗ Sulzbach hat seine mittelalterliche Mauer bewahrt.

die historische Salzgewinnung als Ursprung der Ortsnamen Sulzbach und Soden hinweisen. Das große rote Gebäude war im 19. Jahrhundert ein florierendes Kurbad.
Aber unsere Wanderung geht links entlang der großen Wiese mit der Markierung S2 aufwärts. An einer Weggabel bleiben wir rechts am Rand der Wiese und treffen weiter oben an einem Holzlagerplatz auf ein Asphaltsträßchen, dem wir nach links aufwärts zum **1 Sportplatz** folgen.
Wieder im Wald müssen wir an einer Gabelung links und an einer Kreuzung nach einer Marien-Bildsäule mit der Markierung roter Schmetterling in spitzem Winkel rechts. Weiter unten fädelt unser Weg in ein ebenes Asphaltsträßchen ein, dem wir geradeaus folgen. An einem **2 Funkmast** ist eine Bank mit Aussicht ins Tal. Aber ein paar Meter weiter ist die Aussicht auf Soden noch besser.

ZUM RINGWALL Wir bleiben auf dem Asphaltsträßchen ohne Markierung abwärts und laufen in Soden auf der Ringstraße bis ganz hinab. Auf der Sodentalstraße geht es nun rechts und nach der modernen Kirche links in Richtung Bergkapelle. In der Linkskurve bleiben wir geradeaus und steigen auf den langen Treppen zur **3 Bergkapelle** hinauf. Weiter auf der Straße aufwärts kommen wir am Waldrand an eine Kreuzung und wandern mit der blauen Markierung des Kulturweges links in Richtung Schlossberghütte. Durch die Streuobstwiese besteht hier oben gute Aussicht über das Sodental. An einem kleinen Parkplatz überqueren wir eine Forststraße und treffen an einer Wegspinne auf eine kleine Bildsäule mit einer Marienfigur aus dem Jahr 1804. Hier geht es rechts über den Parkplatz zum Ringwall hinauf. An einer Weggabelung stehen wir vor dem östlichen Ende des einen Kilometer langen Ringwalls der Altenburg. Der Schlossberg war bereits in der Jungsteinzeit vor 5500 Jahren besiedelt. Archäologische Grabungen brachten Steinklingen, die Reste eines geschliffenen Beiles sowie Scherben von Gefäßen zutage. Daraus lässt sich hauptsächlich die Michelsberger Kultur datieren, die 4000 v. Chr. am Übergang von der Stein- zur Kupferzeit lag. Der Ausbau mit diesem großen Ringwall fällt in die Hallstattzeit, etwa 800–400 v. Chr. Eine

Ascheschicht im Wall belegt, dass die Anlage um 450 v. Chr. durch Feuer zerstört wurde. Im 2. Jahrhundert diente der Platz den Römern als Fliehburg und im frühen Mittelalter war dort oben eine gemauerte Burg. Weiter auf dem linken Weg entlang des Walls kommen wir zum **4 Keltenhaus** und zur Pfostenschlitzmauer, die jeweils rekonstruiert sind. Im Keltenhaus können eine Feuerstelle mit Kochkessel, ein Webstuhl, Töpfe, Kannen und Scherben aus der Hallstattzeit besichtigt werden.

Zehn Meter links der Pfostenschlitzmauer steigen wir ohne Markierung auf dem steilen Pfad abwärts und finden weiter unten auch wieder die blaue Markierung des Kulturweges. An der Kreuzung mit dem Namen Tanzplätzchen bleiben wir geradeaus in Richtung Buchenmühle. Über eine große Weidefläche führt der Weg über die Hochfläche am Benzberg. Am Waldrand bleiben wir wieder geradeaus in den Wald hinein in Richtung Buchenmühle. Bald haben wir rechts freien Blick auf den Sulzberg, über den wir zu Beginn gelaufen sind. Wir bleiben mit der blauen Markierung des Kulturweges immer geradeaus abwärts. Dann müssen wir an einer Gabelung rechts auf dem Pfad hinab und in Hörweite der Sodentalstraße nochmal rechts zu einem Parkplatz mit Schutzhütte. Auf der anderen Straßenseite ist unser Startpunkt am Wanderparkplatz mit **E Trafohaus**.

INFO

Leicht | 8,8 km | 280 Hm | 2.40 Std.

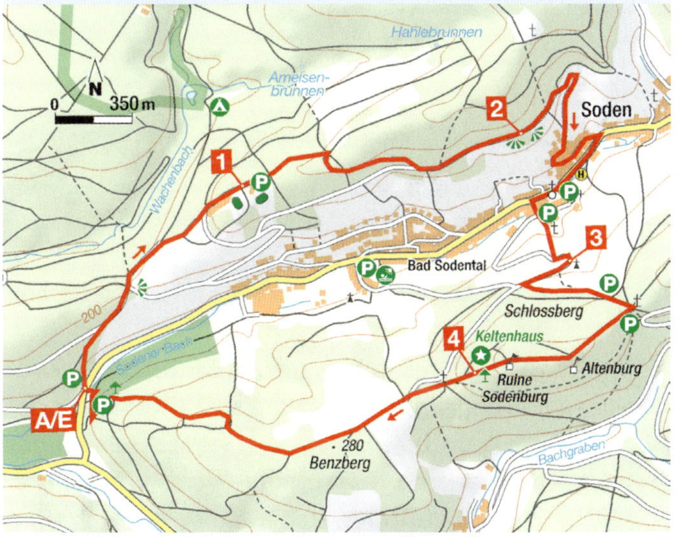

TOURENCHARAKTER
Leichte, meist schattige Wege durch Wälder und Wiesen

AUSGANGS-/ENDPUNKT
Wanderparkplatz Trafohaus, linke Waldeinfahrt, 900 Meter vor Soden
GPS 49°54‘58.1“N 09°11‘01.7“E (155 m)

ANFAHRT
ÖPNV: Bahn nach Sulzbach am Main, Bus Linie 63 nach Soden
Auto: Auf der St 2309 nach Sulzbach am Main und nach Soden

GEHZEITEN
Parkplatz Trafohaus – Sportplatz 0:30 Std. – Funkmast 0:25 Std. – Bergkapelle 0:40 Std. – Keltenhaus 0:30 Std. – Parkplatz Trafohaus 0:35 Std.

EINKEHR
Keine auf der Tour; Restaurant Braunwarthsmühle, Friedhofstraße 5, 63834 Sulzbach am Main, Tel. 06028/406738, www.die-braunwarthsmuehle.de

INFORMATION
Hauptstraße 36, 63834 Sulzbach am Main, Tel. 06028/97120, www.sulzbach-main.de

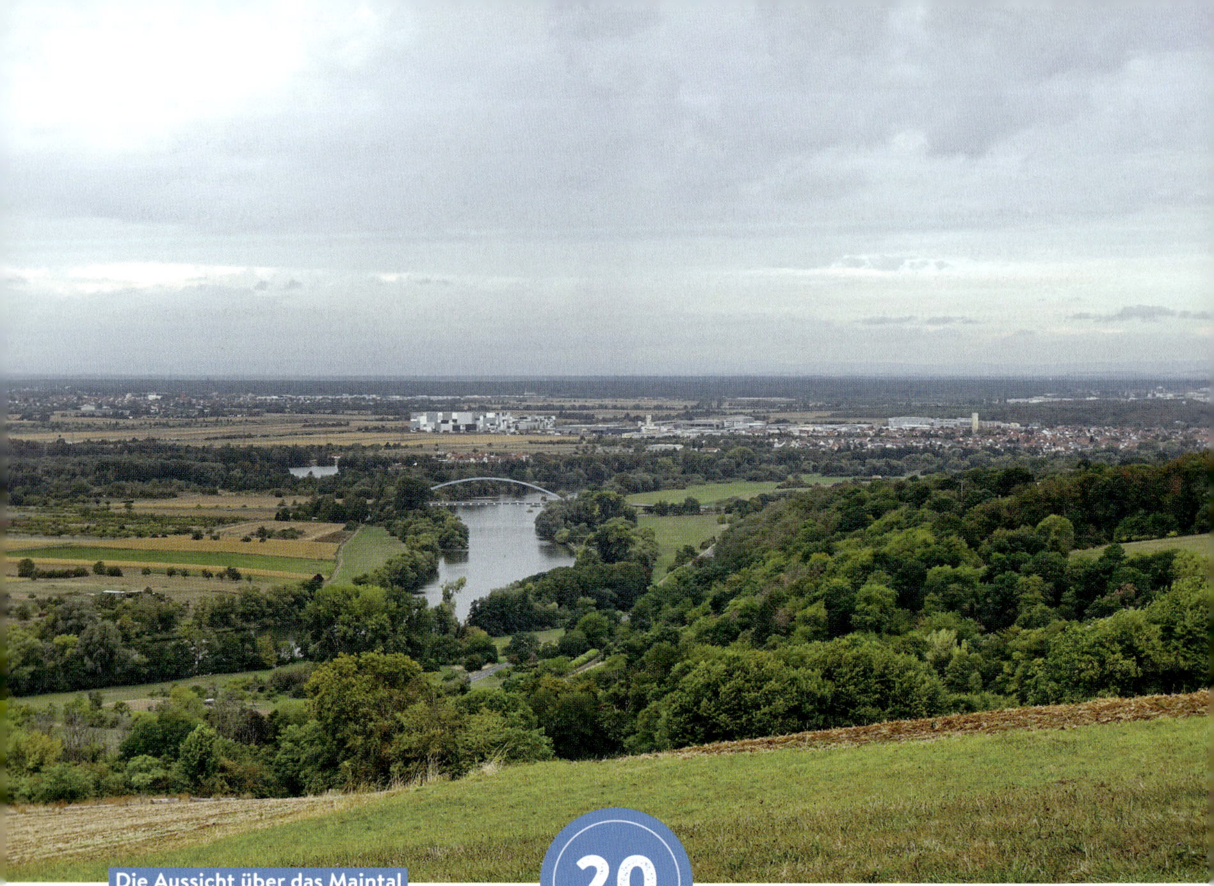

Die Aussicht über das Maintal reicht bis Frankfurt.

20

KLEINWALLSTÄDTER KULTURLANDSCHAFT

Vom Main zum versteckten Schloss

Streuobstwiesen, aus deren Baumfrüchten der Apfelwein gepresst wird, prägen die Kleinwallstädter Kulturlandschaft. Auf dem bewaldeten Plattenberg versteckt sich das Alte Schloss, eine mittelalterliche Burg, die nie vollendet wurde. Auf dem Plattenberg befinden sich auch artenreiche Trockenrasen.

Am Nordwesthang des artenreichen Plattenberges erlaubt die offene Landschaft den Panoramablick vom Main bis Frankfurt und bis in den Taunus. Die Einkehr in der guten Ausflugsgaststätte Almhütte unterbricht die Wanderung auf angenehme Weise.

ZUM ALTEN SCHLOSS Vom Parkplatz in der **A Fährstraße** am Main beginnen wir die Wanderung flussaufwärts nach Süden zur **1 Schleuse**, an der wir vom Fußgängerübergang beim Schleusenvorgang zuschauen können. Wir gehen flussabwärts zurück, auf der Oberen Straße rechts und links auf der Marktstraße zum **2 Templerhaus** bei der Kirche. Der Bau mit Stilelementen der Gotik und Renaissance entstand im Jahr 1270 und zählt zu den ältesten Profangebäuden Mainfrankens. Am vortrefflich restaurierten Templerhaus beginnt mit der blauen Markierung der Kulturweg des Archäologischen Spessart-Projektes.

Weiter auf der Marktstraße kommen wir am Landgasthof zum Hasen vorbei, den es als Herberge und Brauerei seit 1578 gibt. Fachwerkhäuser und altfränkische Torbögen prägen das Ortsbild und Reste der Stadtmauer aus dem 14. Jahrhundert umgeben den Markt Kleinwallstadt. Am Ende der Marktstraße kommen wir zum Römer. Das Alte Rathaus mit den zwei Turmerkern wurde 1773 errichtet. Zu dieser Zeit hatten sich einige begüterte Adelsfamilien im Ort niedergelassen. Der Mainzer Erzbischof hatte im Jahr 1023 eine Vogtei errichtet und verwaltete von hier aus einen Großteil des Spessarts. Besiedelt war das Gebiet schon in der Hallstattzeit (800–400 v. Chr.) und die Hügelgräber an der Christkönigskapelle verweisen in die noch davor liegende Bronzezeit.

Am Römer gehen wir auf der Mittleren Torstraße rechts. Vor der Kreuzung steht links die historische Zehntscheune der Grafen von Ingelheim. Das Gebäude wird heute als Kulturhaus genutzt. Nach der Bahnlinie wandern wir halb links auf der Schloßstraße weiter, die nach den letzten Häusern als Oberhauser Weg durch die artenreiche Streuobstlandschaft führt. Am Wanderparkplatz Birkenhof bleiben wir auf der linken Straße geradeaus im Tal in Richtung Schützenhaus und steigen nach 500 Metern rechts auf der Treppe zum **3 Alten Schloss** hinauf. Hier stand im 13. Jahrhundert eine mächtige Burg, über deren Erbauer und Zerstörung nichts Genaues bekannt ist. Die Umfassungsmauer soll zehn Meter hoch gewesen sein. Damit war sie eine der mächtigsten Burgen im Spessart, die allerdings noch vor der Fertigstellung vernichtet wurde. Eine Sage erzählt von einem geheimnisvollen unterirdischen Gang vom Templerhaus in Kleinwallstadt bis in die Festung.

ZUR ALMHÜTTE Vom Alten Schloss steigen wir wieder auf der Treppe hinab und wandern

Der Römer war das Alte Rathaus, das 1773 errichtet wurde.

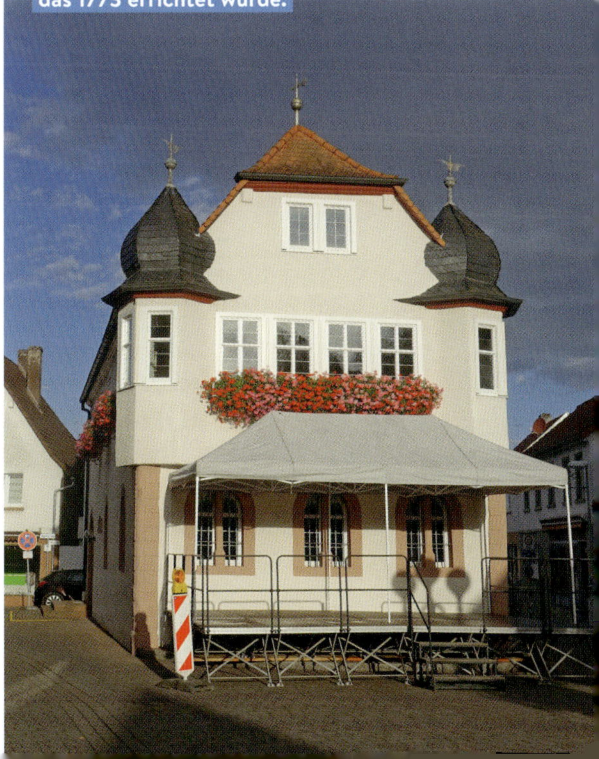

Tipp

DIE TEMPELRITTER

Der Templerorden war ein geistlicher Ritterorden, der im 12. Jahrhundert gegründet wurde. Ihr Anliegen war der Schutz Jerusalems und der Pilger, die auf ihrem Weg nach Jerusalem von Räubern und Dieben überfallen werden konnten. Anfang des 14. Jahrhunderts wurden die Templer der Ketzerei angeklagt und die Mitglieder des Ordens in einem riesigen Justizmord in konzertierter Aktion auf dem Scheiterhaufen verbrannt.

rechts im engen Tal weiter hinauf. An Abzweigen bleiben wir ohne Markierung immer direkt aufwärts. Erst in einer Rechtskehre gehen wir auf der Forststraße geradeaus. An einer Kreuzung geht es wieder mit der blauen Markierung des Kulturweges links in Richtung Almhütte. An Abzweigen bleiben wir geradeaus und erreichen nach einem Gräberfeld mit bronzezeitlichen Hügelgräbern aus der Zeit 2200–800 v. Chr. die 4 **Christkönigskapelle** am Fränkischen Marienweg.

Nun müssen wir auf dem Weg links an der Kapelle vorbei in Richtung Kleinwallstadt und Almhütte weiter und biegen nach fast 100 Metern rechts ab. Am Waldrand haben wir eine weite Sicht in das Maintal, bis nach Frankfurt und in die Hügel des Taunus. Wieder auf einer Forststraße geht es links in den Wald hinein und an der Kreuzung auf dem Pfad und anschließend auf Treppen rechts in Richtung Almhütte am Rand einer Wiese hinab. Auf einem Sträßchen kommen wir nach links zur Ausflugsgaststätte 5 **Almhütte**, an der wir uns über eine herrliche Aussicht auf den Main freuen können.

↓ Straßenszene in Kleinwallstadt

→ Von der mächtigen Burg sind nur wenig Mauerreste geblieben.

↘ Eine Schifffahrtsschleuse ist immer interessant.

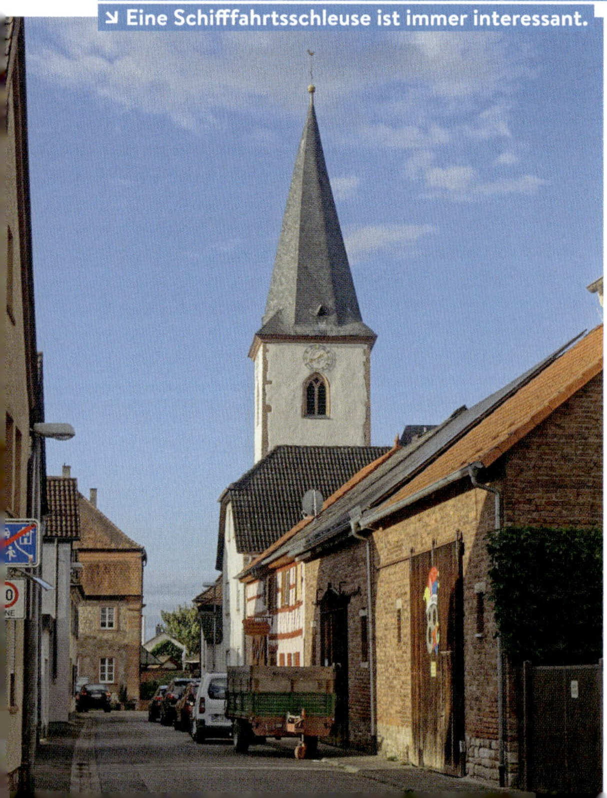

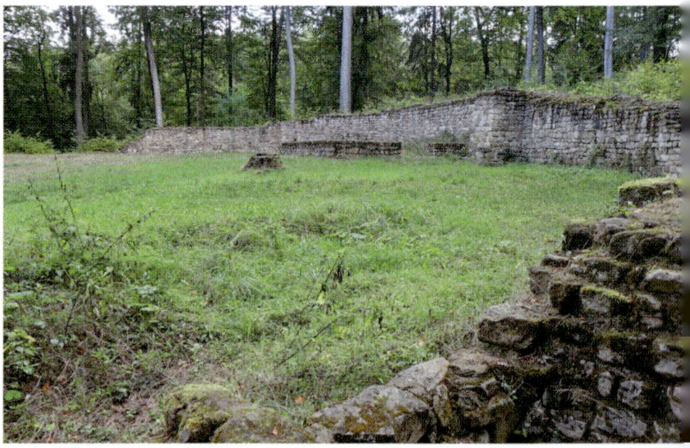

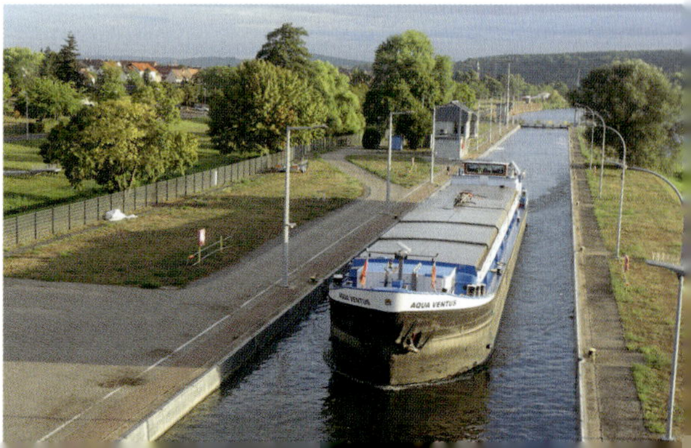

AN DEN MAIN Von der Almhütte zurück, steigen wir 20 Meter nach der Informationstafel über den Plattenberg auf dem Pfad mit der blauen Markierung des Kulturweges links hinunter. Auf den Magerwiesen blühen im Frühjahr sieben verschiedene Orchideenarten. Weiter unten kommen wir an einem aufgelassenen **6 Steinbruch** vorbei, in dem einst roter Sandstein gebrochen wurde. In Kleinwallstadt laufen wir auf dem Ostring ein, gehen auf der Unterfeldstraße rechts, vor der Bahnlinie nach links und anschließend rechts über die Schienen. Am Ende der Karlstraße bleiben wir nach rechts versetzt auf der Wiesenstraße, die uns geradeaus zum Main leitet. Nach links kommen wir schließlich zum Ausgangspunkt, dem Parkplatz an der **E Fährstraße**, zurück.

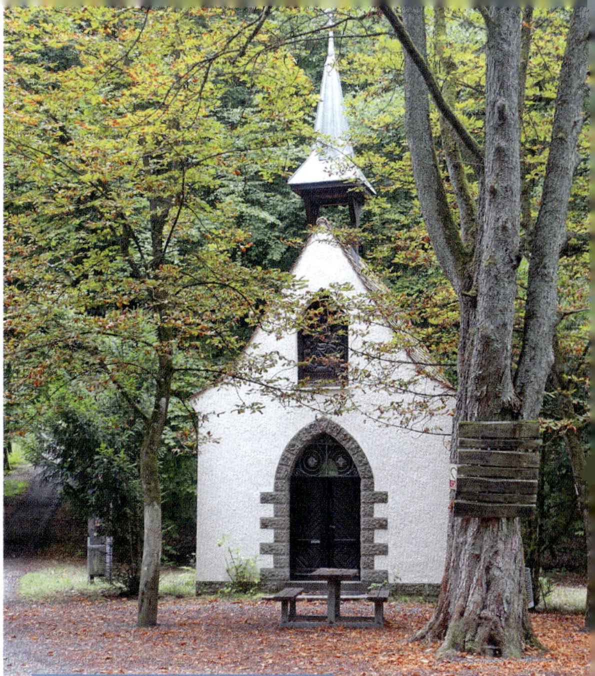

Die Christkönigskapelle steht an einsamer Stelle mitten im Wald.

INFO

TOURENCHARAKTER
Leichte, meist schattige Wege durch Wälder und Wiesen

AUSGANGS-/ENDPUNKT
Parkplatz am Main, Fährstraße, 63839 Kleinwallstadt
GPS 49°52'31.6"N 09°09'49.0"E (115 m)

ANFAHRT
ÖPNV: Bahn nach Kleinwallstadt
Auto: Auf der A 3 Ausfahrt 58 Aschaffenburg und auf der B 469 und St 2309 nach Kleinwallstadt

GEHZEITEN
Fährstraße – Schleuse 0:15 Std. – Templerhaus 0:10 Std. – Altes Schloss 0:35 Std. – Christkönigskapelle 0:55 Std. – Almhütte 0:15 Std. – Steinbruch 0:15 Std. – Fährstraße 0:25 Std.

EINKEHR
Almhütte, Am Plattenberg, 63839 Kleinwallstadt, Tel. 06022/213 79

Leicht | 9,6 km | 180 Hm | 2.50 Std.

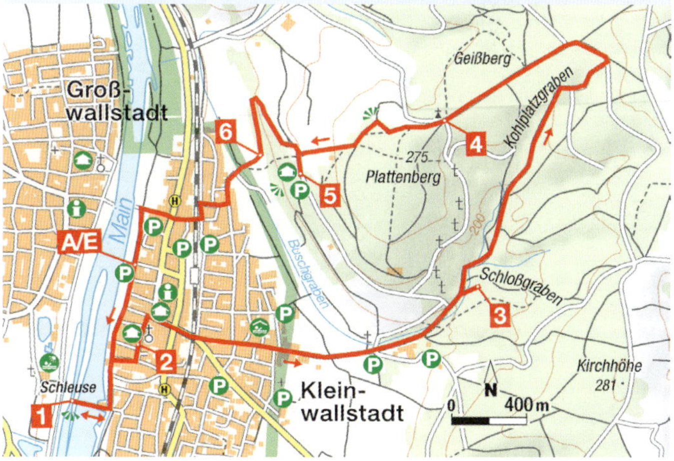

INFORMATION
Hauptstraße 2, 63839 Kleinwallstadt, Tel. 06022/220 60, www.kleinwallstadt.de

DURCH DIE OBERN-BURGER GEMARKUNG

Kulturelle Erforschungen

Die Eisenbacher Runde deckt geologische, archäologische und kulturhistorische Geheimnisse auf. Dies ist eine Wanderung durch mehrere Zeitalter der Archäologie und Zeichen früherer Erwerbszweige wie Eisenerz- und Basaltgruben. Das Waldhaus ist beliebte Station für Ausflügler.

Der Einsiedlerbrunnen versorgte im 18. Jahrhundert eine Einsiedelei.

21

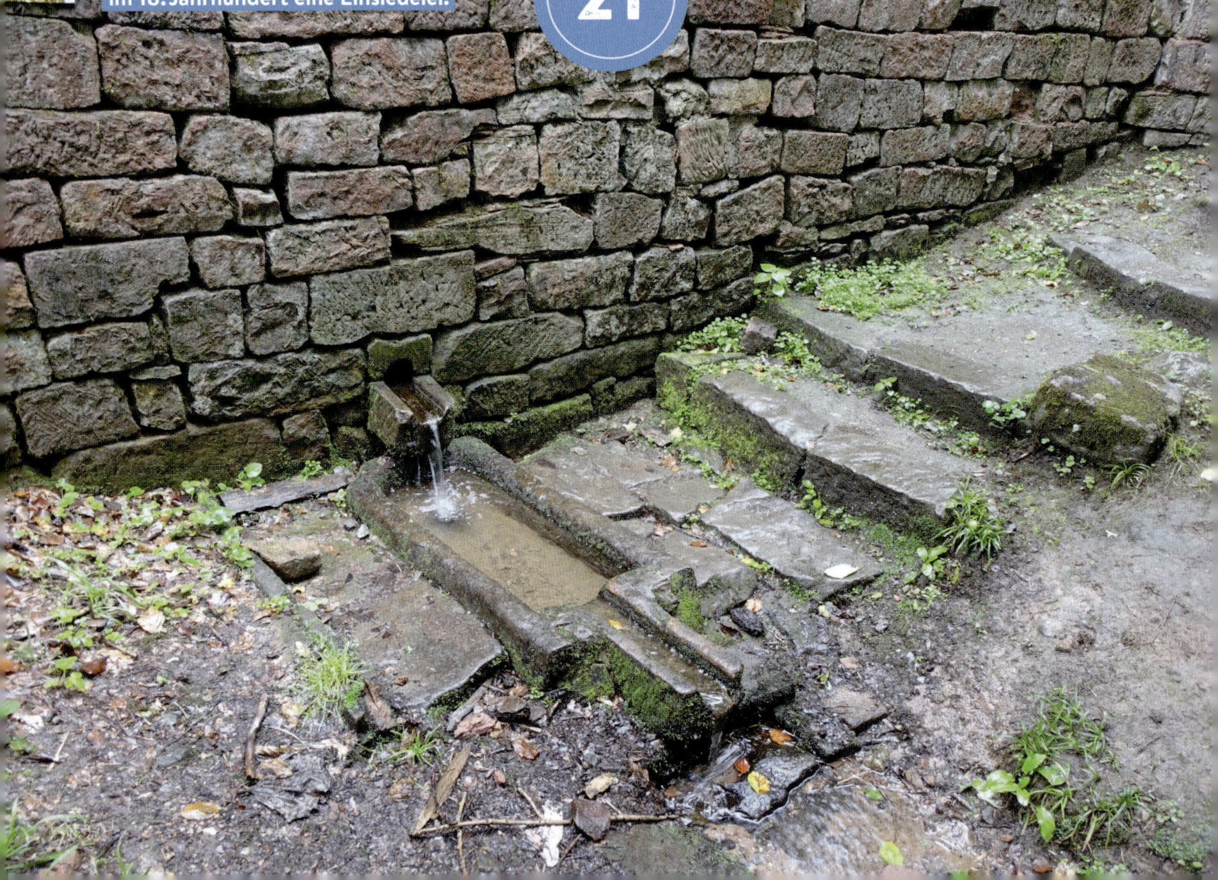

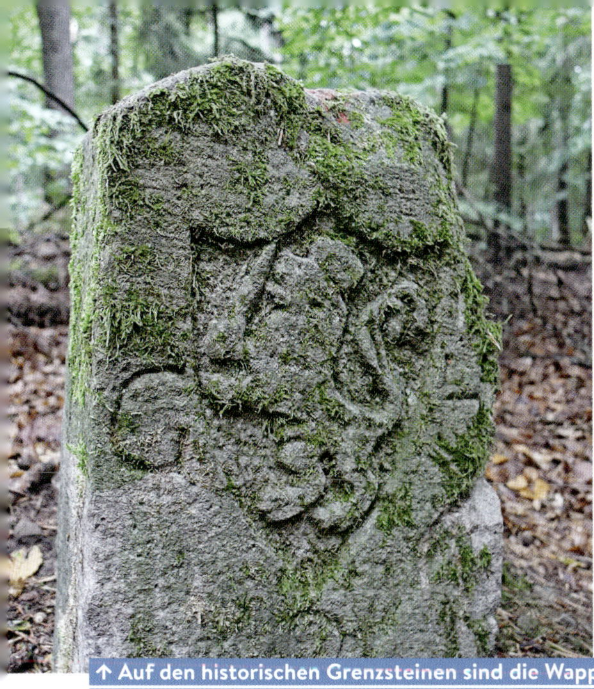

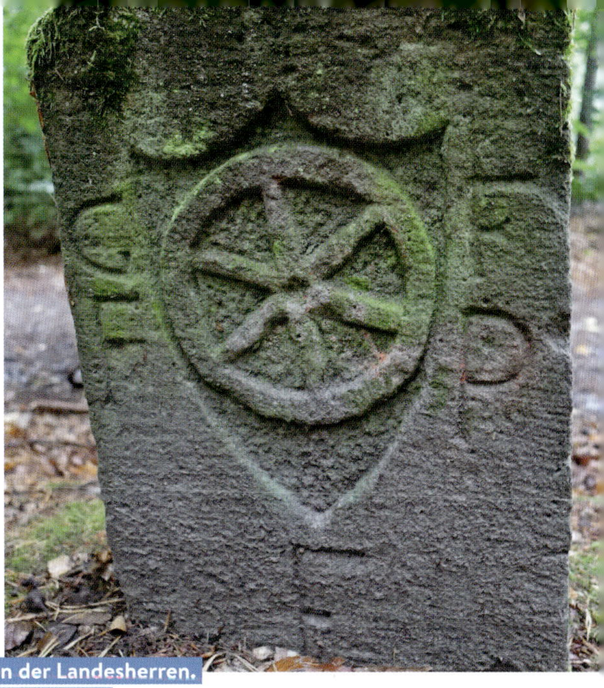

↑ Auf den historischen Grenzsteinen sind die Wappen der Landesherren.
↗ Mit dem Mainzer Rad wurde der Herrschaftsanspruch belegt.

Fundamente einer Einsiedelei aus dem 18. Jahrhundert und die Grundmauern römischer Türme liegen im Gebiet und belegen die frühe Anwesenheit von Menschen in der Eisenbacher Kulturlandschaft. Ein Matronenstein weist auf einen germanisch-keltischen Kult hin. Der Name Eisenbach deutet auf Bergbautätigkeit seit dem frühen Mittelalter. Am Stutzberg bei Eisenbach sind mehrere Eisenerz- und Basaltadern zu finden.

ZUR BASALTGRUBE Vom Wanderparkplatz am **A Bubenbrunnen** in Eisenbach gehen wir mit den Markierungen 3, 4 und L nach Südwesten in dem Waldtal mit dem Namen Grundtal aufwärts. An einer Weggabelung gehen wir rechts aufwärts und an der nächsten Gabelung wieder rechts. An einem Abzweig bleiben wir mit der Nummer 3 geradeaus. Es folgen eine Linkskehre mit großem Radius und eine Rechtskehre mit ebenfalls weiter Ausdehnung. An einer Weggabelung vor der Waldabteilung Eisenpfahl müssen wir mit der Markierung L auf dem Bogenweg rechts. An einer T-Kreuzung auf dem Querberg, vor der links ein Hügelgrab ist, sind wir an der Grenze zu Hessen und wandern links. Bald steht links des Weges ein historischer Grenzstein. Auf der einen Seite ist der hessische Löwe eingeschlagen. Die Buchstaben bedeuten Großherzogtum Hessen und Breuberg. Auf der anderen Seite prangt das Mainzer Rad als Herrschaftszeichen. Die

Tipp

IM RÖMERMUSEUM

Die Römerstadt Obernburg am UNESCO-Welterbe Limes gilt als »Pompeji am Main«. Im Römermuseum sind einzigartige Schätze aus der Römerzeit von 107 bis 260 n. Chr. ausgestellt. Der Römerspaziergang beginnt am Museum und führt zu noch vorhandenen römischen Mauern und Spuren innerhalb der Stadt (Untere Wallstraße 29 a, 63785 Obernburg, Tel. 06022/50 63 11, www.obernburg.de).

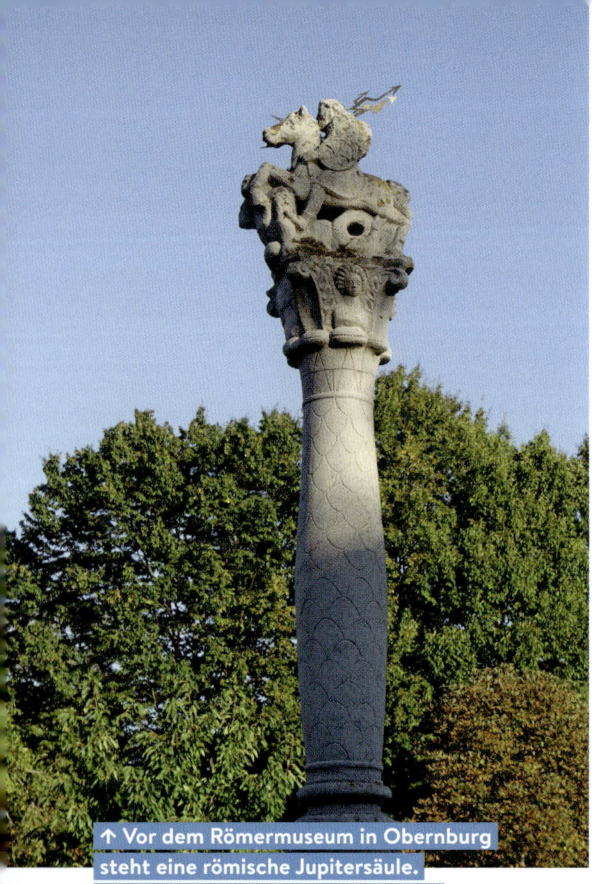

↑ Vor dem Römermuseum in Obernburg steht eine römische Jupitersäule.
↓ Vor der Eisenberger Kirche steht ein römischer Matronenstein.

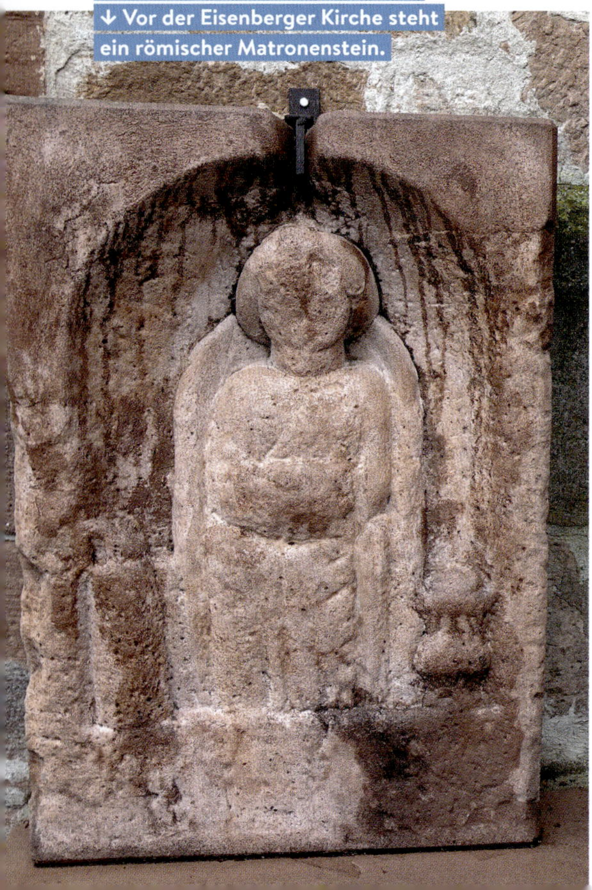

Buchstaben bedeuten Großherzogtum Frankfurt, Fürst Primas und Obernburg. Kurz nach dem Grenzstein sind wir an der 1 **Basaltgrube**, die wie jene Waldabteilung auch Eiserner Pfahl genannt wird, weil der Basalt eisenhaltig ist. Der Basaltbruch war bis 1924 in Betrieb.

ZUM WALDHAUS Auch der Grenzstein, der nach der Basaltgrube an der Stelle steht, an der die Gemarkungen Eisenbach, Obernburg und Breuberg zusammentrafen, wird Eiserner Pfahl genannt. Doch nach der Rechtskurve gehen wir links auf den Pfad mit der Markierung L in den Wald und an einer T-Kreuzung mit dem Zeichen L auf einem bewachsenen Schlepperweg links abwärts in ein Tal. Unten queren wir die Kehre einer Forststraße geradeaus ohne Markierung. An einer Gabelung steigen wir links auf dem alten Weg abwärts. An einer T-Kreuzung mit einer modernen Forststraße geht es links hinunter und an Abzweigen immer geradeaus. An einem Geländer rechts der Straße ist der 2 **Einsiedlerbrunnen**, der im 18. Jahrhundert eine Einsiedelei mit Trinkwasser versorgte. An der nächsten T-Kreuzung, an der wir geradeaus bleiben, ist die Informationstafel für die Einsiedelei, von der im Wald noch die Grundmauern zu finden sind. An einer Kreuzung vor einer langen Waldwiese bleiben wir über den Bachgraben mit dem Gittergeländer auf dem Josefsweg geradeaus aufwärts zum 3 **Waldhaus**. Schon seit 1947 werden hier sonntags durstige Wanderer versorgt. Um das Obernburger Waldhaus sind Reste von Wachttürmen des römischen Limes zu finden.

ZURÜCK ZUM BUBENBRUNNEN Vom Waldhaus wandern wir wieder auf dem Josefsweg hinunter und über den Bachgraben mit dem Gittergeländer. An der Kreuzung nach der langen Wiese geht es nun auf dem Grundweg rechts. In der Rechtskurve in den Feldern laufen wir links auf den Kiesweg und nach 30 Metern steigen wir rechts auf den Eisenberg hinauf an einem Jagdansitz vorbei. An der T-Kreuzung an der höchsten Stelle sind wir an der **4 Hohen Straße**, die im Mittelalter Augsburg mit Frankfurt verband. Obernburg profitierte damals vom Pflasterzoll und vom Durst der Fuhrleute, so gab es 1825 noch 14 Gasthäuser in der Stadt.

Auf der Hohen Straße gehen wir rechts und nach 60 Metern links. Von hier oben können wir auf Eisenbach und Teile Obernburgs schauen. Die hohen Kamine gehören zum Kraftwerk Obernburg. Eisenbach wurde urkundlich erstmals im 13. Jahrhundert erwähnt und lebte von der Gewinnung von Eisenerz. Die Streuobstwiesen vor Eisenbach werden »Amerika« genannt. So heißt die weite Ebene, auf der die Eisenbacher und Obernburger ihre Streuobstwiesen bewirtschaften. Besonders die Mirabelle und die flüssigen Erzeugnisse daraus sind weithin bekannt. Zum Wanderparkplatz am **E Bubenbrunnen** geht es nun nur noch abwärts.

In Eisenbach sollten Besucher noch an der barocken Kirche St. Johannes aus dem 18. Jahrhundert haltmachen. Der interessanteste Teil ist die kleine Barbarakapelle aus dem 11. Jahrhundert. Die Schutzheilige der Bergleute weist auch auf den ehemaligen Bergbau hin. Wichtig sind die behauenen Steine vor der Kirche. Es sind ein römischer Weihestein für Jupiter und ein Matronenstein, der auf den germanisch keltischen Matronenkult verweist.

INFO

TOURENCHARAKTER
Leichte, meist schattige Wege, die etwas Orientierung erfordern

AUSGANGS-/ENDPUNKT
Wanderparkplatz
Am Bubenbrunnen,
63785 Obernburg-Eisenbach
GPS 49°49‘32.9“N
09°06‘06.8“E (195 m)

ANFAHRT
ÖPNV: Bahn nach Aschaffenburg, Bus Linie 55 nach Obernburg-Eisenbach
Auto: Auf der A 3 Ausfahrt 58 Aschaffenburg und auf der B 469 nach Obernburg-Eisenbach

GEHZEITEN
Bubenbrunnen – Basaltgrube 1:10 Std. – Einsiedlerbrunnen 0:35 Std. – Waldhaus 0:25 Std. – Hohe Straße 0:35 Std. – Bubenbrunnen 0:15 Std.

Leicht | 9,1 km | 280 Hm | 3.00 Std.

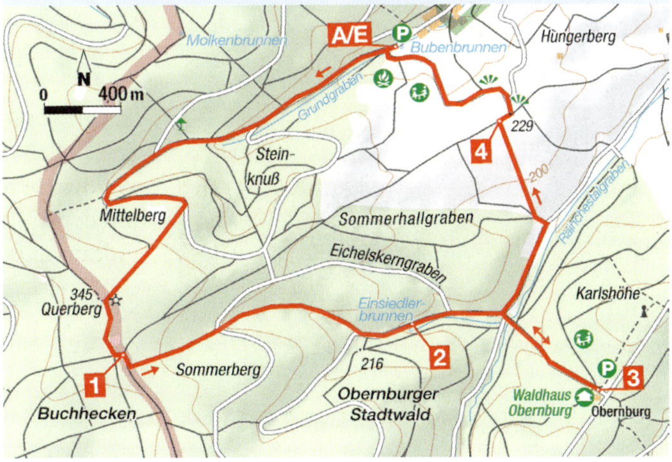

EINKEHR
Waldhaus, Waldhausstraße 1, 63785 Obernburg, Tel. 06022/508 38 42, www.waldhaus-obernburg.de

INFORMATION
Römerstraße 62, 63785 Obernburg, Tel. 06022/619 10, www.obernburg.de

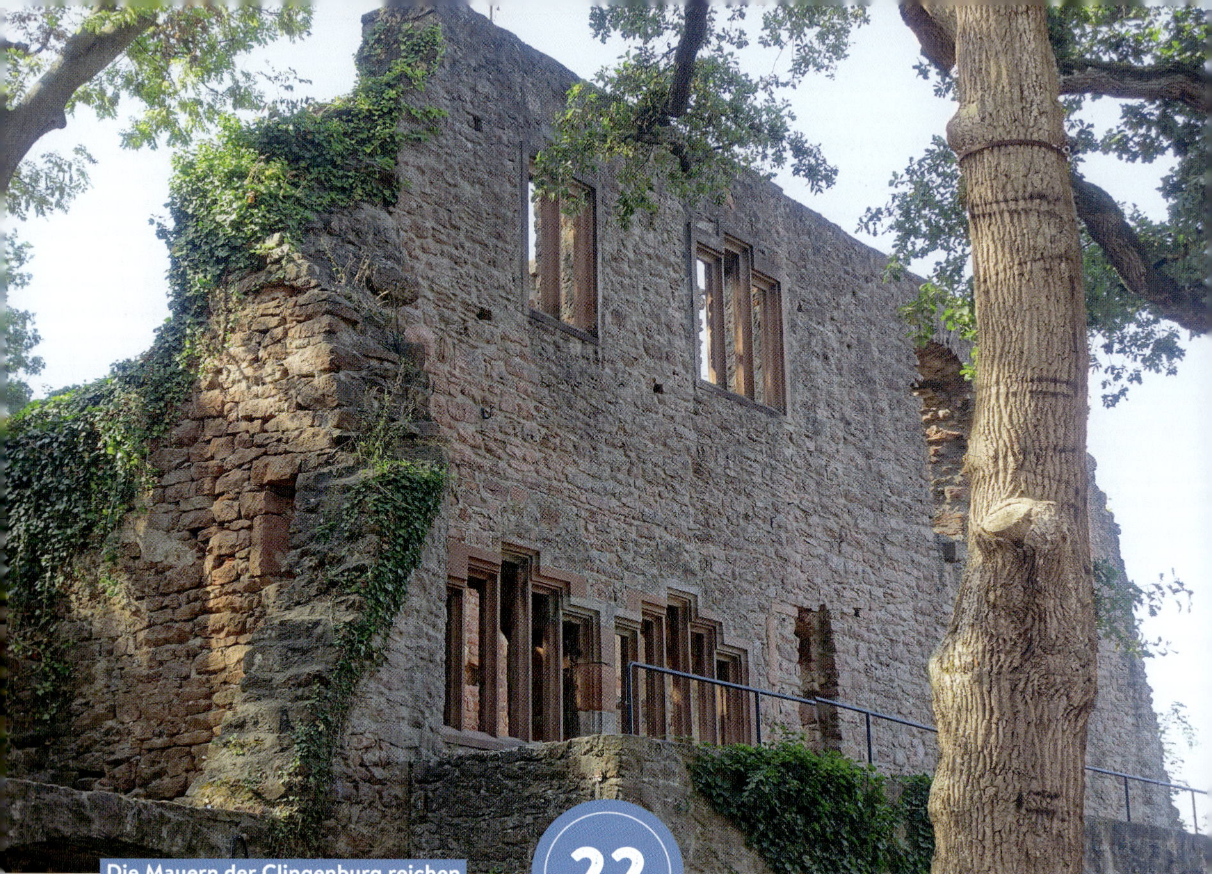

Die Mauern der Clingenburg reichen bis in die Stadt hinunter.

22

ZUM KLINGENBERGER GALGEN

Auf dem Rotweinwanderweg

Zum Glück sind die dunklen Zeiten der schrecklichen Hexenverfolgung vorbei. Heute erfreuen wir uns an den schönen Aussichten über Klingenberg und über den Main in den Odenwald. Zur puren Freude und zum Genuss gereicht der berühmte rote Klingenberger Wein.

Unter dem Klang des Arme-Sünder-Glöckchens mussten verurteilte Delinquenten von Klingenberg auf dem Armensünderweg hinauf zum Galgen gehen, um dort den Tod zu erleiden. Wir gehen bei dieser Wanderung auf dem Armensünderweg glücklicherweise abwärts.

ZUM GALGEN Vom Parkplatz auf dem **A Winzerfestplatz** in Klingenberg beginnen wir die Tour auf der Rathausstraße nach Nordosten aufwärts. Nach dem historischen Rathaus können wir links in den hübschen Rosengarten mit Teehäuschen gehen. Nach dem Garten laufen wir auf der Jahnstraße weiter und biegen rechts in den Wiesgrabenweg. Die Ludwigstraße (St 2309) bringt uns nach links weiter aus der Stadt hinaus zur **1 Wegkapelle** Erlenbach. Vor der Kapelle beginnt mit der Markierung Rote Schnepfe der steile Aufstieg durch die terrassierten Rebflächen, auf denen der berühmte rote Wein wächst.
Der Schriftsteller Christoffel von Grimmelshausen erwähnt in seinem Werk *Der Abentheurliche Simplicissimus Teutsch* von 1668 bei der Beschreibung der verrohten Sitten nach dem Dreißigjährigen Krieg »… ein Gastmahl in Hanau bei dem die Gäste fraßen wie die Säue und den edlen … Klingenberger Wein mit kübelmäßigen Gläsern in den Magen hinuntergossen wie die Kühe …«. Wir können später den berühmten roten Wein probieren, es muss ja nicht gleich aus kübelgroßen Gläsern sein. An einer Aussichtsplattform mit Rastbänken endet der steile Weg. Klingenberg und der Main sind von hier oben gut zu überblicken. Nun wandern wir auf dem Fränkischen Rotweinwanderweg nach Nordwesten in Richtung Erlenbach und erreichen bald einen Wegweiser, der abwärts zum Churfrankensteig und Churfranken-Kräutergarten zeigt. Dort sind alle Kräuter zu sehen, die im Weingarten vorkommen. Der Churfranken-Steig ist ein Klettersteig, der Erfahrung, Schwindelfreiheit und eine Klettersteigausrüstung mit Gurt und Helm benötigt. Wanderer bleiben ohne Anstrengung weiter auf dem Rotweinwanderweg, an dem die Aussicht und Mandelbäume erfreuen. Dann folgt eine weitere Aussichtsstelle am magischen Punkt des Frankenweines »terroir f«.
Am Hohbergskreuz vorbei kommen wir zum **2 Pavillon Erlenbach** mit Blick auf Wörth und Erlenbach. Ab dem Pavillon trennen wir uns vom Rotweinwanderweg, denn wir bleiben auf dem oberen, ebenen Wirtschaftsweg mit der Markierung des blauen M des Main-Wanderweges. An einer T-Kreuzung gehen wir rechts an der Mariengrotte vorbei. An einer Kehre folgen wir der Forststraße rechts hinauf und bleiben stetig

Der Klingenberger Galgen wurde noch bis 1803 genutzt.

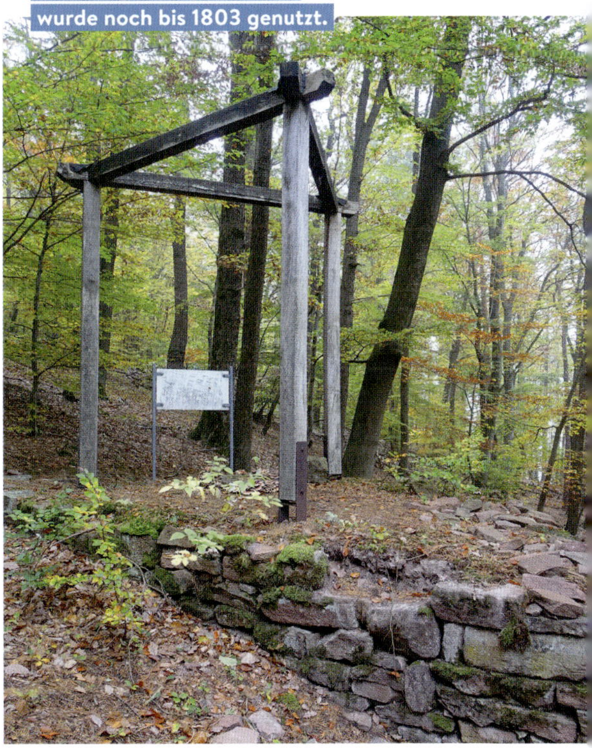

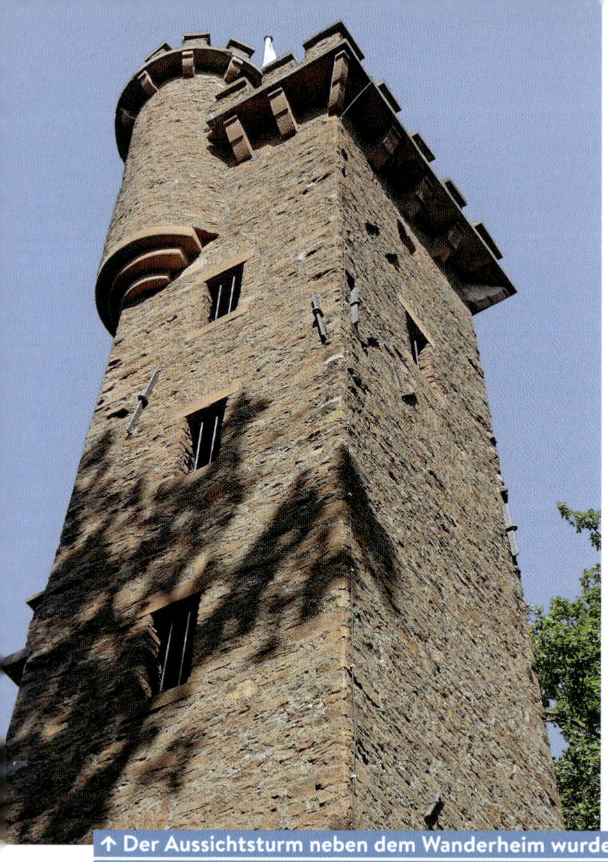

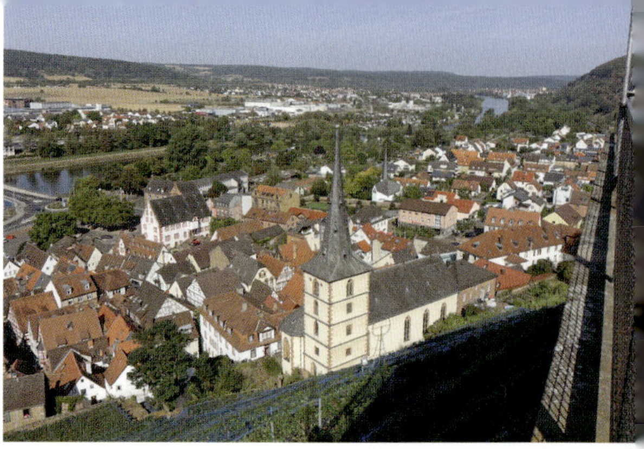

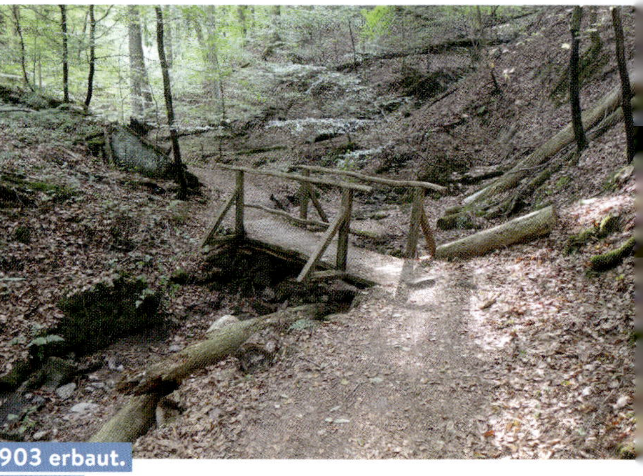

↑ Der Aussichtsturm neben dem Wanderheim wurde 1903 erbaut.
↗ Aussicht von der Burg über Klingenberg und über den Main
→ Wasser formte einst die Seltenbachschlucht und legte auch Felsen frei.

bergauf. An einer Weggabelung geht es geradeaus bergauf und dann überqueren wir eine Forststraße. An einem Abzweig mit dem Wegweiser »Zum Galgen« steigen wir auf dem Pfad rechts hinunter zur eindrucksvollen Richtstätte mit **3 Galgen**.

ZUR RUINE CLINGENBURG Wir gehen weiter abwärts und unten auf dem ebenen Weg mit dem Symbol eines Schmetterlings nach links. Weiter unten sind wir auf dem Armensünderweg mit der Markierung Rote Schnepfe und blaues M. An einer Kreuzung mit Bank bleiben wir geradeaus immer abwärts. Der Forstweg endet an der Straße MIL 2, auf der wir in spitzem Winkel nach rechts laufen. An gleich folgender Straßenkreuzung müssen wir links hinunter zur **4 Seltenbachbrücke**. Nach der Brücke ist auf der linken Seite ein Picknickplatz vor dem Mundloch des Tonbergwerkes. Hier führt an der Brücke eine Treppe hinunter in die Schlucht und unter der Brücke hindurch. Das Naturdenkmal Seltenbachschlucht zählt zu den 100 schönsten Geotopen Bayerns. Die beeindruckenden Felsformationen sind durch Erosion entstanden. Wir bleiben in der Schlucht bis 20 Meter vor einer großen Informationstafel zur Geologie, wo nach links ein Steg mit eisernem Geländer über den Bach führt. Hier folgen wir dem Weg mit dem Geländer aufwärts. Oben überqueren wir die Straße vor der Brücke in Richtung Esskastanienlehrpfad hinauf. Es ist zugleich wieder der Fränkische Rotweinwanderweg und der Mainwanderweg. Wieder wird die Straße erreicht, der wir ein wenig nach rechts aufwärts folgen, aber in der Kehre geradeaus auf den kleinen Pfad verlassen. An einem Aussichtsplatz mit zwei Bänken steigen wir links die Treppe entlang des Burggrabens hinauf zur **5 Ruine Clingenburg** aus dem 12. Jahrhundert. Vor der Burg befinden sich ein Restaurant und die Aussichtsterrasse mit Blick über Klingenberg.

ZUM AUSSICHTSTURM Von der Terrasse müssen wir wieder 30 Meter zurück und rechts den Weg in Richtung Aussichtsturm an den Toiletten vorbei hinaufsteigen. Vor der Informationstafel Nummer 2 kürzen wir den Esskastanienlehrpfad ab und steigen links die Treppe in Richtung Aussichtsturm hinauf. Der **6 Aussichtsturm** wurde inmitten eines keltischen Ringwalles erbaut. Daneben lädt ein Wanderheim zur Stärkung ein. Die Aussicht reicht zu den Orten über dem Main. Auf gleichem Weg geht es wieder hinunter an der Clingenburg vorbei und auch wieder die Treppe hinab, aber am Aussichtsplatz mit den zwei Bänken jetzt weiter auf der Treppe in die Stadt. Auf der Rathausstraße gehen wir nach links zum **E Winzerfestplatz** zurück.

Tipp

IM KLINGENBERGER MUSEUM

Die Stadt Klingenberg verdankt ihren Reichtum dem Weinbau und der Tongrube am Beginn der Seltenbachschlucht. Drei Jahrhunderte lang exportierte das Bergwerk feinsten Ton in alle Welt. Im Museum wird unter anderem durch Schaustollen und Informationen die Entstehung des Tonvorkommens und dessen Abbau erklärt (Weinbau- und Heimatmuseum, Wilhelmstraße 13a, Tel. 09372/133 51).

INFO

TOURENCHARAKTER

Leichte, meist schattige Wege und Pfade durch Wälder und Reben

AUSGANGS-/ENDPUNKT

Parkplatz Winzerfestplatz, 63911 Klingenberg am Main
GPS 49°46‘55.9“N 09°10‘51.7“E (120 m)

ANFAHRT

ÖPNV: Bahn nach Klingenberg
Auto: Auf der B 469 entlang des Mains nach Klingenberg

GEHZEITEN

Winzerfestplatz – Wegkapelle 0:15 Std. – Pavillon 0:30 Std. – Galgen 0:50 Std. – Brücke 0:25 Std. – Clingenburg 0:35 Std. – Aussichtsturm 0:25 Std. – Winzerfestplatz 0:20 Std.

EINKEHR

Wanderheim am Aussichtsturm, Tel. 0162/819 95 83

INFORMATION

Wilhelmstraße 12, 63911 Klingenberg am Main,
Tel. 09372/13 30, www.stadt-klingenberg.de

Leicht	10,6 km	330 Hm	3.20 Std.

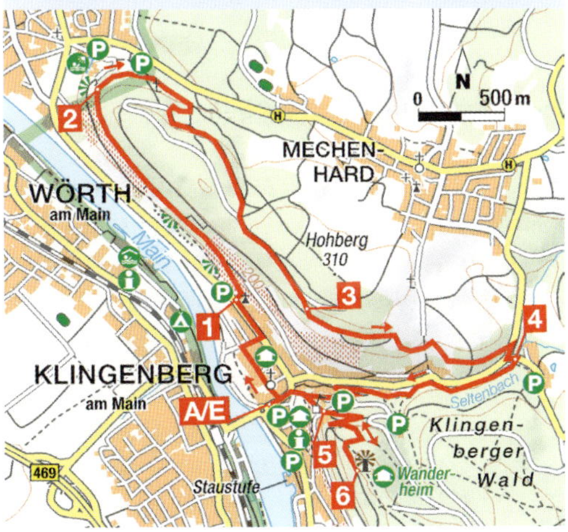

ZUR KULTSTÄTTE HUNNENSTEIN

Auf dem Spessarter Eselsweg

Der Eselsweg war eine mittelalterliche Handelsstraße durch den Spessart bis zum Main. Das Kloster Engelberg über Großheubach ist eine gute Einkehr fast am Ende der Wanderung. Bei dunklem Bier und Brotzeit mit Engelberger Brot sind die über 300 Höhenmeter Aufstieg dieser Tour gleich vergessen.

23

Das Kloster Engelberg ist schon von Weitem zu sehen.

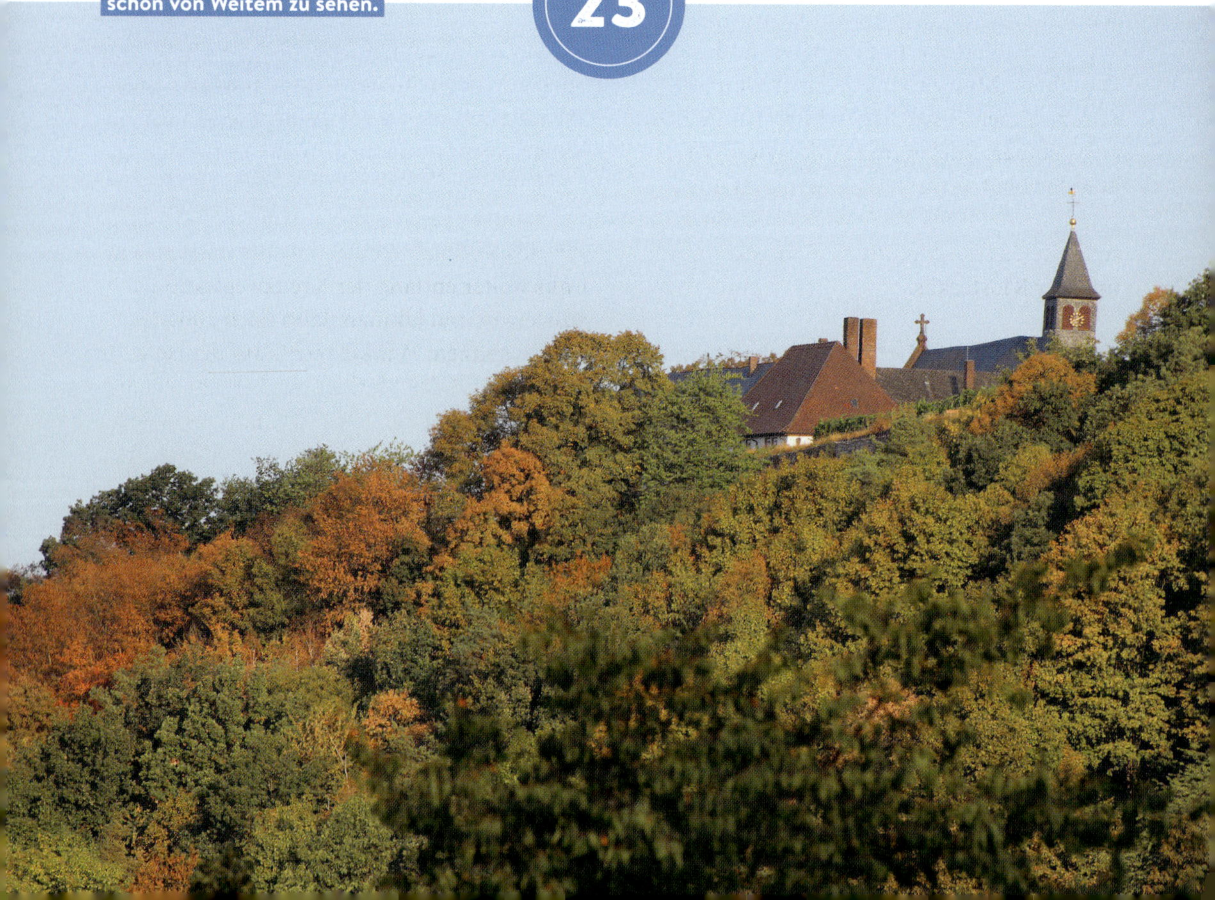

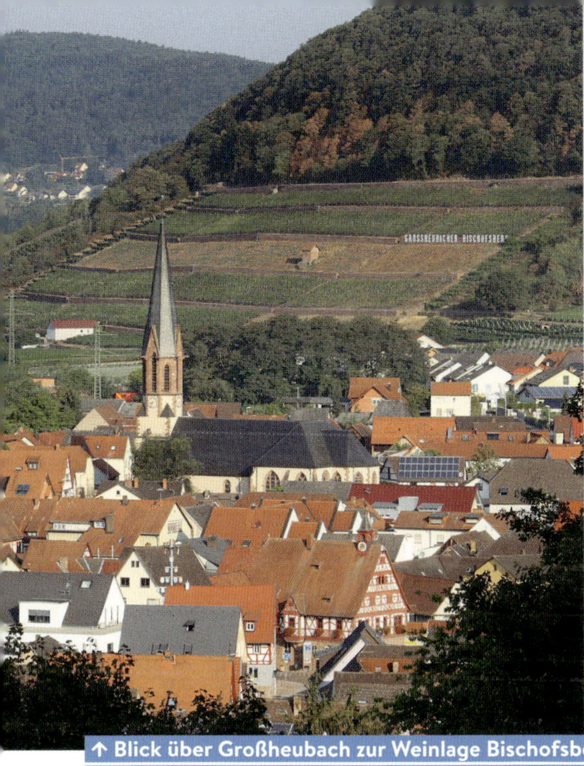

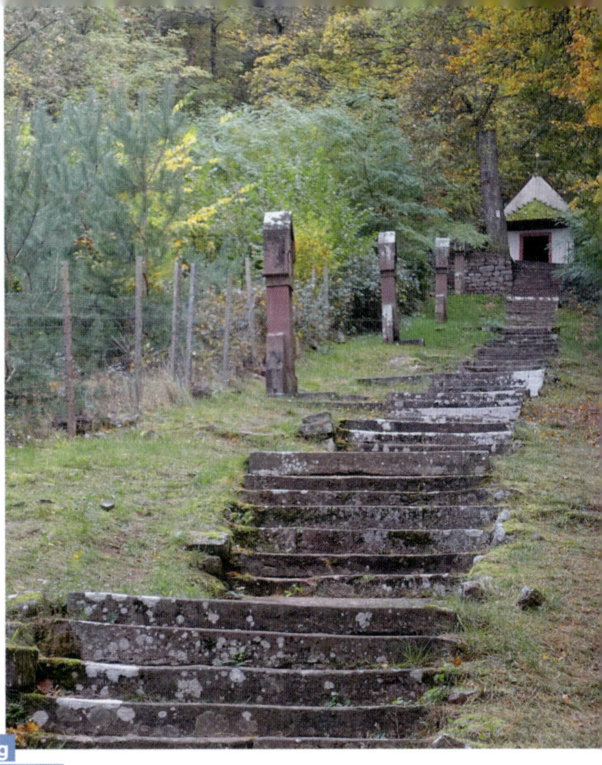

↑ Blick über Großheubach zur Weinlage Bischofsberg
↗ Der Kreuzweg zur Mariahilfkapelle ist eine lange Treppe.

Auf dem südlichsten Ausläufer des Spessarts liegt schon von Weitem sichtbar das Kloster Engelberg. Mystischer Wodanskult und Franziskanerkloster liegen hier räumlich eng beieinander. Mitten im fränkischen Weinland locken trotz der 612 sogenannten »Engelsstaffeln« in der Bierinsel der Klosterschänke das dunkle Bier, die Knackwurst und der Klosterkäs.

ZUM HUNNENSTEIN Vom Parkplatz in der Straße **A Hofwiese** in Großheubach beginnen wir die Wanderung entlang der aufsteigenden Hausnummern nach Osten und gehen am Ende links an der Bushaltestelle an der Ampel über die Miltenberger Straße in die Schafgasse. Gleich folgen wir nach rechts dem Engelbergweg und gehen auf der Treppe aufwärts. An der Kreuzung mit der Straße wandern wir auf dem Fränkischen Rotweinwanderweg nach rechts in Richtung Maria Hilf durch die Weinberge. Am **1 Weinbergpavillon** erklärt uns ein Panoramabild unseren Blickwinkel über den Odenwald und Spessart. Nach 60 Metern gehen wir an einer T-Kreuzung auf dem Rotweinwanderweg links aufwärts und bleiben an der Kreuzung in Richtung Kloster Engelberg auf der Treppe des Kreuzweges zur **2 Mariahilf-Kapelle** geradeaus bergauf. Vor der Kapelle müssen wir links weiter entlang der Kreuzwegstationen aufsteigen und können dann nach 300 Metern in spitzem Winkel rechts auf dem ebenen Weg mit der Markierung 2 weiter. Nach dem Schild »Vorsicht Mountainbiker« steigen wir links auf dem Trail mit gelben Pfeilen an den Bäumen hinauf und gewähren den Mountainbikern freundlich die Vorfahrt. Im Aufstieg auf dem alten Waldweg überqueren wir vier Forstwege. An einer Schutzhütte geht es rechts in Richtung Hunnenstein. Die Markierung E gilt dem historischen Eselsweg, der mit einer Länge von 111 Kilometern durch den Spessart bis nach Großheubach am Main

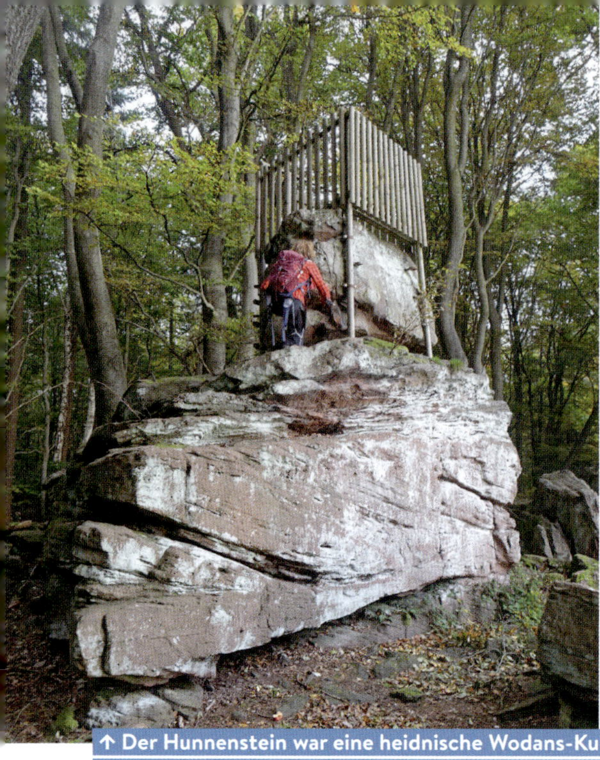 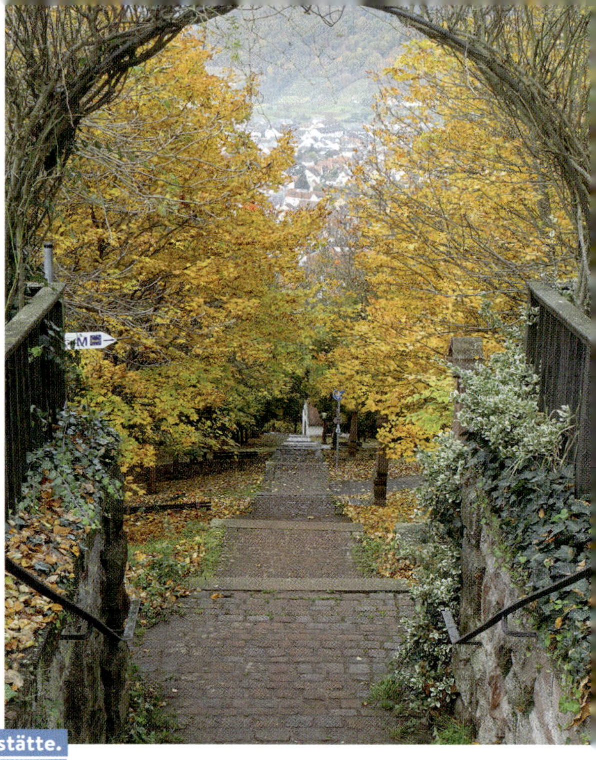

↑ Der Hunnenstein war eine heidnische Wodans-Kultstätte.
↗ Die »Engelsstaffeln« wurden im 17. Jahrhundert angelegt.

führt. Der Weg ist wahrscheinlich schon seit 2000 Jahren existent. Seinen Namen hat er von den Eselskarawanen, die im Mittelalter Salz von Bad Orb nach Miltenberg zur Einschiffung brachten. An einer Weggabelung müssen wir rechts zum sogenannten **3 Hunnenstein**. Im Felsen sind runde Vertiefungen eingehauen, deshalb wird hier eine heidnische Wodans-Kultstätte vermutet. Uns umgibt eine wildromantische Landschaft mit verstreut liegenden Felsblöcken, die im Laufe der Jahrtausende aus der Oberfläche des Langenberges herauserodiert sind.

Tipp

ODINS WILDE JAGD

Gott Wodan oder Odin ist der Hauptgott in der nordischen und germanischen Mythologie. Er fungierte als Göttervater, Kriegs- und Totengott, als ein Gott der Dichtung und der Magie. Einst wurde Odin durch Weihesteine geehrt. Im Volksglauben hat sich bis in die Neuzeit die Vorstellung erhalten, Odin fege in den Herbststürmen in einer wilden Jagd durch den Himmel und bringe die Erde zum Beben.

RÜCKWEG ÜBER KLOSTER ENGELBERG

Wir laufen zurück, jetzt an der Schutzhütte geradeaus vorbei und auf dem Kulturweg über die Forststraße. An einer T-Kreuzung bleiben wir in einem kurzen Abstecher auf dem Pfad geradeaus zur **4 Heunenschüssel**, die als Opferschale vermutet wird. Wir gehen zurück, wandern an der T-Kreuzung auf dem Eselsweg mit der Markierung E links und überqueren bald eine Forststraße. Einer weiteren Forststraße folgen wir rechts und verlassen sie nach 80 Metern nach links. Auf dem Parkplatz halten wir uns an die linke Seite und kommen an die Mauer des Klosters Engelberg. Hinter diesen Klostermauern liegt eine der kleinsten offiziellen Weinlagen Frankens, deren Trauben in geschützter Lage reifen. An der Mauer rechts vorbei und dann auf einem Gehweg kommen wir an die Lange Treppe und steigen zum Aussichtsplatz vor dem **5 Kloster Engelberg** hinauf. Uns zu Füßen liegen der Main und der Weinort Großheubach mit der Weinlage Bischofsberg. Um das Jahr 1300 wurde an Stelle einer heidnischen Anbetungsstelle eine Kapelle aus Holz errichtet. 1310 kam in die Kapelle eine Marienstatue, die bis heute als wundertätiges Gnadenbild verehrt wird und das Ziel von Wallfahrten ist. Die älteste Urkunde bezüglich einer Wallfahrt stammt aus dem Jahr 1406. 1630 kamen die Kapuziner auf den Engelberg und bauten ein Kloster. 1828 wurde der Konvent von den Franziskanern übernommen. Seit 1724 ist das Kloster Engelberg die Grablege der Wittelsbacher Seitenlinie der Fürsten zu Löwenstein-Wertheim-Rosenberg, die auf Schloss Löwenstein im gegenüberliegenden Kleinheubach residieren. Das Schloss Löwenstein in Kleinheubach über dem Main ist vom Kloster aus gut zu sehen. Kloster Engelberg ist aber auch bekannt wegen seines dunklen Bieres, das in der Klosterschänke ausgegeben wird. Das steht jetzt glücklicherweise zur Probe an.

Schließlich stehen wir vor den 612 steinernen Stufen, die sogenannten »Engelsstaffeln«, die vom Kloster Engelberg nach Großheubach hinunterführen. Die Verlängerung der Treppe ist der Engelbergweg, dann folgt nach links die Schafgasse. An der Ampel müssen wir über die Miltenberger Straße und dann rechts in die Straße **E Hofwiese** zum Parkplatz zurück.

INFO

TOURENCHARAKTER

Leichte, meist schattige Wege und Pfade durch Wälder und Reben

AUSGANGS-/ENDPUNKT

Parkplatz Hofwiese 9, 63920 Großheubach
GPS 49°43'30.7"N 09°13'19.7"E (130 m)

ANFAHRT

ÖPNV:
Bahn nach Erlenbach, Bus Linie 81 nach Großheubach Gasthaus Krone
Auto:
Auf der St 2310 entlang des Mains nach Großheubach

GEHZEITEN

Hofwiese – Pavillon 0:30 Std. – Mariahilf-Kapelle 0:20 Std. – Hunnenstein 1:05 Std. – Heunenschüssel 0:10 Std. – Kloster Engelberg 0:30 Std. – Hofwiese 0:15 Std.

Leicht	8,0 km	310 Hm	2.50 Std.

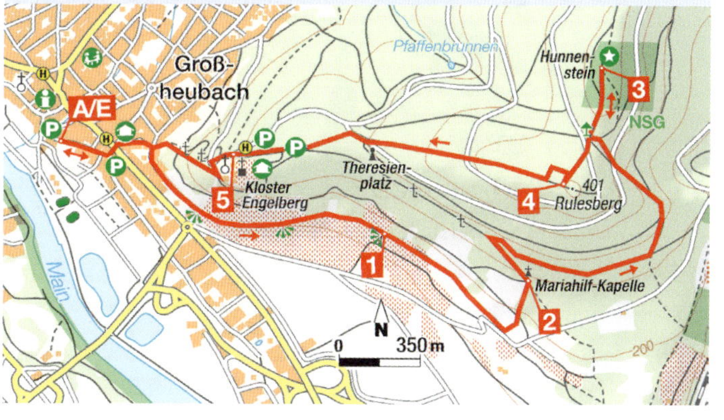

EINKEHR

Klosterstube, Kloster Engelberg 1, 63920 Großheubach, Tel. 09371/914 39 14, www.kloster-engelberg.com

INFORMATION

Hauptstraße 69, 63897 Miltenberg, Tel. 09371/40 41 19, www.miltenberg.info

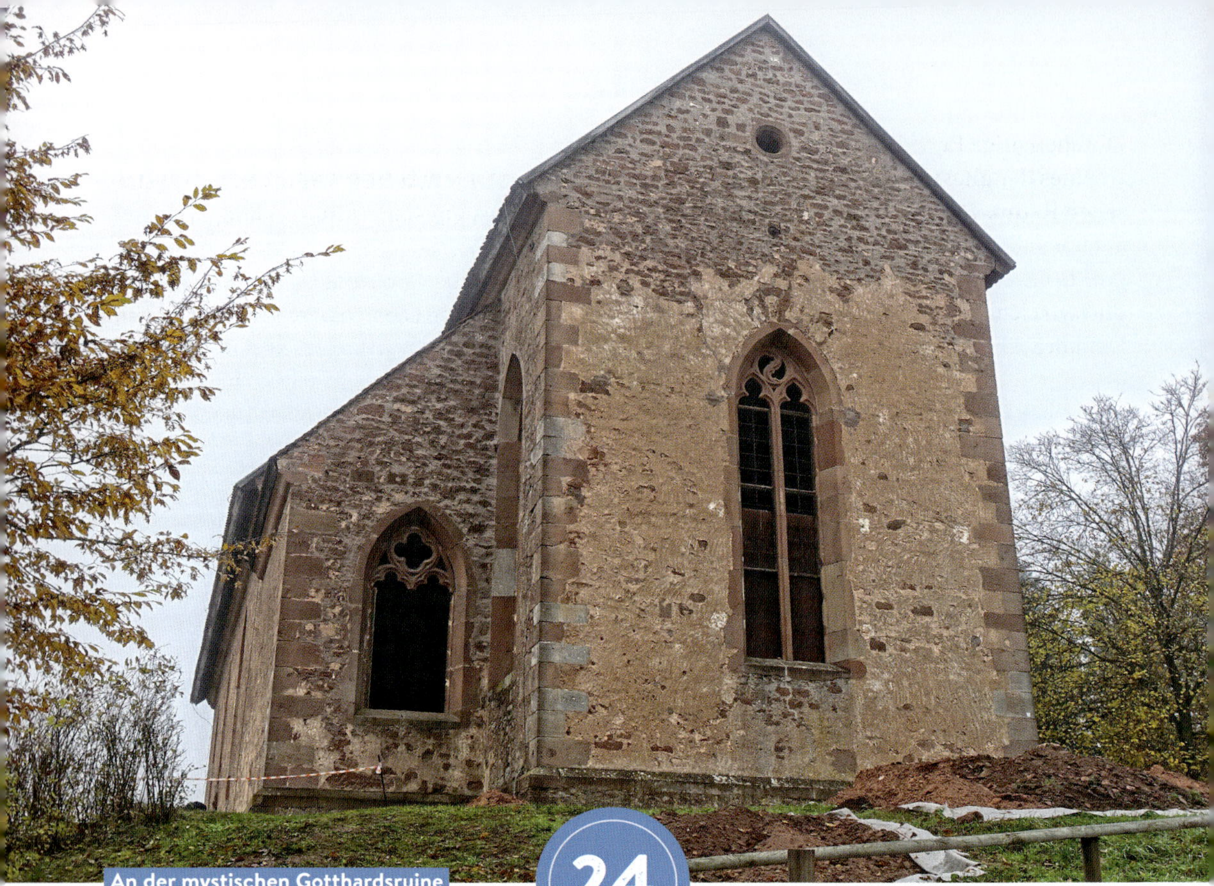

An der mystischen Gotthardsruine

24

MYSTISCHE GOTTHARDSRUINE

Auf dem Waldromantikweg

Die abwechslungsreiche und wegen der Steigungen etwas anspruchsvolle Wanderung verbindet 1300 Jahre Geschichte der Abtei Amorbach mit der mystischen Kirchenruine auf dem Gotthardsberg. Ausgedehnte Wälder füllen die Lungen der Wanderer mit sauberster Odenwaldluft.

Die ehemalige Benediktinerabtei Amorbach ist eines der ältesten Klöster im mainfränkischen Raum. Die Gründung geht vermutlich auf das Jahr 734 zurück. Das Kloster hatte größte Geltung für die kirchliche, kulturelle und wirtschaftliche Situation im Odenwald. Die überbordende Rokokoherrlichkeit beeindruckt noch heute die Besucher, während die Magie der Gotthardsruine auf die Wanderer einwirkt und sie gefangen nimmt.

ZUR GOTTHARDSRUINE Vom **A Altstadt-Parkplatz** in Amorbach gehen wir zu Beginn auf der Dr. F. A. Freundt-Straße nach Nordwesten zur Weilbacher Straße und dort rechts. In der Linkskurve bleiben wir geradeaus auf dem Gotthardsweg aufwärts. An den letzten Häusern wandern wir an der Gabelung der Pfade links weiter. Nach 700 Metern fast ebener Strecke steigen wir rechts auf einem Pfad mit den Markierungen A9 und N des Nibelungensteiges bergauf. An Abzweigen bleiben wir immer auf dem Serpentinenweg aufwärts zur **1 Gotthardsruine**. An Stelle der Säulenbasilika soll hier oben im 8. Jahrhundert eine Burg gestanden haben, die wegen der dort hausenden Raubritter im 12. Jahrhundert geschleift wurde. Daraufhin erbaute man ein Benediktinerinnenkloster, das 1525 im Bauernkrieg zerstört wurde. Vom Turm der Kirchenruine schauen wir bis in den Spessart und zählen von hier oben sieben Täler. Zurzeit werden an der Gotthardsruine Ausgrabungen durchgeführt. Die Ergebnisse sollen später den Besuchern vor Ort in einem Archäologiepark präsentiert werden (www.spessartprojekt.de).

NACH NEUDORF Auf der Stadtseite der Ruine laufen wir nach Westen mit der Markierung N abwärts. An der **2 Sattelhütte** haben wir im Süden Aussicht nach Amorbach hinunter. Vor der Hütte vorbei geht es nach 30 Metern links in dem Hohlweg durch den Wald zu einer Forststraße hinauf, der wir nach links folgen. An einer Gabelung müssen wir rechts aufwärts und in der Rechtskehre geradeaus über den kleinen Steg auf dem Pfad weiter an einer einsamen Schutzhütte im Wald vorbei. Weiter oben

Tipp

ODENWÄLDER FREILANDMUSEUM

Neun Kilometer östlich von Amorbach können Besucher in Walldürn erleben, wie es im Odenwald früher war. Aus dem einfachen Leben gibt es spannende historische Geschichten aus einer fesselnden Vergangenheit. Ein Programm aus Vorführungen und Mitmachaktionen unterhält Kinder und Erwachsene (Weiherstraße 12, 74731 Walldürn, Tel. 6286/320, www.freilandmuseum.com).

Wanderung im Herbstwald mit mystischer Stimmung

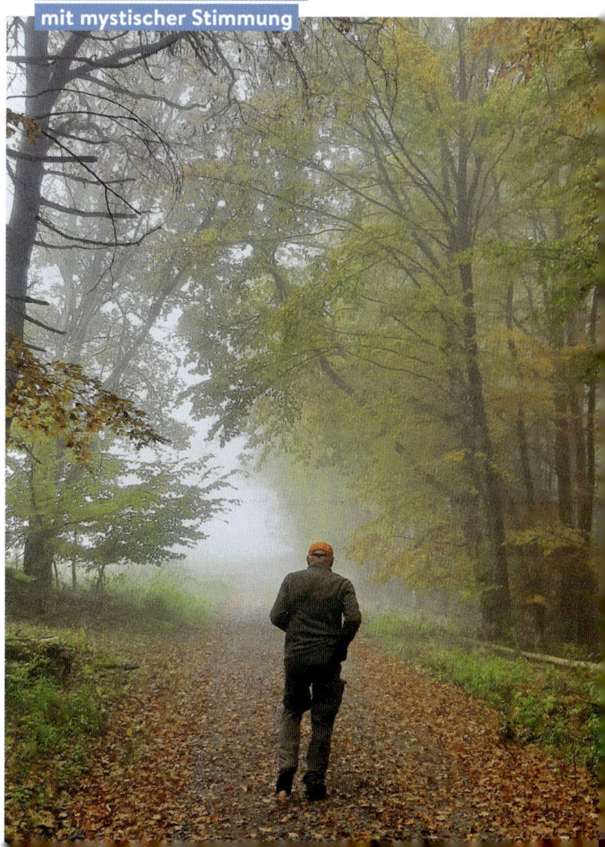

überqueren wir eine Forststraße, dann schwenkt der Pfad nach links. An der zweiten Kreuzung wandern wir rechts hinauf und erreichen an einer Kreuzung die **3 Fuß-Pils-Hütte**. Vor der Hütte geht es links über eine Forststraße und mit der Markierung A9 geradeaus weiter. Entlang einer Allee über die freien Felder kommen wir zu einer Straßengabelung mit einer **4 Bank** vor Neudorf. Hier besteht weiter Blick in den Bayerischen und Baden-Württemberger Odenwald.

ZURÜCK NACH AMORBACH Auf der Straße wandern wir nach Süden abwärts und bleiben in der Linkskurve geradeaus und an der sofort folgenden Gabelung der Wege mit der Markierung A9 auf der alten Steige links hinunter in Richtung Amorbach. Unterwegs passieren wir den Warzenstein, der an einen feigen Mord im 17. Jahrhundert erinnert. Der Stein soll bei Berührung Warzen heilen. An einer spitzen Gabelung bleiben wir rechts oben, überqueren eine Forststraße und gehen an einer weiteren spitzen Gabelung links abwärts. Auf einem links abzweigenden Pfad steigen wir auf Serpentinen links hinab zu einer Kehre der asphaltierten Straße. Ein kleiner Abstecher nach rechts zum Parkplatz hinauf führt zu einem **5 Pilz** mit Aussicht über Amorbach. Weiter geht es unten über die Straße und ganz unten an einem Grillplatz auf dem Philosophenweg rechts an Gärten vorbei. An einer Gabelung links kommen wir in den Bürgerpark, in dem wir gleich unsere Füße im Wassertretbecken kühlen können. Nach dem Spielplatz gehen wir links über den Billbach und zum **E Altstadt-Parkplatz** an der Dr. F. A. Freundt-Straße zurück. Bleiben noch die Sehenswürdigkeiten der Stadt zu besichtigen. In einer Unterführung können wir die B 47 queren und gehen an der spätbarocken Kirche

↓ Die Sattelhütte ist eine gute Stelle für ein Picknick.
→ Das Templerhaus ist eines der ältesten Fachwerkhäuser Deutschlands.
↘ Die Fürsten zu Leiningen pflegen die Abtei Amorbach.

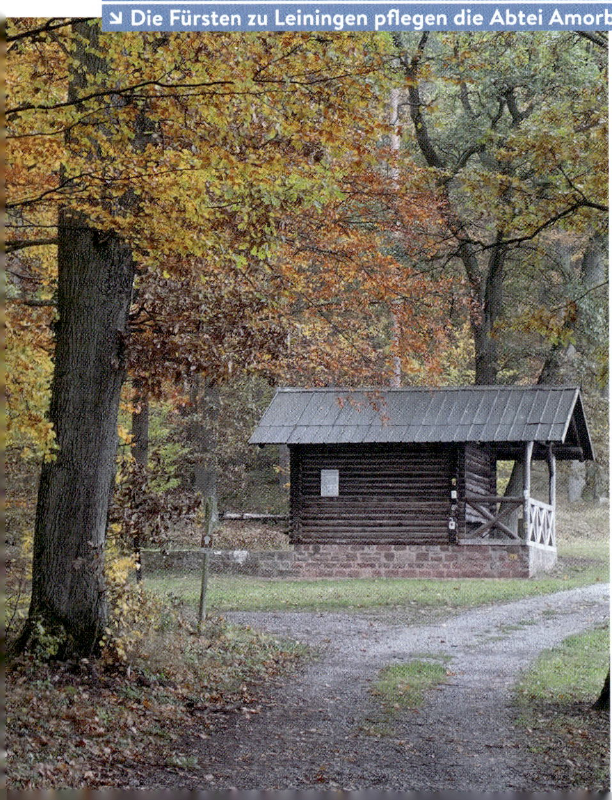

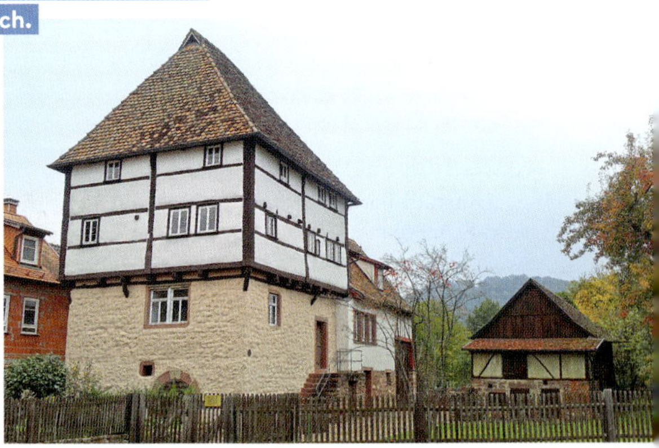

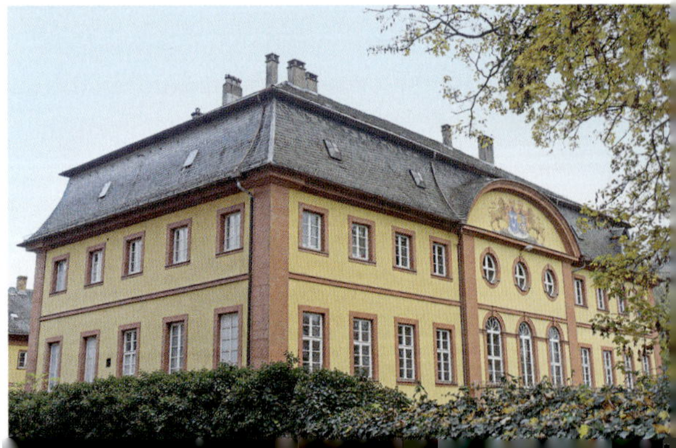

St. Gangolf mit den zwei Zwiebeltürmen vorbei. Am Schloss der Fürsten zu Leiningen entlang kommen wir zum Marktplatz, der von einem wunderbaren Barockensemble umrahmt ist. Im Bädersweg in Amorbach ist das sogenannte Templerhaus zu finden. Es ist eines der ältesten Fachwerkhäuser Deutschlands und spiegelt 700 Jahre Baugeschichte wider. Vom Marktplatz geradeaus weiter erreichen wir die Fürstliche Abtei Amorbach. Die barocke Klosterkirche mit ihrem strahlenden Rokokostuck von Wessobrunner Meistern und den Fresken vom Augsburger Maler Matthäus Günther begeistern die Besucher. Die Werke der Künstler sind im Originalzustand erhalten. Die Abteikirche ist ein Kulturdenkmal von nationaler Bedeutung. In der Abtei ist auch das Informationszentrum Bayerischer Odenwald untergebracht, in der Gäste über die Schönheiten der Region Beratung erhalten.

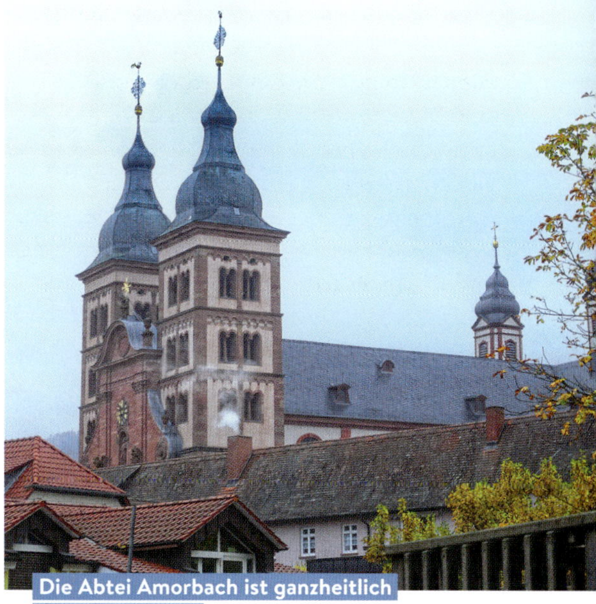

Die Abtei Amorbach ist ganzheitlich ein Kunstschatz.

INFO

TOURENCHARAKTER

Mittelschwere, meist schattige Wege und Pfade mit deutlichen Steigungen durch Wälder

AUSGANGS-/ENDPUNKT

Altstadt-Parkplatz,
Dr. F. A. Freundt-Straße,
63916 Amorbach
GPS 49°38'47.8"N
09°13'18.6"E (155 m)

ANFAHRT

ÖPNV: Bahn nach Amorbach
Auto: Von Miltenberg auf der B 469 nach Amorbach

GEHZEITEN

Parkplatz – Gotthardsruine 0:45 Std. – Sattelhütte 0:15 Std. – Fuß-Pils-Hütte 0:45 Std. – Bank 0:25 Std. – Pilz 0:50 Std. – Parkplatz 0:20 Std.

Mittel	10,0 km	350 Hm	3.20 Std

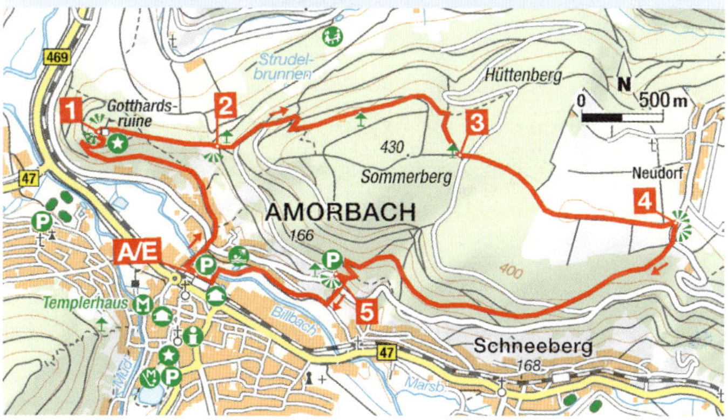

EINKEHR

Café Schloßmühle, Schloßplatz 4, 63916 Amorbach, Tel. 09373/12 54, www.schlossmuehle-amorbach.de

INFORMATION

Schloßplatz 1, 63916 Amorbach, Tel. 09373/20 05 74, www.bayerischer-odenwald.de

BÜRGSTADTER DENKMÄLER

Mystische Ruine und Ringwall

Der kunsthistorische Höhepunkt in Bürgstadt ist die ausgemalte Martinskapelle, die im 16. Jahrhundert ihr heutiges Aussehen bekam. Teile des Baus gehen auf das 9. Jahrhundert zurück. Die Kreuzigungsgruppe soll aus der Schule Tilman Riemenschneiders stammen.

25

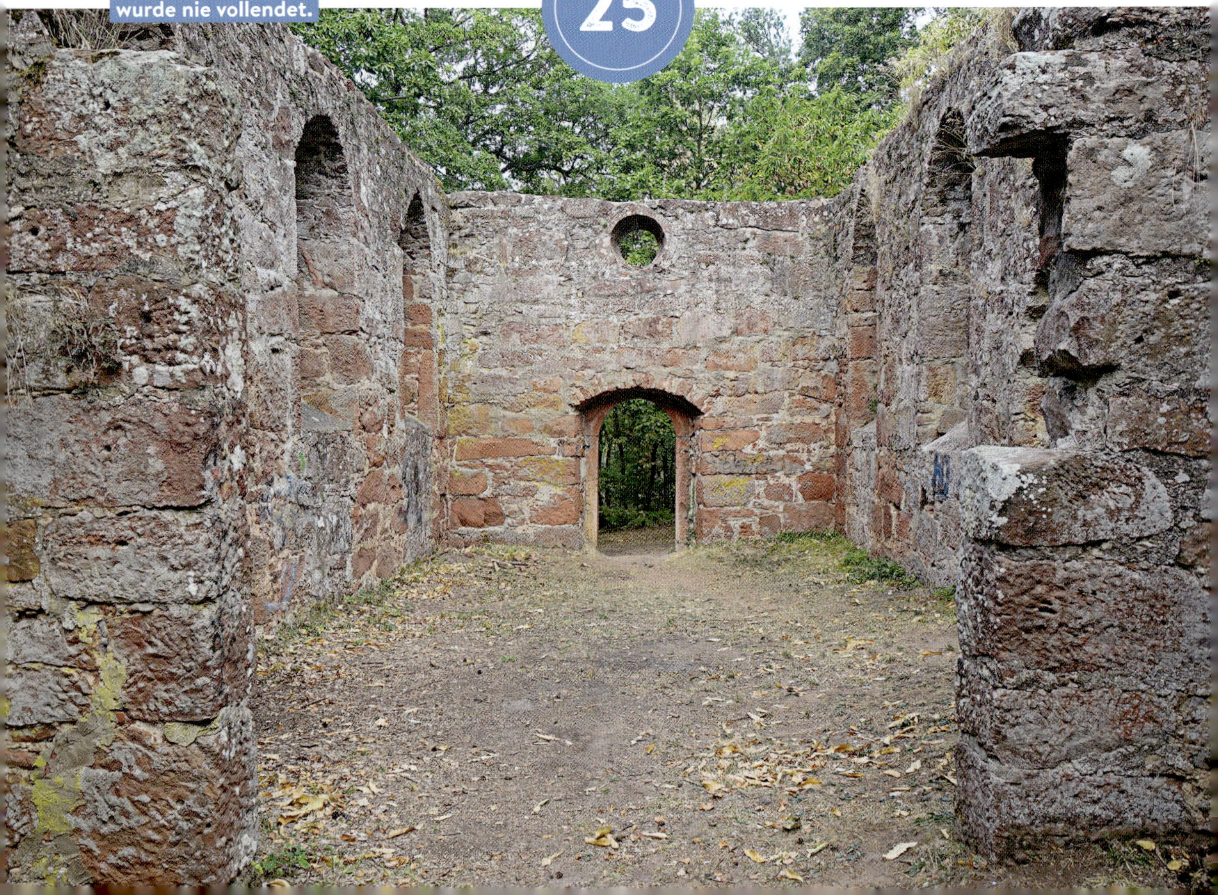

Der Bau der Centgrafenkapelle wurde nie vollendet.

Die Wanderung führt zu magischen Orten aus der frühen Geschichte der Stadt und in der Gegend. Im 17. Jahrhundert kamen in Bürgstadt durch die Hexenverfolgung fast 100 Menschen zu Tode. Für Wanderer werden heute höchstens die vielen Weingüter und Häckerwirtschaften zur Gefahr.

ZUR CENTGRAFENKAPELLE Vom Parkplatz in der A **Josef-Ullrich-Straße** in Bürgstadt suchen wir an der Fußgängerunterführung zum Main die Große Maingasse, auf der wir nach Osten in den Ort gehen. An der Kreuzung zollen wir dem prächtigen Renaissancerathaus aus dem 16. Jahrhundert Beachtung. Es spiegelt den Reichtum aus dem Weinbau wider, der seine erste Blüte in dieser Zeit erreichte. Noch heute gibt es in dem kleinen Ort überdurchschnittlich viele Winzerbetriebe mit Erzeugnissen hoher Qualität. Wir bleiben geradeaus, jetzt in der Hauptstraße bis zur Kreuzung am St.-Urbanus-Bild. Rechts steht die 1 **Tabakhalle**, die an die Zeit des Tabakanbaus zwischen 1851 bis 1989 erinnert. Nach Norden geht es auf dem Höhenbahnweg aufwärts, der an der Gabelung links und nach dem Haus mit der Nummer 20 rechts abbiegt. Nach Weinbauflächen mit Aussicht über Bürgstadt kommen wir im Wald am 2 **Wanderparkplatz Stutz** vorbei. Vor einem Wasserbehälter müssen wir in spitzem Winkel rechts auf dem Weg mit der Markierung 7 aufwärts. Der Weg am Waldrand schenkt uns herrliche Aussichten über die Weinbauflächen nach Bürgstadt und Miltenberg hinunter. Nach einem Waldgrundstück mit grünem Zaun auf der rechten Seite geht es in spitzem Winkel links aufwärts und weiter oben auf einer fast ebenen Forststraße weiter. Nach 400 Metern wandern wir mit der Markierung N des Nibelungensteiges in Richtung Ausgrabung scharf rechts wieder bergauf zur Ruine der 3 **Centgrafenkapelle**. 1630 begann der Centgraf von Bürgstadt mit dem

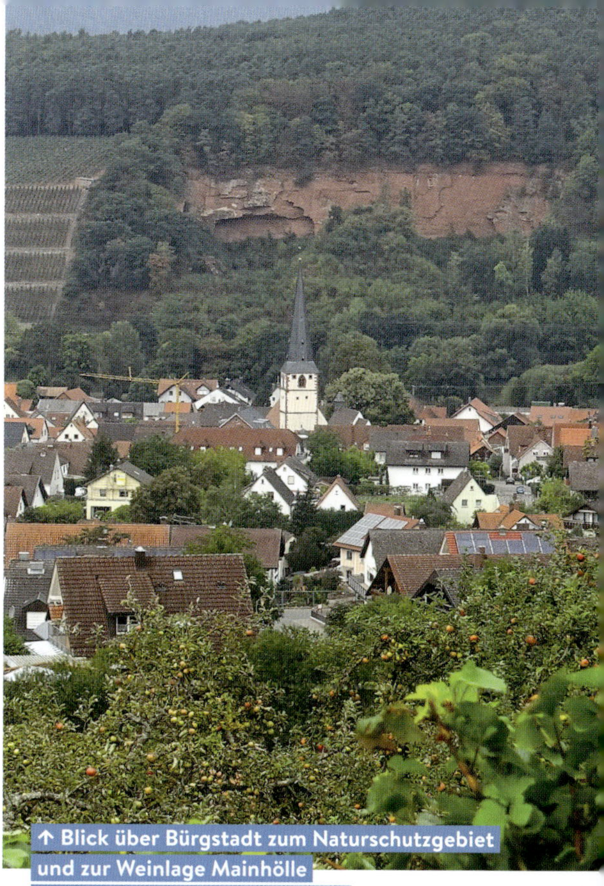

↑ Blick über Bürgstadt zum Naturschutzgebiet und zur Weinlage Mainhölle

↓ Das Tor des Ringwalls ist eine anschauliche Rekonstruktion.

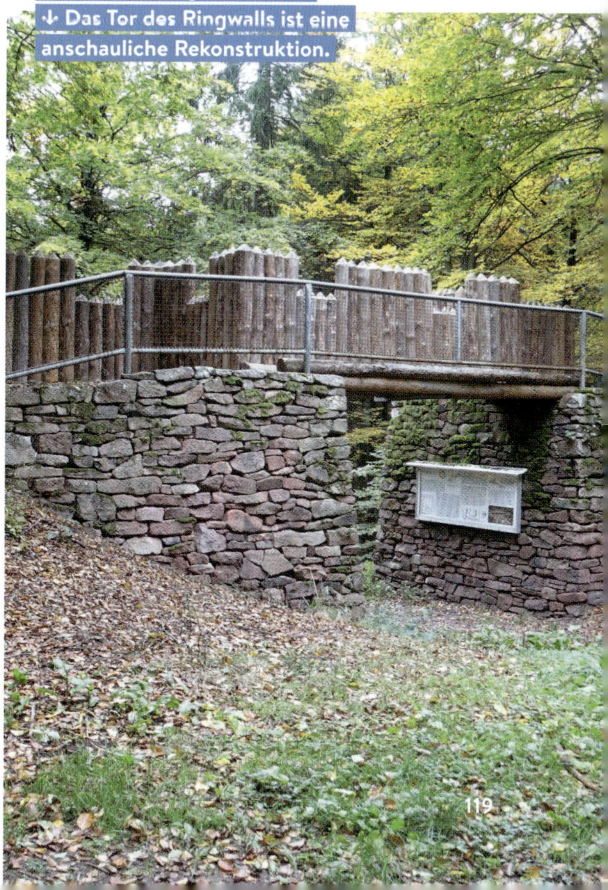

Tipp

IM MUSEUM BÜRGSTADT

In der über 100 Jahre alten Mittelmühle wird die Geschichte des Weinbaus im Weinort Bürgstadt aufgearbeitet. Angesichts der Wanderung zu steinernen Zeugen der Vergangenheit ist besonders die Vorstellung der örtlichen Steinindustrie interessant. Die Steinobjekte zeigen Stilrichtungen von 1590 bis 1790 (Am Mühlgraben 1, Tel. 09371/995 60, www.buergstadt.de).

Bau der Kapelle, der aber mit dem Dreißigjährigen Krieg unterbrochen wurde. Ein Centgraf war damals ein Verwalter eines Gerichtsbezirkes (Cent) der Herrschaft der Mainzer Erzbischöfe. An der Schutzhütte haben wir eine herrliche Aussicht über Miltenberg im Maintal.

ZUR AUSGRABUNG Nach der Kapelle folgen wir der Markierung N in Richtung Ausgrabung links hinauf und nach 60 Metern rechts auf dem Weigehäuslesweg aufwärts.

Die innere Bemalung der Martinskapelle ist einmalig.

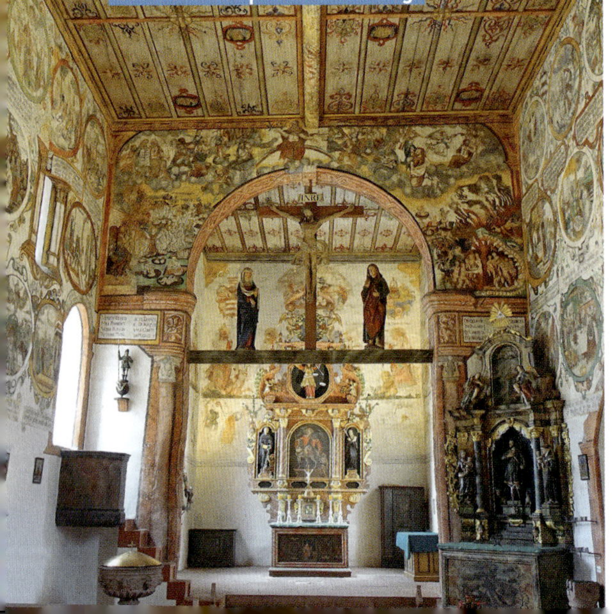

Nach 120 Metern geht es links auf dem Pfad des historischen Wanderweges bergauf. Oben stoßen wir auf einen Waldweg, jedoch folgen wir der noch weiter oben verlaufenden Forststraße nach rechts und gehen an der Weggabelung auf dem Martin-Söhlein-Weg rechts hinauf. An einem Umkehrplatz bleiben wir geradeaus und sehen bald auf der rechten Seite die Reste eines Walles, der den Weg begleitet. Rechts des Weges liegen weiter unten die sogenannten Heunesäulen, Zeugen mittelalterlicher Steinbearbeitung. An einem Aussichtsplatz schauen wir in das Dorf Eichenbühl im Odenwald hinunter. Dann erreichen wir an der 4 **Ausgrabung** das rekonstruierte Tor des Ringwalles. Die Überreste des Walles stammen aus der spätbronzezeitlichen Urnenfelderkultur (1200–800 v. Chr.). Der Berg war aber auch schon in der Jungsteinzeit befestigt.

RÜCKWEG ÜBER DIE MARTINSKAPELLE

Unterhalb des Tores laufen wir auf dem Weg mit der Markierung N abwärts und nach 180 Metern mit der Markierung L in spitzem Winkel links. Am Weg tangieren wir die Reste eines Mühlsteines und einen riesigen Felsen, der als Steinbruch genutzt wurde. Er wird als Heunestein bezeichnet. Danach bleiben wir mit der Markierung L geradeaus bergab. Weiter unten geht es auf einer Forststraße weiter und an der gleich folgenden Weggabelung rechts hinab. An einer Kreuzung müssen wir rechts und nach 150 Metern links hinunter an der Stutzkapelle vorbei. Dort besteht vortreffliche Aussicht über Bürgstadt bis hinüber zur Weinlage Mainhölle und zu den Sandsteinwänden und dem Naturschutzgebiet der Mainhölle.
Vor dem 2 **Parkplatz Stutz** führt rechts ein Gehweg abwärts, der im Siedlungsgebiet auf der Hauptmannstraße immer geradeaus weiter abwärts leitet. Am Ende können wir an der Danziger Straße links und gleich wieder

rechts zur Martinsgasse hinunter und zur romanischen **5 Martinskapelle** aus dem 10. Jahrhundert. Die fantastische Innenbemalung aus dem 16. Jahrhundert zeigt in 40 Medaillons die Heilsgeschichte. Solch eine Bildfolge wird Armenbibel genannt. Arme Menschen waren nicht im Besitz einer Bibel oder waren des Lesens nicht mächtig und konnten so die wichtigsten Szenen aus dem Alten und Neuen Testament kennenlernen. In der Martinsgasse weiter gehen wir nach 30 Metern rechts durch den Kirchhof der Wehrkirche St. Margaretha aus dem 12. Jahrhundert. Wir schreiten durch das Torhaus und gehen auf der Freudenberger Straße links an mehreren Weingütern vorbei. Am alten Rathaus auf der Großen Maingasse rechts kommen wir zum Parkplatz in der **E Josef-Ullrich-Straße** zurück.

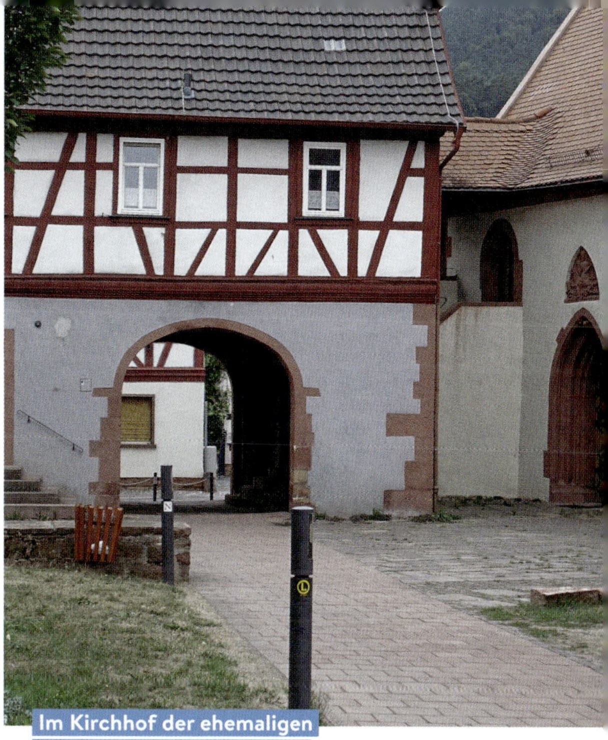

Im Kirchhof der ehemaligen Wehrkirche St. Margaretha

INFO

TOURENCHARAKTER

Mittelschwere, meist schattige Wege mit markanten Steigungen

AUSGANGS-/ENDPUNKT

Parkplatz Josef-Ullrich-Straße, 63927 Bürgstadt
GPS 49°42'56.8"N 09°15'52.7"E (125 m)

ANFAHRT

ÖPNV: Bahn nach Miltenberg, Bus Linie 977 nach Bürgstadt Hauptstraße
Auto: Auf der St 2310 entlang des Mains nach Bürgstadt

GEHZEITEN

Josef-Ullrich-Straße – Tabakhalle 0:15 Std. – Stutz 0:20 Std. – Centgrafenkapelle 0:50 Std. – Ausgrabung 0:35 Std. – Stutz 0:40 Std. – Martinskapelle 0:15 Std. – Josef-Ullrich-Straße 0:05 Std.

Mittel | 8,1 km | 340 Hm | 2.40 Std.

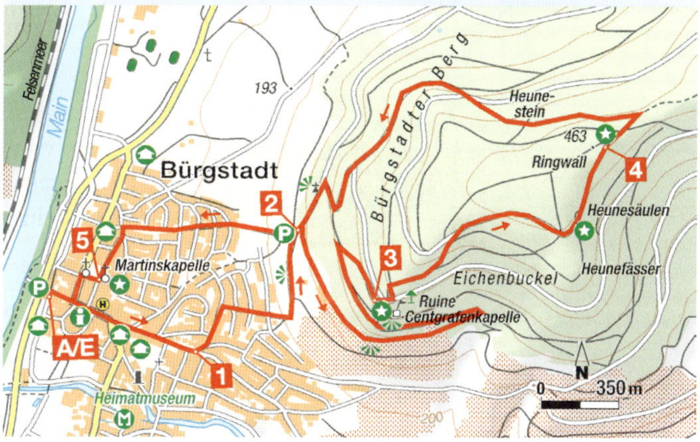

EINKEHR

Termine der Häckerwirtschaften sind unter www.buergstadt.de zu finden.

TOURISTINFORMATION

Hauptstraße 69, 63897 Miltenberg, Tel. 09371/40 41 19, www.miltenberg.info

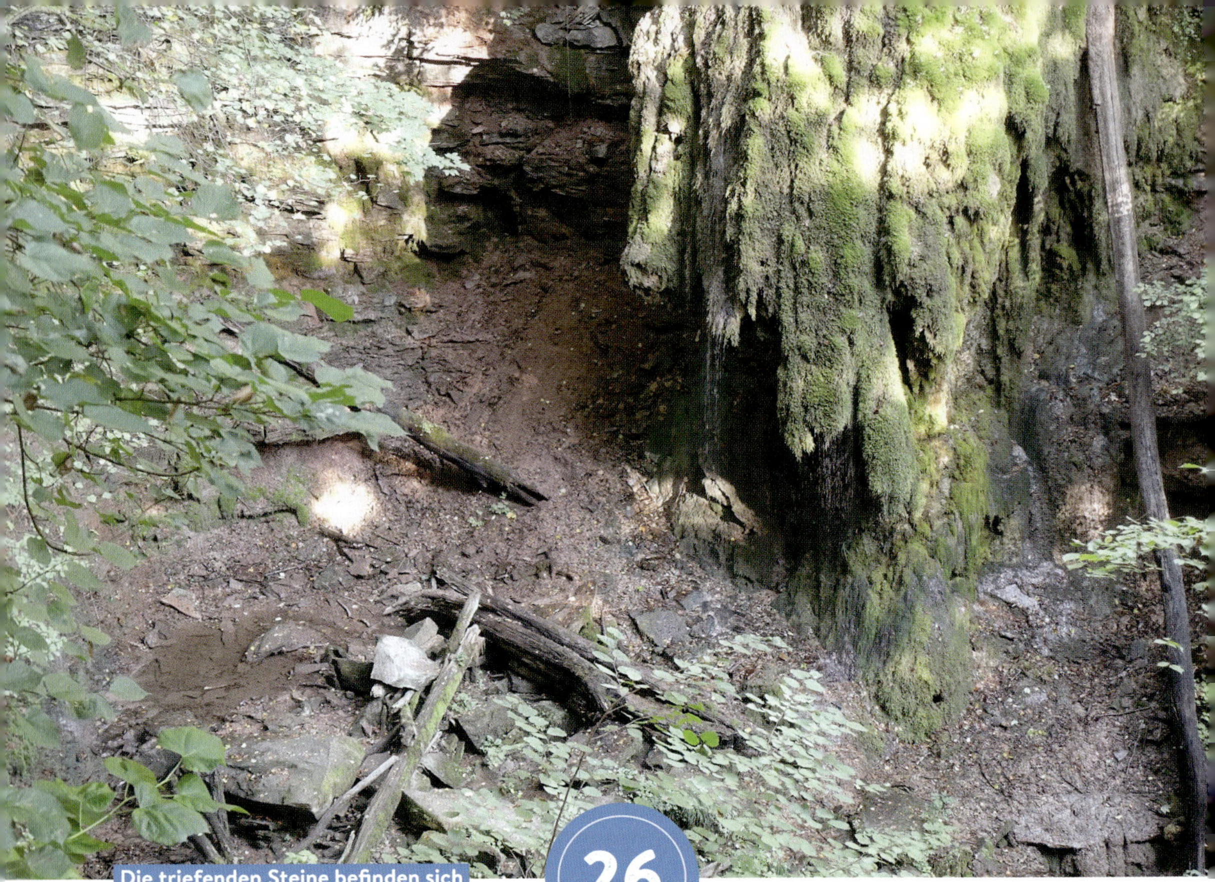

Die triefenden Steine befinden sich in ständigem Wachstum.

26

ZU DEN TRIEFENDEN STEINEN

Märchenhafte Naturphänomene

Das Kloster Triefenstein mit der klassizistischen Kirche hatte durch die Fähre über den Main einst beträchtliche Einnahmen. Nahe dem Kloster, das heute der evangelischen Christusträger-Bruderschaft gehört, sind die Naturdenkmäler Klingelsbachschlucht und Triefender Stein.

Östlich des Klosters Triefenstein, das vom Mainparkplatz aus zu sehen ist, überquerte früher die Via Publica den Main. Diese Handelsstraße geht wohl auf die Römer zurück und führte von der nördlichen Küste Europas bis an das Schwarze Meer. Der Name des Ortes Lengfurt geht auf die Bezeichnung »Lange Furt« zurück. Bis zum Bau der ersten Brücke im Jahr 1904 stellte eine Fähre, die bereits 1102 urkundlich erwähnt wurde, die Verbindung zwischen den Mainufern her.

ZUM SCHWAB-KREUZ Vom **A Mainparkplatz** unterqueren wir zu Beginn die St 2299 in der Unterführung und laufen nach rechts versetzt auf der Fahrstraße nach Norden. Die St.-Jakobus-Kirche wurde im Jahr 1614 erbaut. Im Innern ist ein bemerkenswerter Hochaltar mit riesigen Figuren. Vor oder nach der Kirche gehen wir rechts und auf der Adolf-Kolping-Straße links. Auf der Friedrich-Ebert-Straße rechts kommen wir an der Ecke zur glanzvollen Dreifaltigkeitssäule auf dem Marktplatz. 1728 der Wiener Pestsäule nachgebildet, ist sie heute das Wahrzeichen Lengfurts. Auf der Kaisergasse wandern wir nach Norden und umgehen den Friedhof rechts auf dem Weg im Grünen. Weiter geht es nach Norden auf den Straßen Ober dem Dorf, Klettstraße und Adenauerstraße. An der Straße Am Wingert biegen wir rechts ein und kommen zur Imkerei **1 Immenhof**, in der es Honig- und Wachsprodukte zu kaufen gibt. Geradeaus weiter laufen wir nach einem Grundstück mit Zaun links mit schöner Aussicht über Lengfurt zum Kloster Triefenstein hinüber. An einer T-Kreuzung kommen wir zum historischen **2 Schwab-Kreuz**. Es erinnert an das Jahr 1673, als an dieser Stelle der ehrbare Andreas Schwab von Erlenbach von französischen Soldaten erschossen wurde.

ZUR SCHLEUSE Am Schwab-Kreuz müssen wir rechts und umgehen nach 250 Metern nach links das lange, schmale Feld. An einer Kreuzung in den Feldern gehen wir links und schwenken bei der **3 Unfallambulanz** rechts in die Theodor-Heuss-Straße. Nach 40 Metern geht es rechts auf der Bert-Brecht-Straße weiter. Die Straße endet an der Spessartstraße, auf der wir links gehen, und der Marktheidenfelder Straße folgen wir rechts zur St 2299, die wir überqueren. Nun sind wir auf dem Sträßchen Am steinernen Sand

↓ Das Schwab-Kreuz erinnert an den unerwarteten Tod im Krieg.
↘ In der Klingelsbachschlucht ist es wildromantisch.

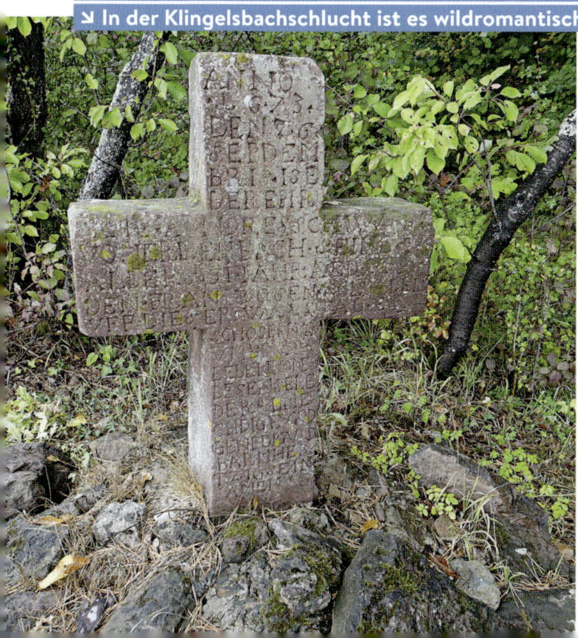

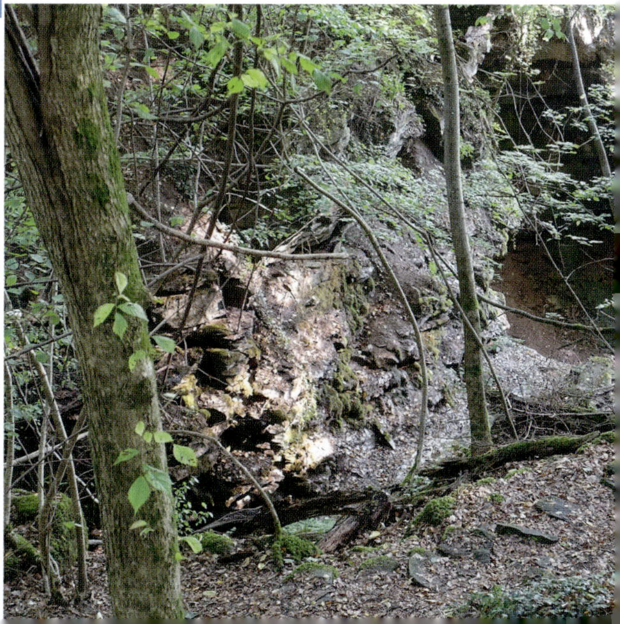

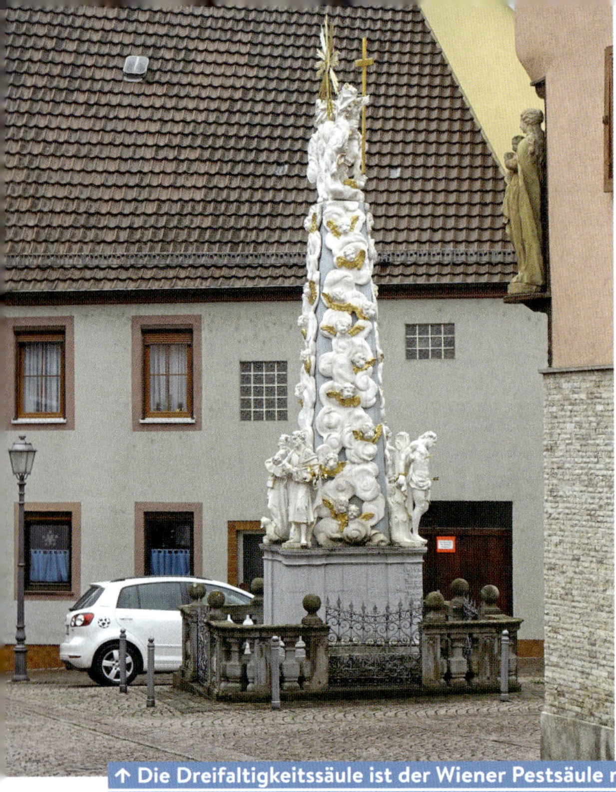

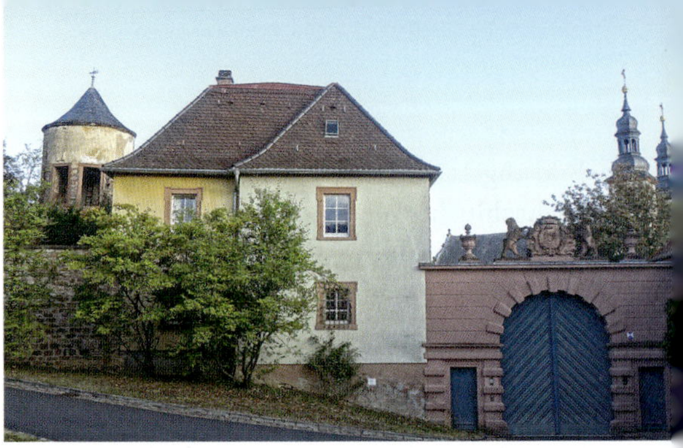

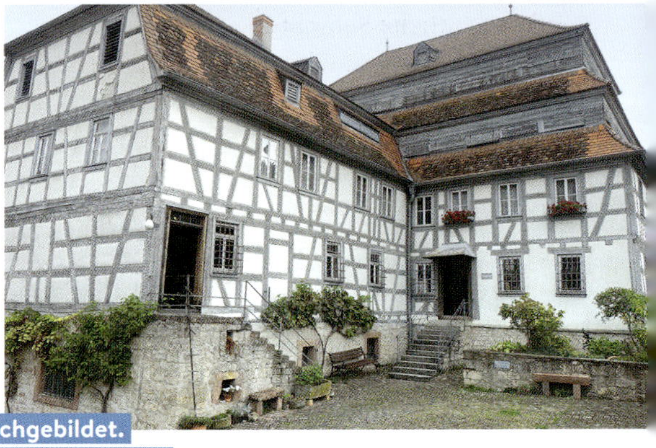

↑ Die Dreifaltigkeitssäule ist der Wiener Pestsäule nachgebildet.
↗ Das Kloster Triefenstein steht an einem historischen Verkehrsweg.
→ Die Papiermühle aus dem 17. Jahrhundert ist noch funktionsfähig.

und können nach dem Haus mit der Nummer 5 links auf dem Gehweg und auf dem Laufsteg zwischen Zäunen zum Laufwasserkraftwerk Lengfurt gehen und überqueren

Tipp

IM MUSEUM PAPIERMÜHLE

Im nahen Homburg wird in der aus dem 17. Jahrhundert stammenden Papiermühle das einstige Leben und Arbeiten rund um die Herstellung von Papier gezeigt. Zu sehen sind Werkzeuge und Maschinen aus dem 19. und 20. Jahrhundert in Aktion. Besucher dürfen sich selbst einen Papierbogen schöpfen (Gartenstraße 11, 97855 Homburg am Main, Tel. 09395/992 22, www.papiermuehle-homburg.de).

auf der Wehranlage den Main. Dabei lässt sich der Vorgang in der **4 Schleuse** für die Schifffahrt beobachten.

ZUM UFERWEG Auf der anderen Seite des Mains gehen wir rechts und nach 200 Metern links in die wildromantische Klingelsbachschlucht hinauf. In der urtümlichen Welt der wildromantischen Schlucht sind mehrere Wasserfälle. An der schönsten Stelle der Schlucht rieselt Wasser über einen bemoosten Felsen in die Tiefe. Der Felsen ist mit Sedimenten überzogen, die das kalkhaltige Wasser gebildet hat, denn ein Teil des Wassers kommt vom Bocksberg, einer Muschelkalkerhebung, die das Wasser mit Kalk angereichert hat. Ungefähr auf halber Höhe des Hanges finden wir den Pfad nach links in Richtung Kloster Triefenstein. Im Abstieg vor dem Kloster kommen wir zum Naturdenkmal Triefender Stein, der ein ähnliches

Bild abgibt wie der Felsen in der Klingelsbachschlucht. Wie entsteht eigentlich dieser mysteriöse Kalktuff in der Klingelsbachschlucht? Kalktuff ist ein poröses Sedimentgestein. Es ist sekundäres Gestein, weil primäre Kalksedimente nach chemischer Kohlensäurelösung in einer Ausfällung erneut sedimentiert werden. Kalktuffe haben keine deutliche Schichtung, zeigen teilweise blumenkohlartige Oberflächen und weisen Hohlräume auf. Das Gestein enthält teilweise versteinerte Pflanzen und Kleintiere wie Schnecken. Wenn Kalkwasser über Moosteppiche oder Algenteppiche fließt, kann Kalk ausgefällt werden, wenn die Pflanzen für ihre Fotosynthese dem Wasser Kohlenstoffdioxid entziehen. Dadurch steigt der pH-Wert des Wassers und die Löslichkeit von Kalk sinkt und der Kalk fällt aus. Der Kalk legt sich als feinkristalline Kruste um alles Kleinmaterial wie Sand oder Moose. So können auch hängende Gebilde entstehen. Im Gegensatz zu Kalktuff ist Kalksinter in der Struktur geschichtet. Kohlensäurehaltiges Wasser nimmt in diesem Fall im spröden Kalkgestein eines mehr oder weniger entwickelten Karstsystems die Karbonate bis zur Sättigung in Lösung auf. Gerät der gelöst transportierte Kalk an einer Karstquelle unter andere Umgebungsbedingungen, kann er durch chemische Ausfällung erneut nun in Schichten abgelagert werden.

Dann stehen wir wieder auf dem **5 Uferweg** am Main und wandern rechts unterhalb des Klosters vorbei zur Brücke über den Main. An dem Wein- und Biergarten an der Dreschhalle können wir links vorbei direkt zum **E Mainparkplatz** zurück.

INFO

TOURENCHARAKTER
Leichte, meist sonnige Wege durch Wiesen und Felder

AUSGANGS-/ENDPUNKT
Mainparkplatz, an der St 2299, 300 Meter westlich der Brücke, 97855 Lengfurt
GPS 49°48'34.8"N 09°36'06.4"E (140 m)

ANFAHRT
ÖPNV: Bahn nach Karlstadt, Bus Linie 620 und 632 nach Lengfurt
Auto: Auf der A 3 Ausfahrt 65 Marktheidenfeld und auf der B 8 nach Lengfurt

GEHZEITEN
Mainparkplatz – Immenhof 0:20 Std. – Schwab-Kreuz 0:15 Std. – Unfallambulanz 0:20 Std. – Schleuse 0:20 Std. – Uferweg 0:35 Std. – Mainparkplatz 0:20 Std.

EINKEHR
Wein & Biergarten Vogelfrei, Mainlände an der Dreschhalle, 97855 Lengfurt, Tel. 0171/626 24 91

INFORMATION
Rathausstraße 2, 97855 Lengfurt, Tel. 09395/97 01 12, www.markt-triefenstein.de

Leicht	6,9 km	130 Hm	2.10 Std.

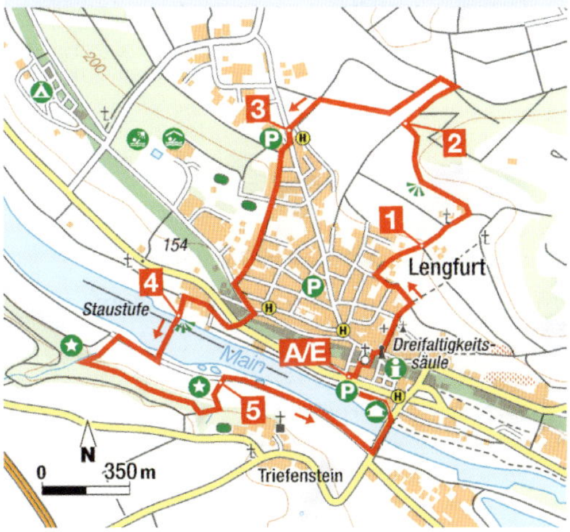

ZUM FORSTHAUS AURORA

Vom Main in die Wälder

Neustadt am Main ist mit der Klostergründung im Jahre 769 die älteste Ansiedlung am Mainviereck. Hier vereinigen sich fast die dicht bewaldeten Hügel mit dem Main und lassen wenig Platz. So ist Neustadt am Main trotz aller früherer historischer Größe doch klein und beschaulich geblieben.

27

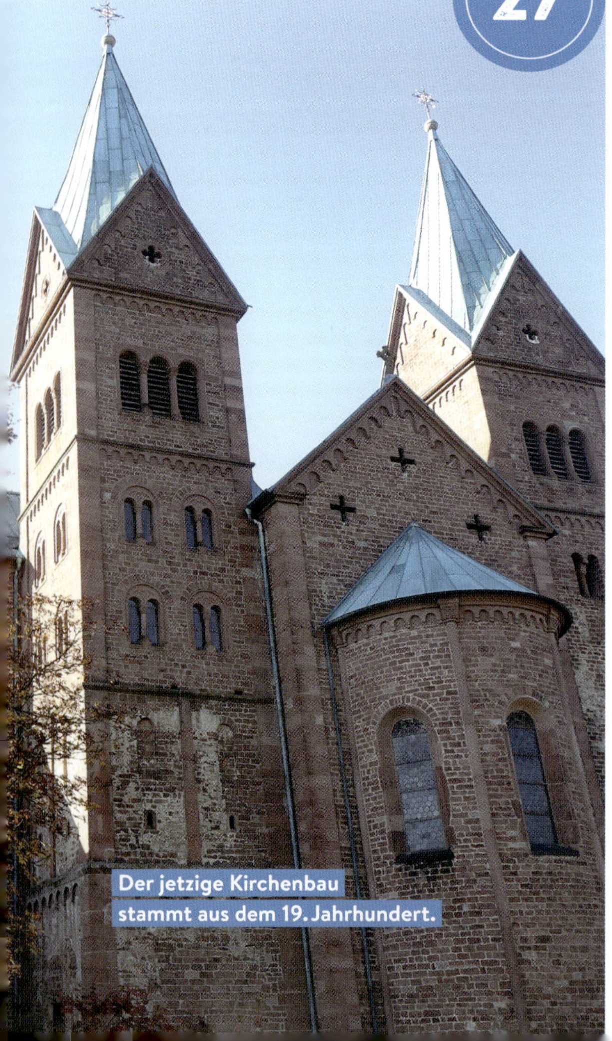

Der jetzige Kirchenbau stammt aus dem 19. Jahrhundert.

Das beliebte Wanderziel Forsthaus Aurora liegt 350 Meter über Neustadt am Main. Da ist ein langer Anstieg garantiert, aber auch stärkende Brotzeiten, die es allerdings nur sonntags gibt.

ZUM FORSTHAUS AURORA Vom Parkplatz gegenüber dem Kloster in Neustadt am Main überqueren wir die **A Hauptstraße** in die Megingaudstraße und können gleich links in den Klosterhof hinein. Nach dem Mauerdurchgang öffnet sich der Blick auf die Reste des herrlichen karolingischen Kreuzganges. Die Abteikirche von Neustadt reicht bis zurück in das 12. Jahrhundert. 1857 zerstörte ein Brand das Kloster und die Kirche. Trotz des Brandes blieb in den Überresten des Kreuzganges und in den Grundmauern der Kirche St. Peter und Paul der Charakter der karolingischen und romanischen Architektur erhalten. Die jetzige Kirche St. Michael und Gertrudis wurde nach dem Brand im Geist der Neoromanik erbaut. Von der Kirche gehen wir vor dem Missionshaus St. Josef mit der Markierung des Kulturweges den Treppenweg hinauf und nach dem Portal des Klosterhofes links auf der Straße

Michaelsberg weiter aufwärts. Am Ende müssen wir rechts auf dem Triebweg hinab und wenden uns an der Straßengabelung vor dem **1 Neuhöllbrunnbach** auf der Spessartstraße links aufwärts.

Im Wald bleiben wir mit den reichlich ausgeschilderten blauen Markierungen des Kulturweges und mit dem roten Dreieck immer geradeaus aufwärts zum **2 Forsthaus Aurora**. Das Forsthaus entstand in ruhigeren Zeiten. Ringsherum Wald als Naturkulisse, nichts als Wald – hier gibt es keinen Strom und keine Autos. Im Sommer begrüßen uns dafür Hühner und liefern die Eier zum Speck.

RÜCKWEG ZUM KLOSTER Der Rückweg ist identisch mit dem Aufstieg und dank der vielen blauen Markierungen des Kulturweges und mit dem roten Dreieck leicht zu finden. Schließlich erreichen wir in Neustadt am Main wieder die Straßengabelung am **1 Neuhöllbrunnbach**, bleiben aber jetzt auf der Spessartstraße geradeaus bis zum Parkplatz an der **E Hauptstraße**.

INFO

Mittel | **9,8 km** | **370 Hm** | **3.10 Std.**

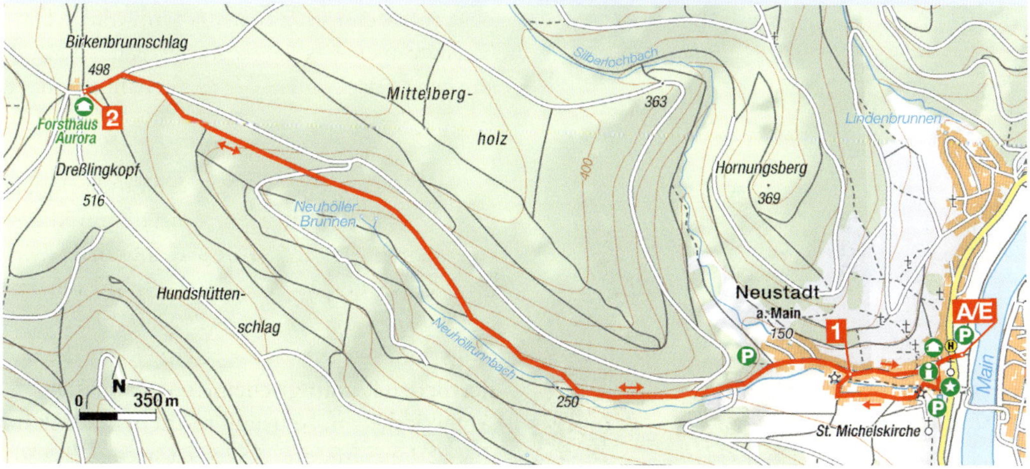

TOURENCHARAKTER
Leichte, meist schattige Wege mit deutlichen Steigungen durch Wälder

AUSGANGS-/ENDPUNKT
Parkplatz Hauptstraße, 97845 Neustadt am Main
GPS 49°55'50.7"N 09°34'15.9"E (150 m)

ANFAHRT
ÖPNV: Bahn nach Lohr am Main, Bus Linie 630 nach Neustadt am Main
Auto: Auf der A 3 Ausfahrt 65 Marktheidenfeld und auf der B 8 und St 2315 nach Neustadt am Main

GEHZEITEN
Hauptstraße – Neuhöllbrunnbach 0:15 Std. – Forsthaus Aurora 1:30 Std. – Neuhöllbrunnbach 1:10 Std. – Hauptstraße 0:15 Std.

EINKEHR
Forsthaus Aurora, 97845 Neustadt am Main, Tel. 09393/202, https://forsthaus-aurora.business.site (nur sonntags)

INFORMATION
Schloßplatz 5, 97816 Lohr am Main, Tel. 09352/84 84 65, www.lohr.de

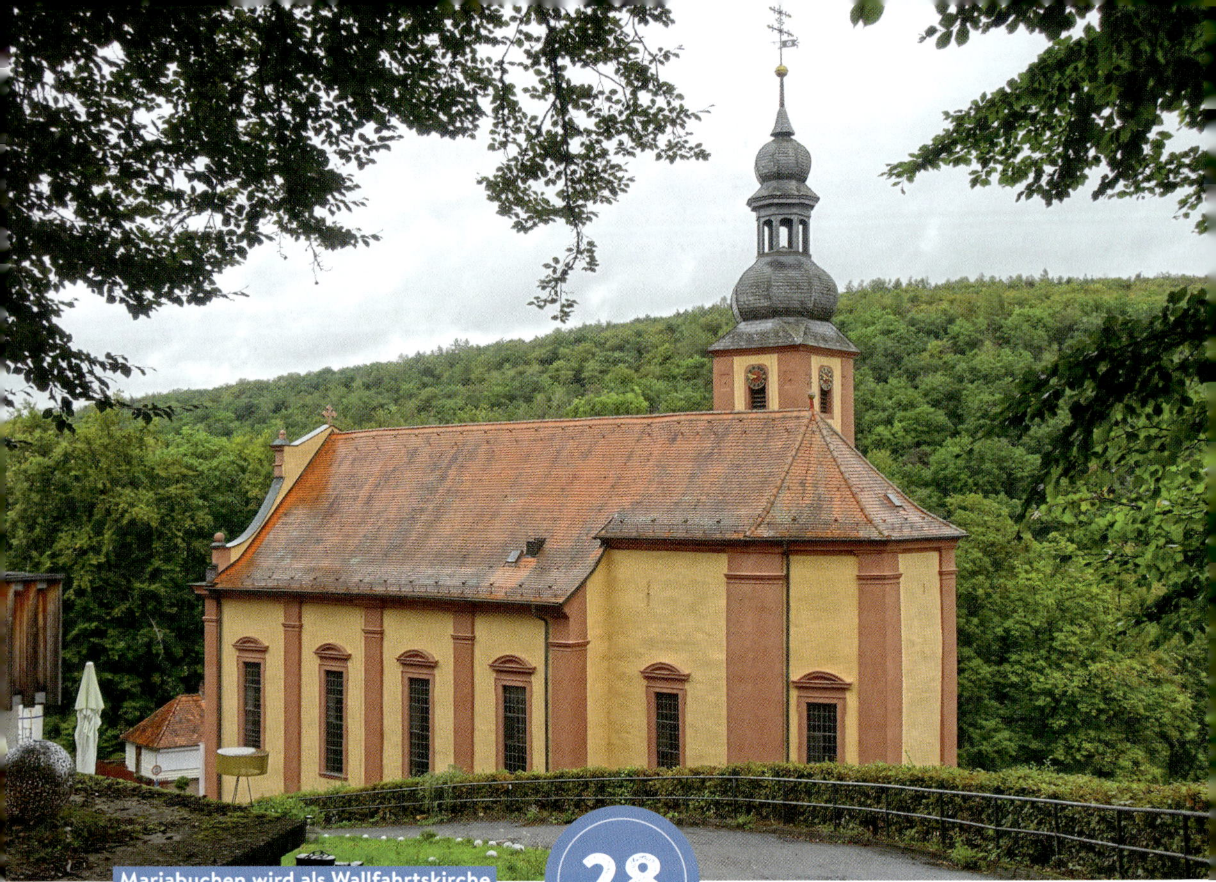

Mariabuchen wird als Wallfahrtskirche und Wanderziel stark besucht.

28

NACH MARIABUCHEN PILGERN

Buchental und romantisches Lohr

Von Steinach am Main führt der Wanderweg entlang des wildromantischen Buchenbaches genau zur Buchenmühle und zu einem der bekanntesten Wallfahrtsziele im Spessart, zu dem Pilger seit über 600 Jahren in den Wald ziehen. Eine Legende begründete einst den Kult um Mariabuchen.

Aus der Ruhe im Buchenwald durchwandern wir das hübsche, oft gut besuchte Städtchen Lohr, in dem sich Besucher in der Fachwerkidylle wohlfühlen. Lohr hält das Märchen von Schneewittchen hoch, das einst im Lohrer Schloss gelebt haben soll.

NACH MARIABUCHEN Vom Parkplatz in der **A Buchentalstraße** in Steinbach gehen wir zu Beginn nach Süden und folgen der Straße an der Gabelung nach links. An einer weiteren Gabelung im Wald führt links ein Pfad in Richtung Mariabuchen hinab und überquert bald den Buchenbach. Der wildromantische Pfad bleibt nun auf dieser Seite des Baches im Buchental. Erst nach der Buchenmühle überqueren wir nach rechts wieder den Buchenbach. Die historische Buchenmühle, bereits 1726 erwähnt, war eine von einst sieben Mühlen im Buchental. Vom heutigen Ausflugslokal Buchenmühle geht es auf der Buchentalstraße aufwärts und dann links auf einer Treppe zur Wallfahrtskirche **1 Mariabuchen** hinauf. Der Ort ist eines der bekanntesten Wallfahrtsziele des Spessarts. Der Legende zufolge hatte im Mittelalter ein Hirte eine Marienfigur in das Astloch einer Buche gestellt. Mit der Zeit wuchs die Figur in den Baum ein und geriet so in Vergessenheit. Eines Tages stieß ein Ungläubiger sein Schwert in die Buche, worauf sein Schwert an der Spitze blutig wurde. Daraufhin fand man die eingewachsene Figur wieder. Tatsache ist, dass die erste Kapelle 1434 hier errichtet wurde. Die jetzige Kirche entstand 1701. Der Stein mit der Jahreszahl 1406 in der Nordwand der Wallfahrtskirche soll sich auf das Auffinden der sagenhaften Marienstatue im Baum beziehen. Im Innern der Kirche hängen bis zu 300 Jahre alte Votivtafeln von wundersamen Heilungen an der Wand. Das Kapuzinerkloster wurde 1726 gegründet und ist heute von Franziskaner-Minoriten bewohnt. Im Buchenstüble kehren Wanderer gerne ein.

ZUM RATHAUS IN LOHR Von der Wallfahrtskirche Mariabuchen steigen wir auf der Straße zu dem kleinen Parkplatz hinauf, von dem sich eine schöne Aussicht auf die Kirche ergibt. Vom Parkplatz aus gibt es zwei Treppenaufgänge nach Südwesten in den Wald hinauf. Der erste längere Treppenweg führt in Serpentinen aufwärts. Wir wählen die zweite, kürzere, aber immer noch sehr lange Treppe hinauf. Beide Wege vereinigen sich weiter oben im Wald in Richtung Lohr und bilden den Kreuzweg. Wir sind hier auf der kürzesten historischen Verbindung zwischen Lohr am Main und Karlstadt. Dann überquert unser Weg die Steinfelder Straße (St 2437) und wir erreichen das Sendelbacher **2 Sportheim** an den Sportplätzen. Danach überqueren wir wieder die Steinfelder Straße und folgen dem Pfad über die Wiese auf die Häuser zu. In Sendelbach geht es auf der Ostlandstraße weiter, an der es rechts auch einen Gehweg durch die Parkanlage gibt. Nach der Schule biegen wir rechts in die Waldstraße und gleich links

Der Bayersturm in Lohr steht zwischen schönen Fachwerkhäusern.

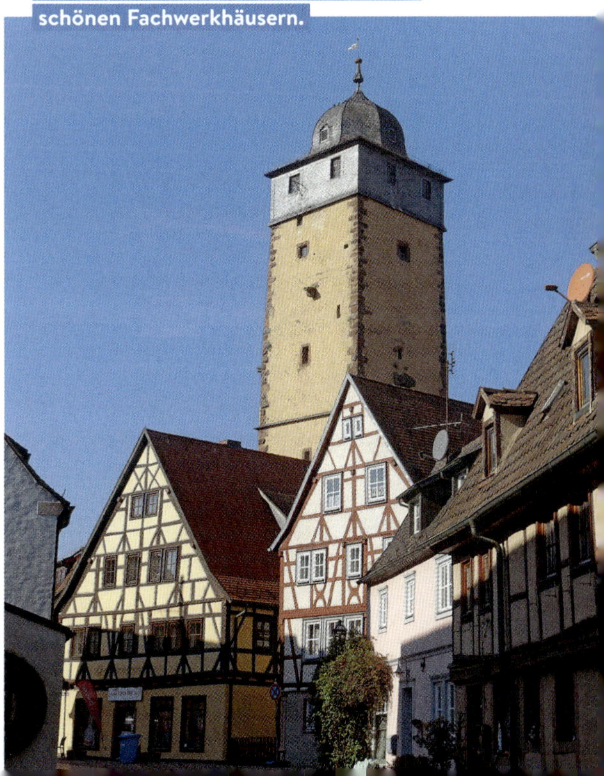

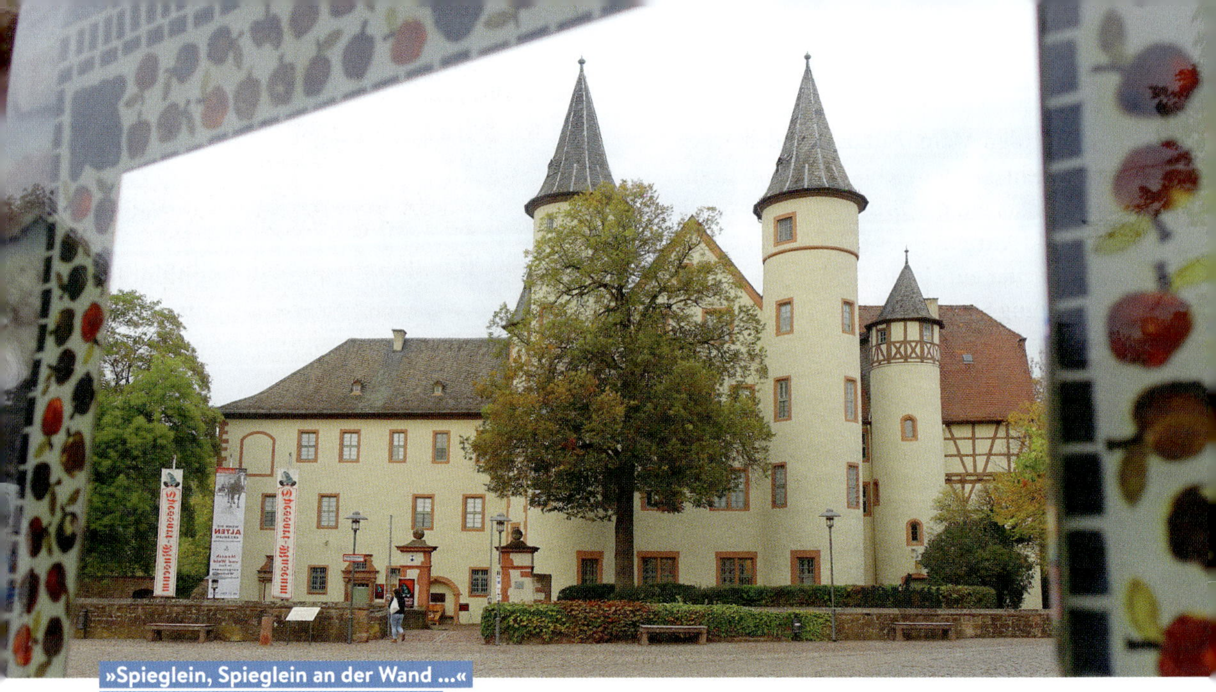

»Spieglein, Spieglein an der Wand …«
Schneewittchenschloss im Spiegel

in die Amselstraße. Am Ende gehen wir auf der Sendelbacher Straße rechts und schlendern links auf der **3 Alten Mainbrücke** über den Main. Der alte Lastkahn auf dem großen Parkplatz auf der linken Seite erinnert an die glanzvollen Zeiten der Fischerei und des Handels auf dem Main. Gleich nach der Brücke

Tipp

IM SPESSARTMUSEUM

Das Lohrer Schloss, in dem einst Schneewittchen gewohnt haben soll, ist die richtige Kulisse für das Spessartmuseum, in dem die Vergangenheit und Gegenwart eines der größten Waldgebiete Deutschlands präsentiert wird. Jagd, Wald und Räuber, die prägenden Schlagwörter für den Spessart, nehmen auch im Museum einen großen Platz ein (Schloßplatz 1, 97816 Lohr am Main, Tel. 09353/793 23 99, www.spessart museum.de).

können wir rechts auf der Treppe hinabsteigen und links auf dem Gehweg weiter in Richtung Innenstadt. Wir fädeln in die Obere Brückenstraße ein und gehen noch vor dem fotogenen Bayersturm links in die Grabenstraße. Parallel dazu können wir im Park des ehemaligen Stadtgrabens flanieren. Auf der Meistergasse gehen wir rechts und auf der Hauptstraße wieder rechts zum alten **4 Rathaus**. Es lohnt sich, in Lohr umherzuschweifen und das Schneewittchenschloss und die vielen Fachwerkhäuser zu entdecken.

ZURÜCK NACH STEINBACH Vom Rathaus gehen wir auf der Hauptstraße an Fachwerkhäusern aus dem 16. Jahrhundert vorbei und geradeaus über die Turmgasse in die Kirchgasse zum Kirchplatz mit der spätgotischen Kirche St. Michael und dem Kapuzinerkloster. Hinter der Kirche steigen wir etwas links eine Treppe hinab und gehen rechts durch die Steinmühlgasse in das Fischerviertel. Am Fischerbrunnen laufen wir links durch das Fischertor und gleich rechts auf dem Mainkai zur Treppe auf die **3 Alte Mainbrücke** hinauf und über den Main. Auf der Sendelbacher Straße geht es kurz rechts und dann in spitzem Winkel auf der Brunnenrainstraße links aufwärts. Am Ende der Straße zeigt ein Wegweiser weiter auf einem Pfad durch den Wald in Richtung Steinbach. An Gabelungen wählen wir zweimal den linken Weg. In Steinbach laufen wir auf der Eichhornstraße ein, die in die **E Buchentalstraße** mündet, an der unser Parkplatz liegt. Es lohnt, noch einen Abstecher zum 300 Meter entfernten Schloss Steinbach im Ort zu machen. Das Schloss mit seinem hübschen Park wurde 1728 vom Würzburger Fürstbischof Christoph Franz von Hutten nach den Plänen Balthasar Neumanns errichtet. Es gilt als eines der schönsten Barockschlösser Mainfrankens.

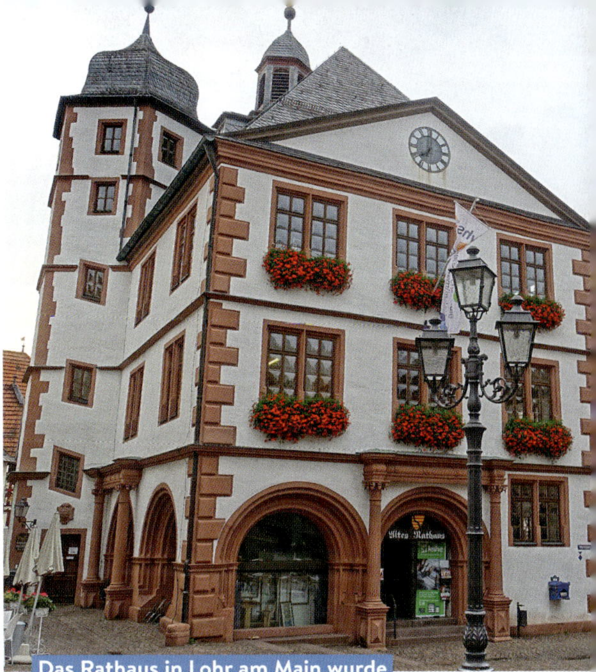

Das Rathaus in Lohr am Main wurde Ende des 16. Jahrhunderts errichtet.

INFO

TOURENCHARAKTER

Leichte, meist schattige Wege durch Wälder

AUSGANGS-/ENDPUNKT

Parkplatz Buchentalstraße 5,
97816 Lohr am Main-Steinbach
GPS 50°00'23.7"N
09°36'19.7"E (155 m)

ANFAHRT

ÖPNV:
Bahn nach Lohr, Bus Linie 8067 nach Steinbach
Auto:
Auf der B 26, bei Lohr über den Main und auf der St 2435 nach Steinbach

GEHZEITEN

Buchentalstraße – Mariabuchen 0:55 Std. – Sportheim 0:35 Std. – Alte Mainbrücke 0:30 Std. – Rathaus 0:20 Std. – Alte Mainbrücke 0:15 Std. – Buchentalstraße 0:55 Std.

Leicht	10,9 km	220 Hm	3.30 Std.

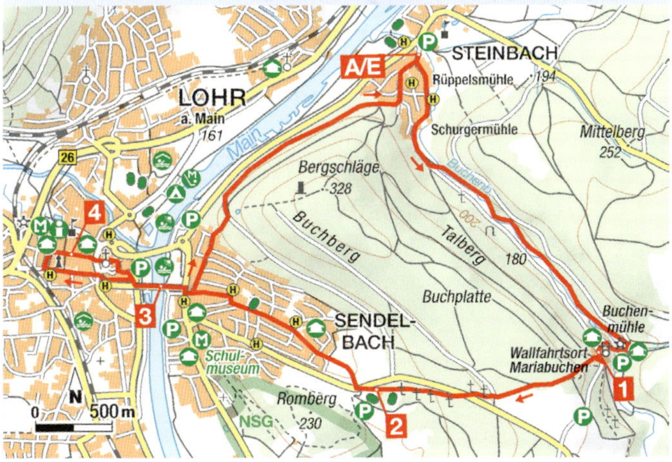

EINKEHR

Buchenstüble, Buchentalstraße 21,
97816 Lohr am Main-Mariabuchen,
Tel. 09352/500 41 40

INFORMATION

Schloßplatz 5, 97816 Lohr am Main,
Tel. 09352/84 84 65,
www.lohr.de

KUNSTHISTORISCHER BOGEN UM RIMPAR

Zwischen Gotik und Renaissance

Die Wanderung verläuft teilweise auf dem Europäischen Kulturweg und zeigt wichtige Fixpunkte der Geschichte von Rimpar und Maidbronn. Mit dem Weingut Veitsmühle und mit der Aussicht am Punkt »terroir f« kommen der Wein und der Genuss für Augen und Gaumen ebenfalls nicht zu kurz.

29

Schloss Grumbach war einst Residenz der Würzburger Fürstbischöfe.

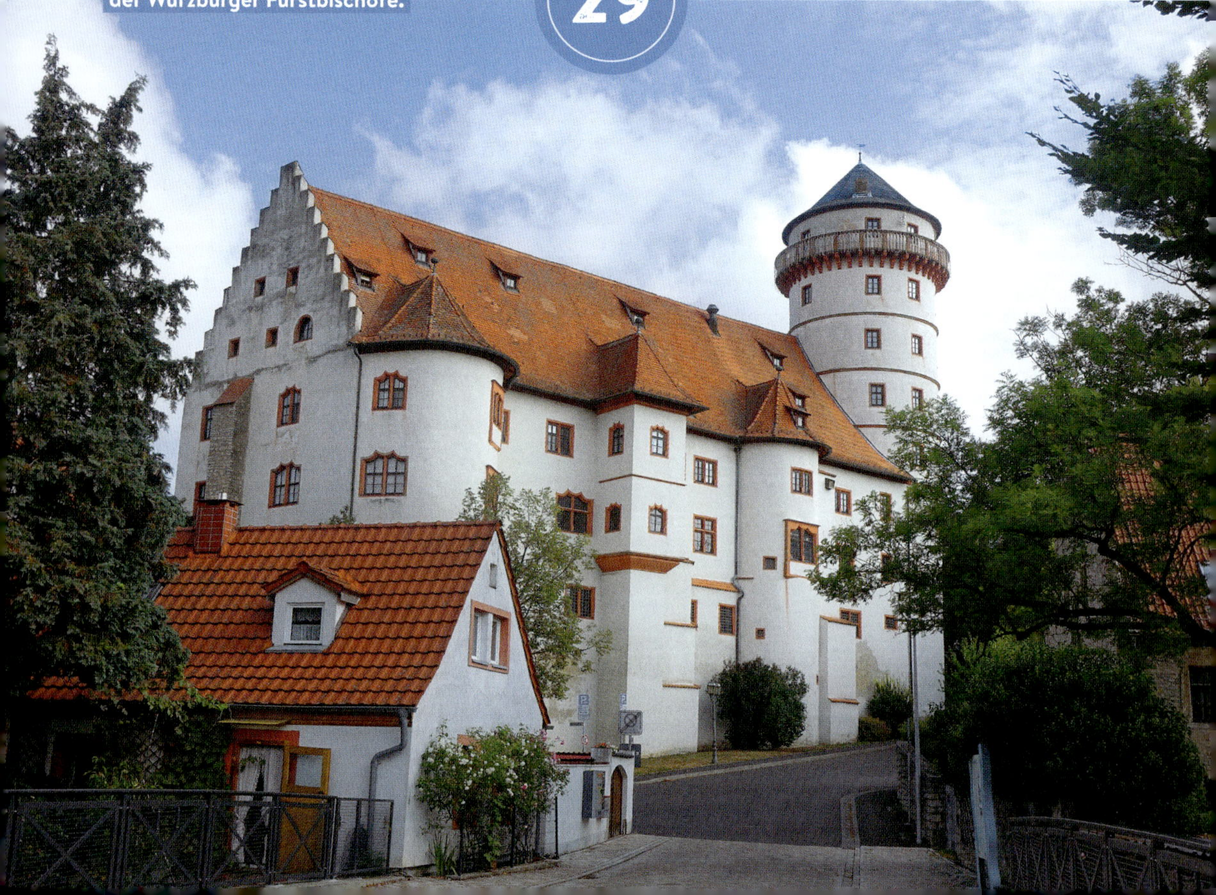

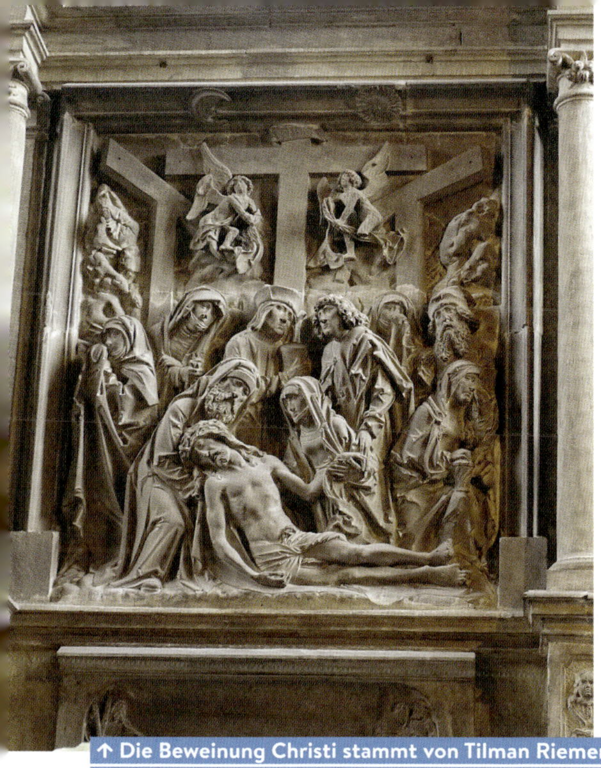

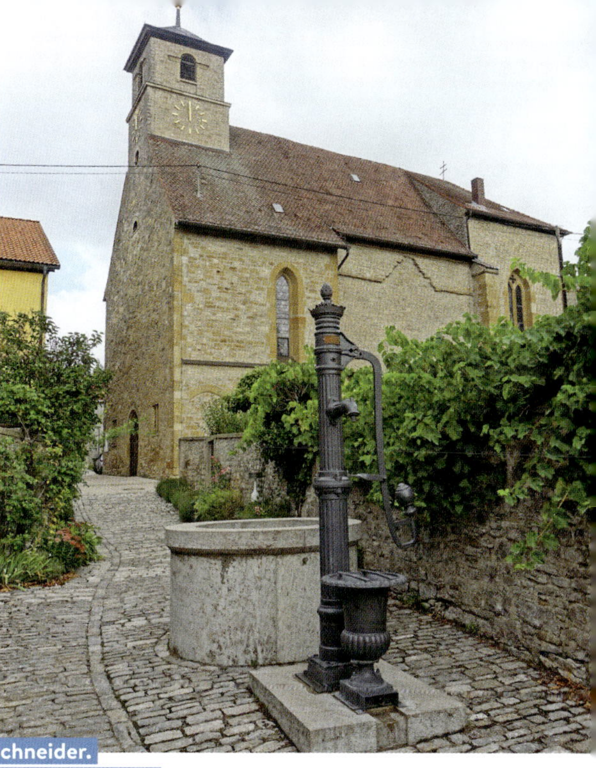

↑ Die Beweinung Christi stammt von Tilman Riemenschneider.
↗ Die Kirche St. Afra ist nur noch im Langhaus ursprünglich erhalten.

Die Kirche St. Peter und Paul in Rimpar und die Kirche St. Afra spannen einen interessanten Bogen zwischen Gotik und Renaissance und zwischen dem frühesten und letzten Werk Tilman Riemenschneiders.

ZUR KIRCHE ST. AFRA Vom Parkplatz an der **A** **Sporthalle** in Rimpar gehen wir zu Beginn an der Friedhofsmauer auf der Julius-Echter-Straße abwärts. Gegenüber dem Haus mit der Nummer 10 steigen wir links auf der Treppe hinab und wandern unten auf der Niederhoferstraße rechts weiter. Nach dem Jugendzentrum können wir auf der linken Seite auf dem Gehweg zwischen der Pleichach und der Straße unseren Weg mit der blauen Markierung des Kulturweges fortführen. Nach den Sportplätzen gehen wir links auf dem Eisernen Steg über die Pleichach und auf der Straße vor den Wohnblöcken rechts. An der Kreuzung müssen wir auf der Konrad-Adenauer-Straße links aufwärts und dann auf der Kurt-Schumacher-Straße rechts. An der T-Kreuzung geht es auf der Kettelerstraße in Richtung Maidbronn rechts hinauf und in der Linkskurve geradeaus zu einer **1** **Gas-Verteilerstation**. Hier wandern wir links in Richtung Wertstoffhof und haben bald Aussicht nach Maidbronn mit der Kirche St. Afra. Unten gehen wir an der Bushaltestelle rechts und vor der Rechtskurve links in die Riemenschneiderstraße. Vor der Kreuzung steht rechts die Alte Schmiede, an der vorbei wir rechts in die Klosterstraße einbiegen. Am Ende der Straße schlüpfen wir links vom Haus mit der Nummer 4 an der Mauer entlang durch einen engen Durchgang. Rechts am Bach sehen wir die Gebäude der ehemaligen Klostermühle und links oben steht die Kirche **2** **St. Afra**. Das von 1232 bis 1581 bestehende Zisterzienserinnenkloster ist nur noch in Nebengebäuden erhalten. Der kunsthistorische Höhepunkt ist das steinerne Relief der

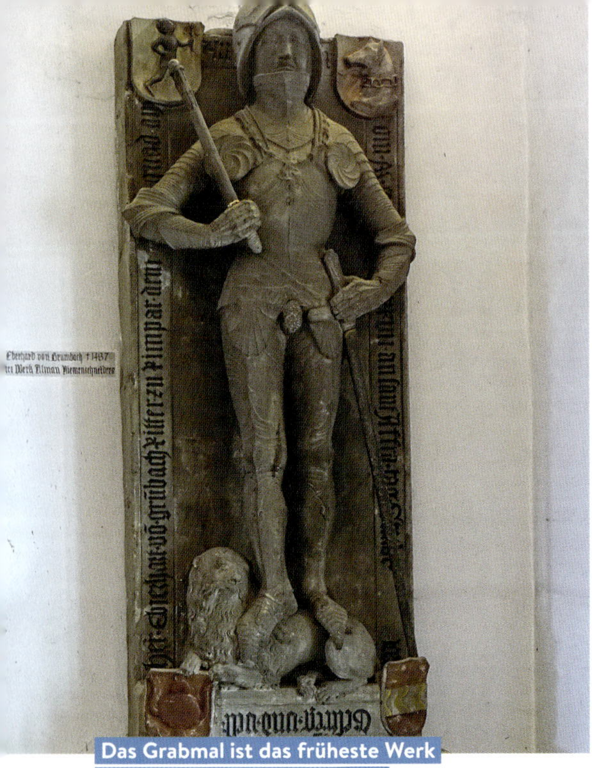

Das Grabmal ist das früheste Werk von Tilman Riemenschneider.

Beweinung Christi in der Kirche. Es ist das letzte Werk Tilman Riemenschneiders, das Ende des 16. Jahrhunderts entstand. Es gilt als ein Ausdruck des Übergangs von der Kunstepoche der Gotik zur Renaissance in Nordeuropa.

Tipp

RIMPARER SCHLOSSMUSEEN

Die Museen im Schloss Grumbach gliedern sich in das Archäologiemuseum mit gefundenen Scherben und Gefäßen, das Bäckereimuseum, das Trachtenmuseum, das Maurer- und Zimmerermuseum und das Kriminalmuseum in einem Turm mit drei übereinanderliegenden Gefängnissen. Die Rittersäle zählen zu den schönsten Renaissancesälen Deutschlands (www.schloss-grumbach.de).

ZUM PUNKT »TERROIR F« Oberhalb der Kirche geht es auf der Riemenschneiderstraße rechts weiter, aber in der Linkskurve bleiben wir geradeaus auf dem Friedhofsweg. Die folgenden Fischteiche gehörten einst zum Kloster. An der Informationstafel über die Teichwirtschaft steigen wir links ohne Markierung auf der Fahrspur den Hügel hinauf. Oben in den Feldern wandern wir auf dem Feldweg rechts, am Ende links auf dem betonierten Weg hinauf und an der T-Kreuzung links. 15 Meter vor einem Bildstock mit Bank unter zwei Linden geht es rechts hinab. Vor einem Grundstück mit Ziegen und Hühnern wandern wir rechts weiter und kommen an einer Weggabelung an den Bildstock **3 Maria mit Mühlstein**. Hier haben wir gute Aussicht in das Tal der Pleichach, an der einst viele Mühlen klapperten. Der Heiligenstein der Marienstatue wurde aus einem Mühlstein gebildet. An dem Bildstock links vorbei geht es ins Tal der Pleichach hinab. Unten im Tal ist links die Zufahrt zur ehemaligen Veitsmühle, die heute ein Weingut ist. Nach einem kleinen Sportplatz vor den ersten Häusern laufen wir links, vor der Hecke auf dem Wiesenweg rechts und an einer T-Kreuzung links zur Pleichach. Auf der Bachgasse gehen wir rechts und an der Kreuzung nach links versetzt auf der Lohnstraße bergauf. An einer T-Kreuzung, weit nach den letzten Häusern, geht es links in Richtung »terroir f« weiter aufwärts zum magischen **4 Punkt »terroir f«**. Die Aussicht reicht über Rimpar in das Tal der Pleichach bis nach Würzburg.

ZUM SCHLOSS GRUMBACH Von der Aussicht laufen wir nach Süden hinab, an der T-Kreuzung links und an der nächsten T-Kreuzung rechts hinunter. An der Kreuzung zwischen Häusern marschieren wir links auf der Storchstraße abwärts und unten auf der Marktstraße links. Am Marktplatz halten wir uns links auf die Bischof-Schmitt-

Straße und gehen nach dem Gasthaus Zum Lamm rechts am Ende der Sackgasse über die Pleichach. In der Bachgasse stehen wir vor den mächtigen Mauern des Schlosses und gelangen rechts und auf dem Schloßberg links aufwärts zum Eingang von **5 Schloss Grumbach**, das auf das 14. Jahrhundert zurückgeht. Im 16. Jahrhundert diente das Schloss als Landresidenz der Würzburger Fürstbischöfe. Heute gehört das Schloss dem Markt Rimpar, der es als Rathaus und Museum nutzt.
Auf dem Schloßberg laufen wir wieder hinab über die Pleichach, an deren linker Seite die Alte Schlossmühle steht. Auf der Hofstraße kommen wir geradeaus zur Niederhoferstraße, auf der wir links weitergehen. Auf der Herrngasse geht es dann rechts aufwärts und auf der Kirchenstraße links zur Pfarrkirche St. Peter und Paul. In einer Seitenkapelle befindet sich das Grabmal von Ritter Eberhard von Grumbach. Es ist das früheste Werk von Tilman Riemenschneider. Um die Kirche gehen wir links herum und haben nochmal einen Blick über die Dächer zum Schloss Grumbach. Hinter der Kirche schlendern wir auf dem Gehweg neben dem Friedhof zur Julius-Echter-Straße, an der rechts oben der Parkplatz an der **E Dreifachsporthalle** liegt.

INFO

TOURENCHARAKTER
Leichte und sonnige Wege und Pfade durch Wiesen und Felder

AUSGANGS-/ENDPUNKT
Sporthalle, Julius-Echter-Straße 2, 97222 Rimpar
GPS 49°51'10.7"N 09°57'22.1"E (260 m)

ANFAHRT
ÖPNV: Bahn nach Würzburg, Bus Linie 450 nach Rimpar Marktplatz
Auto: Von der A 7 Ausfahrt 101 Würzburg auf der B 19 nach Rimpar

GEHZEITEN
Sporthalle – Gas-Verteilerstation 0:35 Std. – St. Afra 0:15 Std. – Maria mit Mühlstein 0:40 Std. – Punkt »terroir f« 0:45 Std. – Schloss Grumbach 0:25 Std. – Sporthalle 0:20 Std.

EINKEHR
Schlossgaststätte, Schloßberg 1, 97222 Rimpar, Tel. 09365/897 57 01, www.schlossgaststaette-rimpar.de

INFORMATION
Schloßberg 1, 97222 Rimpar, Tel. 09365/806 70, www.rimpar.de

Leicht | 9,2 km | 200 Hm | 3.00 Std.

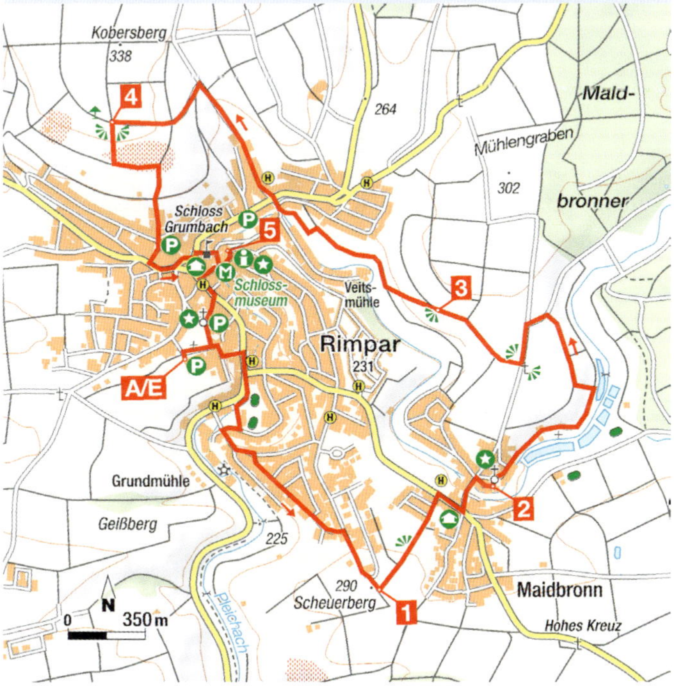

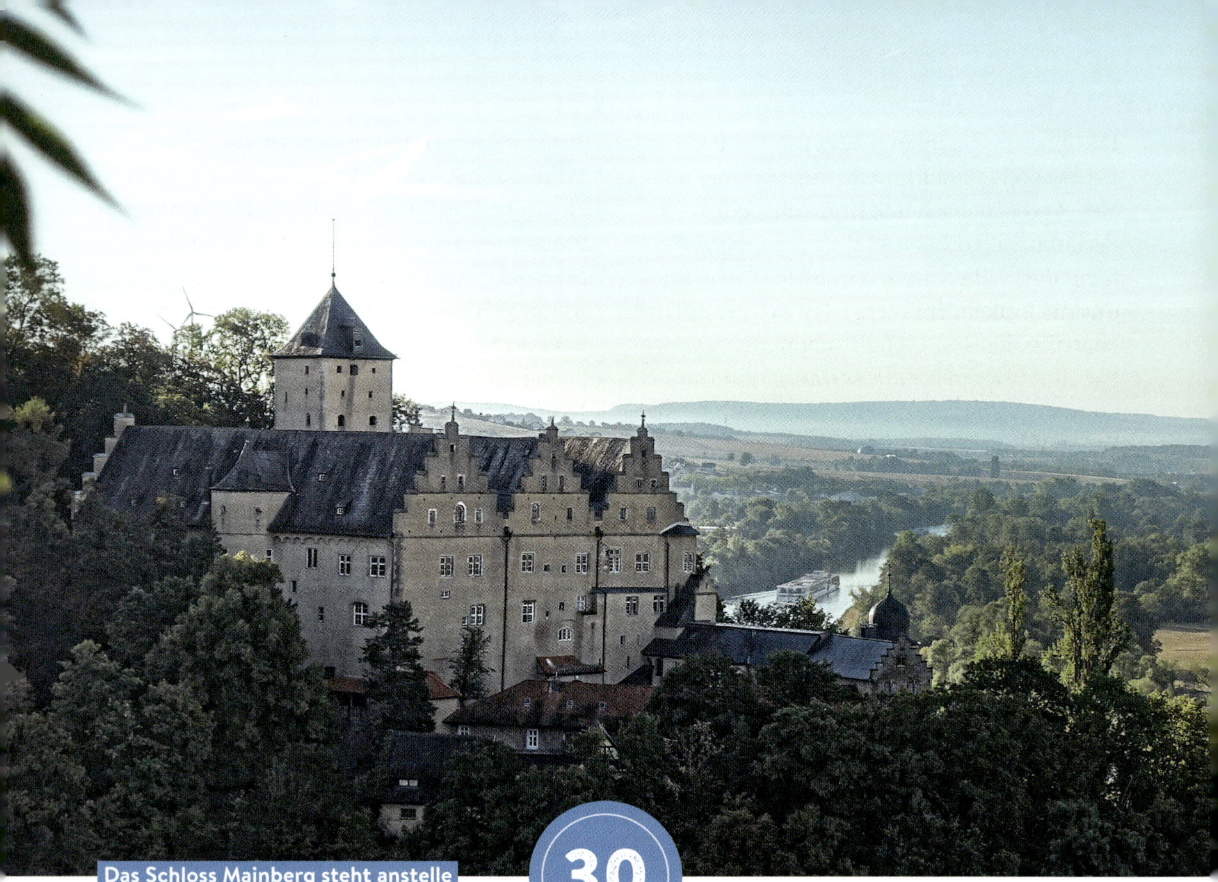

Das Schloss Mainberg steht anstelle einer früheren Burg.

30

SCHWEINFURTER SPAZIERWEGE

Durch Jagdreviere und Weinberge

Die Mainhänge und der Wald darüber präsentieren sich vielfältig und artenreich. Ein von Trockenmauern eingefasster Pfad führt durch terrassenartig angelegte ehemalige Weinberg- und Streuobstparzellen. Von hier oben besteht herrliche Aussicht auf die Schweinfurter Mainkurve.

Das einsame Jagdhaus Dianenslust im tiefen Laubwald über dem Main wirkt besonders bei Nebel gespenstisch und mystisch. Wir wandern schnell vorbei und sind froh, dass wir nicht darin übernachten müssen. Da lockt uns die Einkehr im Biergarten des gemütlichen Gasthauses Almrösl schon mehr. Das hat allerdings meist nur sonntags geöffnet.

ZUR BISMARCKHÖHE Vom östlichen Ende des Parkplatzes A **Obere Mainleite** am Ende der Straße An der Peterssturn starten wir auf dem kleinen Pfad in Richtung Bismarckhöhe. Der Weg verläuft im Wald parallel zur Straße Obere Mainleite und hat die Markierung N und die des Friedrich-Rückert-Weges. An einem Trafohaus queren wir nach rechts die Straße und steigen auf dem Gehweg hinunter zum Fußweg Mainleite. Der Weg führt umrahmt von Mauern durch die zum Teil verwilderten ehemaligen Obst- und Weingärten. Die strukturreiche Landschaft ist wertvoller Rückzugsraum für Eidechsen, Fledermäuse und Vögel, wie dem Pirol oder dem Flussregenpfeifer. Vom Aussichtspunkt 1 **Bismarckhöhe** können wir vom Schloss Mainberg im Osten und über Schweinfurt bis zu den Kühltürmen des Kraftwerkes Grafenrheinfeld im Süden schauen. Am Horizont erheben sich die Hügel des Steigerwaldes. Schade, dass es das Ausflugslokal Bismarckhöhe nicht mehr gibt.

ZUR DIANENSLUST Auf Treppen geht es wieder hinauf zur Straße Obere Mainleite und wir gehen neben der Straße auf dem Pfad im Wald nach rechts und bleiben an Abzweigen immer in Richtung Mainberg. Nach einem Picknickplatz mit Aussicht müssen wir an einer Weggabelung, noch

Aussicht von der Oberen Mainleite hinab auf das Maintal

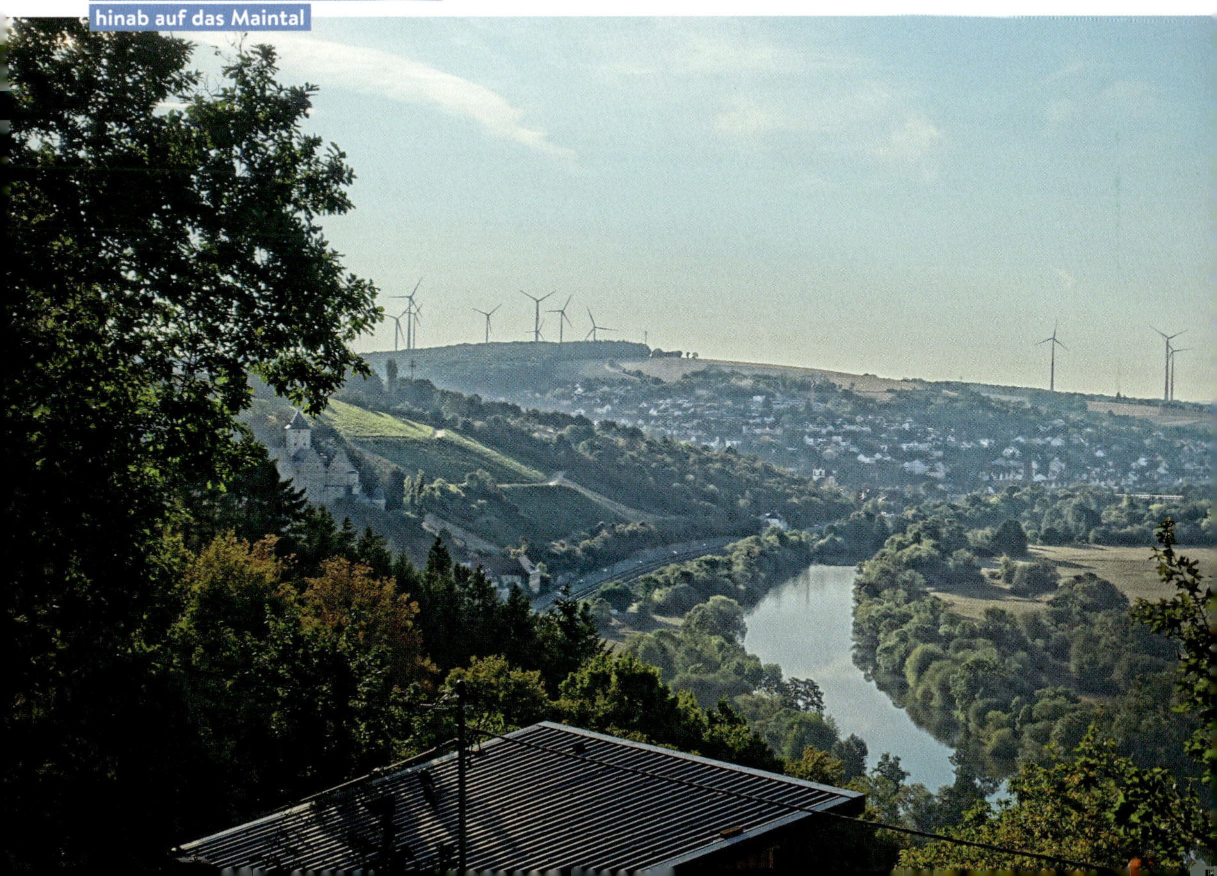

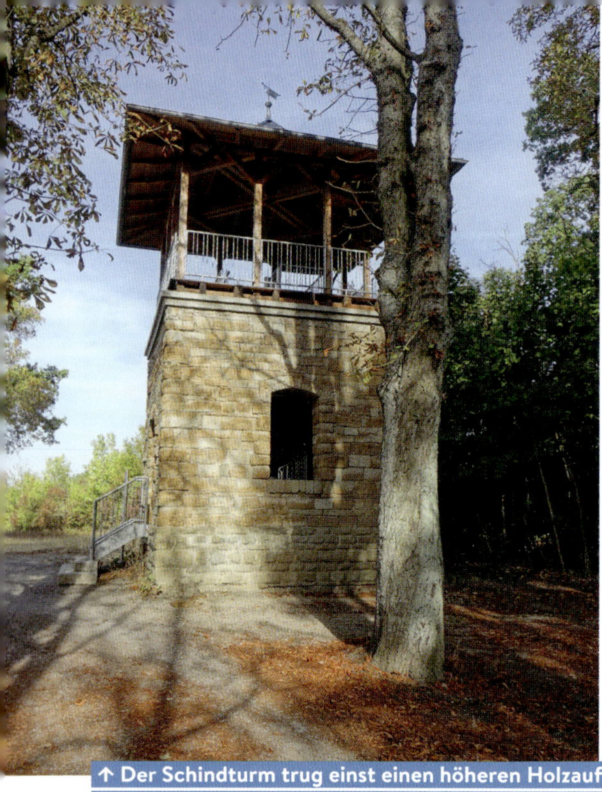

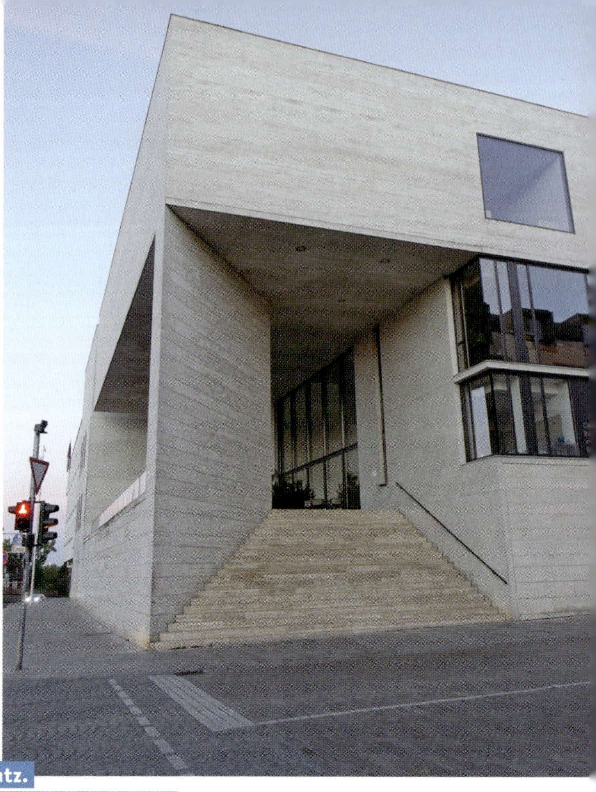

↑ Der Schindturm trug einst einen höheren Holzaufsatz.
↗ Das Museum Otto Schäfer ist auch ein architektonisches Glanzstück.

bevor der Hauptweg abwärtsführt, links auf dem Pfad mit der Markierung Höllental und Mainblick hinauf. Nach einem trockenen Bachtal wandern wir an der Kreuzung auf der Forststraße rechts. Am 2 **Picknickplatz** Schloss Mainberg haben wir die schönste Sicht auf das Schloss, auf den Main und auf den Turm der Kirche St. Michael, die 1486 erbaut wurde. Das Schloss ist das Wahrzeichen und der Namensgeber des Dorfes. Schon 1245 wurde an seiner Stelle eine Burg genannt, die 1525 in den Bauernkriegen Schäden erlitt. Im 19. Jahrhundert wurde das Schloss im Stil der Renaissance und Gotik renoviert. Das Schloss war später im Besitz der Schweinfurter Industriellenfamilie Sachs.

In der Linkskurve nach dem Picknickplatz Schloss Mainberg steigen wir an der Waldabteilung Ziegelhütte links in Richtung Dianenslust durch wunderschönen Traubeneichen-Hainbuchen-Rotbuchen-Wald hinauf. An der Waldabteilung »Der Hain« gehen wir ohne Markierung auf dem Pfad links und an der nächsten Kreuzung mit der Markierung N rechts auf dem Pfad neben dem Forstweg zur 3 **Dianenslust**. Das Jagdhaus mit Pferdeställen wurde 1824 für die Förster erbaut. Im umgebenden Wald, der auch Dianenslust genannt wird, wurde ein prähistorisches Gräberfeld gefunden.

ZUM GASTHAUS ALMRÖSL Vom Jagdhaus folgen wir dem Pfad mit dem Wegweiser zum Almrösl nach Westen. An einer ersten Gabelung bleiben wir geradeaus und an der zweiten Gabelung kommen wir links zum Ausflugslokal 4 **Almrösl** mit schönem Biergarten und Kinderspielplatz.

ZUM SCHINDTURM Direkt vor dem Tor des Biergartens geht es mit den Markierungen Höllental und Mainblick auf einem engen Pfad links abwärts. Zuletzt steigen wir eine lange Treppe hinunter zum Hexenbrünnle und zu einem historischen Grenzstein aus dem Jahr 1740. Das Hexenbrünnle plätschert gegenüber dem Grenzstein an einem Gartentor.

Vom Grenzstein steigen wir links steil in Richtung Schindturm hinauf. Nach 50 Metern wandern wir in spitzem Winkel rechts auf dem meist ebenen Grenzpfad weiter, an dem auch einige historische Grenzsteine stehen. An Abzweigen bleiben wir immer auf dem Weg, der auf gleicher Höhe verläuft. Schließlich mündet unser Pfad in eine Straße, die uns die weitere Richtung vorgibt. In einer Linkskurve nach einem einzelnen Haus bleiben wir auf dem Pfad geradeaus zum **5 Schindturm**, von dem unser Blick über das Höllental und moderne Stadtteile Schweinfurts schweift. Im Höllental befand sich einst eine der ersten Siedlungen, aus denen sich die Stadt Schweinfurt entwickelte. Vom Schindturm gehen wir links auf der Kastanienallee in Richtung Mainleite und kommen so direkt zum Parkplatz **E Obere Mainleite** zurück.

Tipp

IM MUSEUM OTTO SCHÄFER

Das Museum Otto Schäfer beherbergt die bedeutendste Privatsammlung deutscher Malerei des 19. Jahrhunderts und wertvollen Buchbesitz der Stadt Schweinfurt, aber auch antikes Glas. Weitere Sammlungen spannen den Bogen zur Gegenwartsgrafik und zum Kunsthandwerk (Judithstraße 16, 97422 Schweinfurt, Tel. 09721/387 09 70, www.museumottoschaefer.de).

INFO

TOURENCHARAKTER

Überwiegend schattige Wege und Pfade durch Wälder

AUSGANGS-/ENDPUNKT

Parkplatz Obere Mainleite
GPS 50°03'24.4"N 10°15'40.2"E (285 m)

ANFAHRT

ÖPNV: Bahn nach Schweinfurt-Stadt
Auto: Von der A 70 Ausfahrt 8 Gochsheim auf der St 2272 nach Schweinfurt und auf der Straße An der Peterstirn zum Parkplatz Obere Mainleite

GEHZEITEN

Obere Mainleite – Bismarckhöhe 0:15 Std. – Picknickplatz 0:30 Std. – Dianenslust 0:30 Std. – Almrösl 0:15 Std. – Schindturm 0:20 Std. – Obere Mainleite 0:10 Std.

EINKEHR

Wirtshaus Almrösl, Am Bramberg, 97422 Schweinfurt, Tel. 09721/942 90 24, www.almroesl.com

Leicht	6,4 km	100 Hm	2.00 Std.

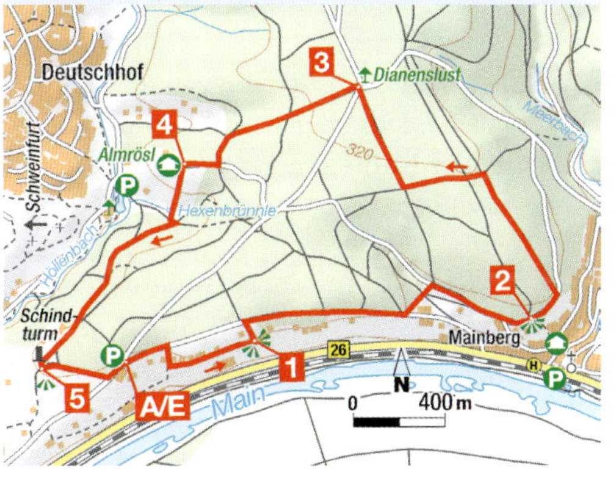

INFORMATION

Markt 1, 97421 Schweinfurt, Tel. 09721/51 36 00, www.schweinfurt.de

1000 JAHRE AUF DER VOGELSBURG

Durch die Volkacher Mainschleife

Von der Altsteinzeit bis zum 5. Jahrhundert war die Vogelsburg eine befestigte Kleinsiedlung. Später war die Vogelsburg ein Königshof, der dann zum Kloster wurde. Heute gehört der Platz mit der tollen Aussicht zur Stiftung Juliusspital Würzburg und ist ein beliebter Anlaufpunkt.

Stimmungsvolle Aussicht von der Vogelsburg auf die Mainschleife

31

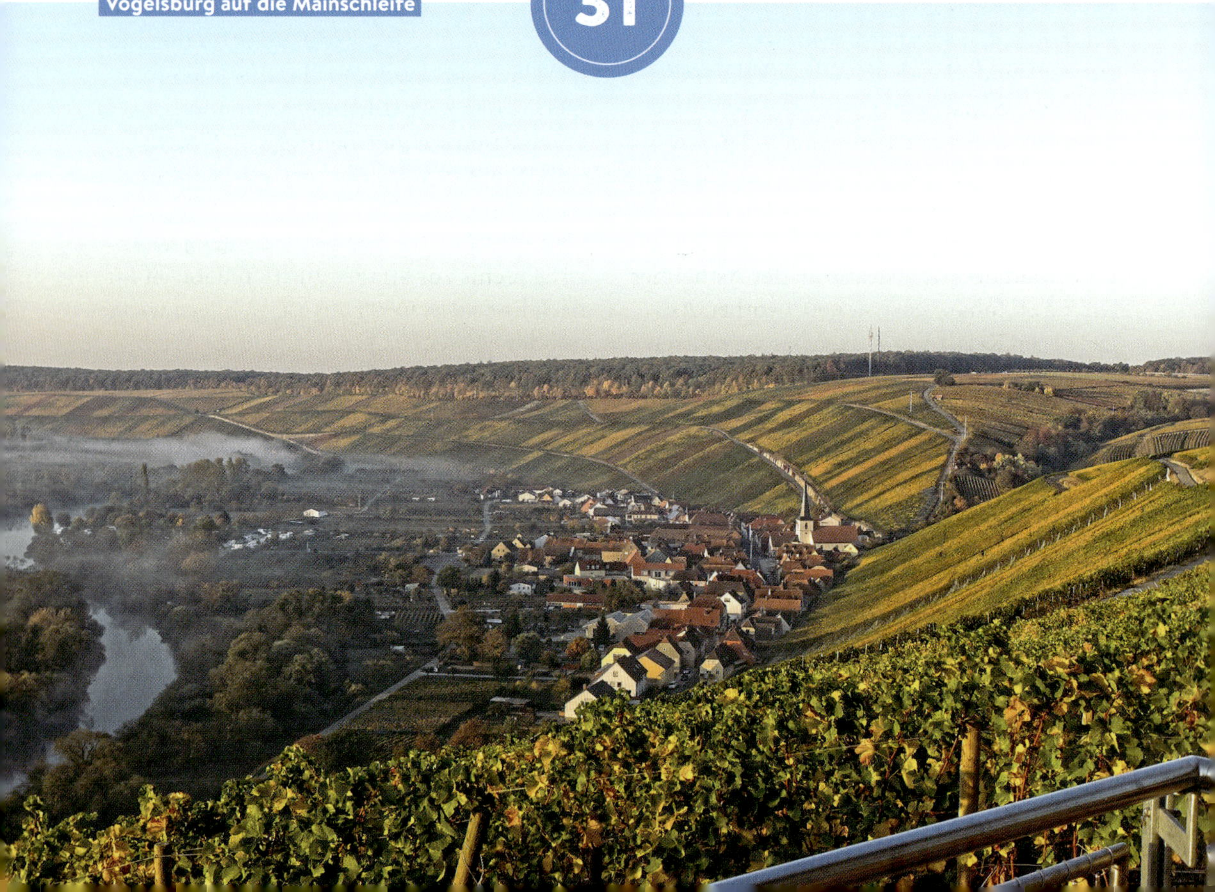

Nicht nur der geschichtsträchtige, mystische Platz der Vogelsburg ist ein Höhepunkt dieser Wanderung. Die Aussichten leiten den Blick auch über den Main zur Wallfahrtskirche Maria im Weingarten, die einen der bedeutendsten Kunstschätze Europas beherbergt.

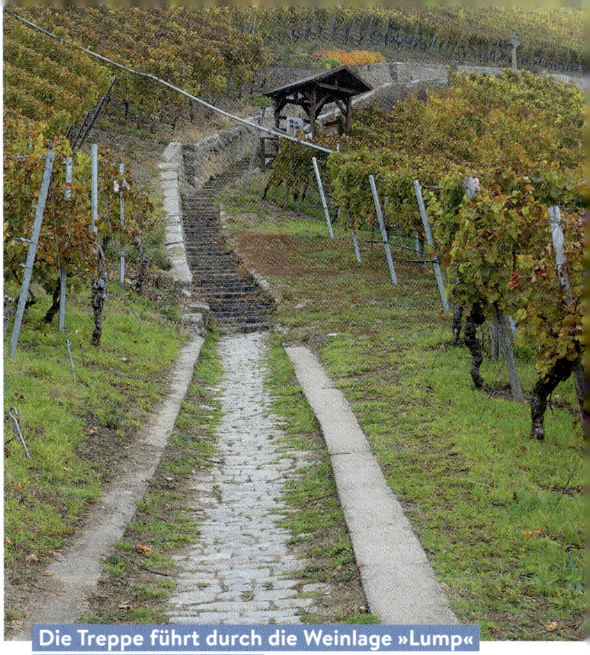

Die Treppe führt durch die Weinlage »Lump« hinauf zur Vogelsburg.

ZUR VOGELSBURG Vom Parkplatz am **A Friedhof** in der Friedenstraße in Volkach gehen wir auf der Dimbacher Straße stadteinwärts nach Norden und am Oberen Markt durch das Obere Tor, das auch Diebsturm genannt wird, weil es auch als Gefängnis diente. Obwohl die Stadtbefestigung bereits im 13. Jahrhundert bestand, stammt der Diebsturm mit dem Renaissancegiebel aus dem 16. Jahrhundert. Die Altstadt besitzt viele schöne Häuser und Sakralbauten in denkmalgeschützten Ensembles. Nach dem Brunnen vor dem Renaissancerathaus aus dem Jahr 1544 laufen wir vor dem wunderbaren Fachwerkgasthaus links über den Stadtgraben, in dem typische Grabengärten angelegt sind. Vor dem Kreisverkehr wandern wir rechts auf dem Gehweg hinunter, links durch die Unterführung und gleich links auf der Treppe hinauf. Auf der Brücke überqueren wir den Main und steigen am Ende auf der Treppe links hinab. Geradeaus geht es auf der Mainstraße an der Astheimer Kirche St. Johannes Evangelist vorbei. An der ersten Kreuzung in den Gärten müssen wir auf der zweiten Straße halb rechts und nach 20 Metern rechts nach den Sträuchern auf die unscheinbare Fahrspur entlang von Buschwerk über die Wiese. An einem Brennholzlagerplatz bleiben wir geradeaus und sind an der nächsten Kreuzung am Beginn des Naturschutzgebietes **1 Dürringswasen**. Wir schwenken nach links entlang des elf Hektar großen Areals. Auf der rechten Seite steht die europaweit seltene Sandgrasheide unter Schutz. Die nährstoffarmen Sandböden sind Lebensbereiche für wärmeliebende Pflanzen und Tiere. Neben der Leitpflanze Silberscharte wachsen auf diesem Areal Bergsteinkraut, Sand-Grasnelke, Ohrlöffel-Leimkraut, Sand-Sommerwurz und Duvals Furchen-Schwingel. Der hier vorkommende feingliedrige Nordische Mannsschild gilt in Deutschland eigentlich als ausgestorben. Wildbienen und die Blauflügelige Ödlandschrecke sind auf diesem Extremstandort Spezialisten aus der Insektenwelt. Nach dem Naturschutzgebiet gehen wir an der T-Kreuzung rechts zur Straße hinauf und folgen ihr nach links. Nach 300 Metern wandern wir mit der Markierung 7b rechts in die Weinberge und dann links. Der Weinbergweg führt wieder zur Straße, aber kurz vorher nehmen wir den rechten Weg unter die Sohlen. Am Ende überqueren wir die Straße und setzen unseren Weg nach rechts auf dem Geh- und Radweg fort. Kurz vor dem Ende des Weges an der Straße können wir links auf dem grasbewachsenen Damm bis zum **2 Gasthaus Mainaussicht** gehen. 130 Meter nach der Gaststätte, die auch Gifthütte genannt wird, beginnt der lange

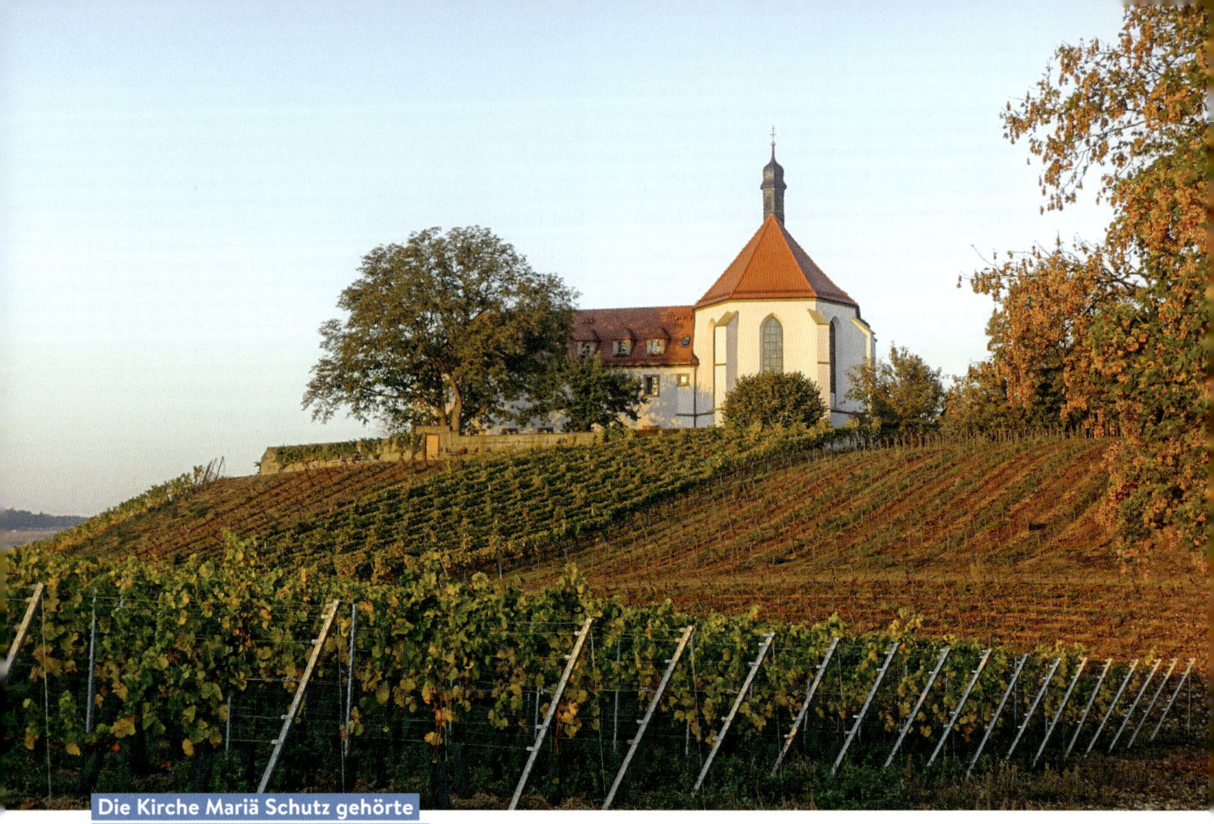

Die Kirche Mariä Schutz gehörte zum früheren Kloster Vogelsburg.

Treppenaufstieg durch die Reben an der Statue des Kreuzschleppers vorbei zur **3 Vogelsburg** hinauf. Die Aussicht über die Mainschleife mit der Weininsel ist fantastisch. Die Vogelsburg ist angesichts ihrer über 1000-jährigen Geschichte ein mystischer Ort. Von der frühmittelalterlichen Burganlage sind nur noch einige Abschnittswälle zu sehen. Aus dem späteren Kloster ist ein begehrter Ausflugsort mit Restaurant und Hotel geworden.

Tipp

MARIA IM WEINGARTEN

Mindestens seit dem Jahr 1158 ist eine karolingisch-ottonische Urkirche an Stelle der heutigen Wallfahrtskirche Maria im Weingarten bei Volkach bekannt. Der eigentliche Anziehungspunkt ist jedoch die geschnitzte Madonna »Maria im Rosenkranz«, die Tilman Riemenschneider als eines seiner Spätwerke bis 1524 fertigte (April–Okt. tgl. 10–17 Uhr geöffnet, www.volkach.de).

ZURÜCK ÜBER DEN PUNKT »TERROIR F«

Auf der Westseite der Anlage laufen wir in Richtung »terroir f« über den Parkplatz und am Ende links auf dem Weg weiter. An einer T-Kreuzung müssen wir rechts und kommen zum **4 Punkt »terroir f«**. Solche Punkte zeigen die magischen Orte des fränkischen Weines. Der Blick schweift wiederum über die berühmten Weinlagen an der Volkacher Mainschleife und über die Weininsel. Nach Norden können wir zudem über den Main bei Fahr schauen. Wir gehen wieder zurück über den Parkplatz an der Vogelsburg und nun unten an der Zufahrt zum Parkplatz auf dem Gehweg rechts parallel zur Straße weiter. Am Ende der Leitplanke können wir die Straße überqueren und gehen vor den Reben links hinab, in einem Rechtsbogen um eine Wiese und wandern entlang der touristischen Mainschleifenbahn rechts geradeaus weiter. Immer wieder können wir über den Main zur berühmten Wallfahrtskirche Maria im Weingarten schauen. In ihr befindet sich die schwebende »Madonna im Rosenkranz« von Tilman Riemenschneider. Der Quittenlehrpfad führt direkt zum **5 Quittenladen** in Astheim, der als Besonderheit unbedingt besichtigt werden sollte. Die Vielfalt dessen, was aus Quitten Leckeres hergestellt werden kann, ist eine Überraschung. Wir gehen 40 Meter zurück und laufen in spitzem Winkel rechts auf dem Pfad entlang der Schienen zum Bahnhof der Mainschleifenbahn und auf der Brücke über den Main. Durch die Volkacher Altstadt geht es am Rathaus rechts durch den Diebsturm und auf der Dimbacher Straße zurück zum Parkplatz am **E Friedhof**.

INFO

Leicht | **10,6 km** | **120 Hm** | **3.00 Std.**

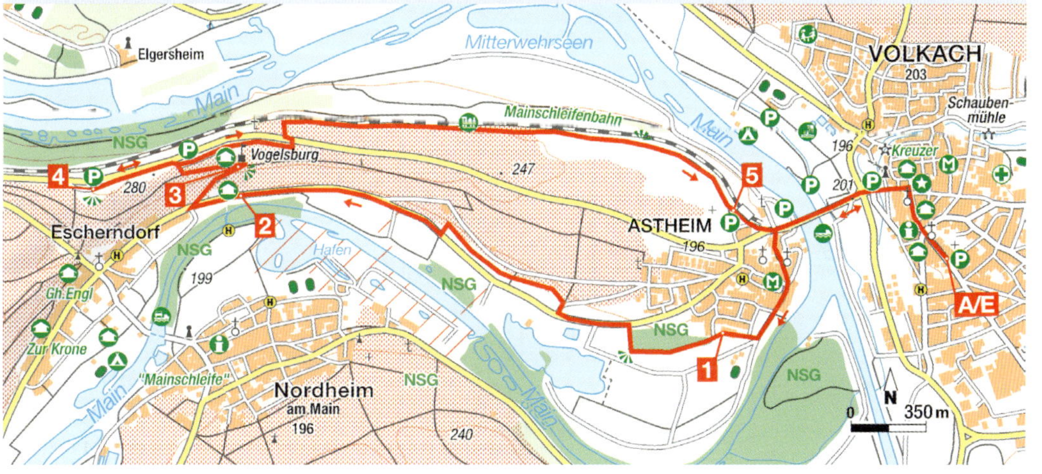

TOURENCHARAKTER

Leichte und sonnige Wege durch Reben

AUSGANGS-/ENDPUNKT

Parkplatz am Friedhof, Friedenstraße 11, 97332 Volkach GPS 49°51‘47.1“N 10°13‘44.8“E (200 m)

ANFAHRT

ÖPNV: Bahn nach Kitzingen, Bus Linie 8110 nach Volkach Bahnhof
Auto: Auf der A 3 Ausfahrt 74 Kitzingen/Schwarzach und auf der B 22 und St 2271 nach Volkach

GEHZEITEN

Friedhof – NSG Dürringswasen 0:30 Std. – Gasthaus Mainaussicht 0:45 Std. – Vogelsburg 0:15 Std. – Punkt »terroir f« 0:15 Std. – Quittenladen 0:50 Std. – Friedhof 0:25 Std.

EINKEHR

Restaurant Vogelsburg, 97332 Volkach, Tel. 09381/710 89 70, www.vogelsburg-volkach.de

INFORMATION

Marktplatz 1, 97332 Volkach, Tel. 09381/401 12, www.volkach.de

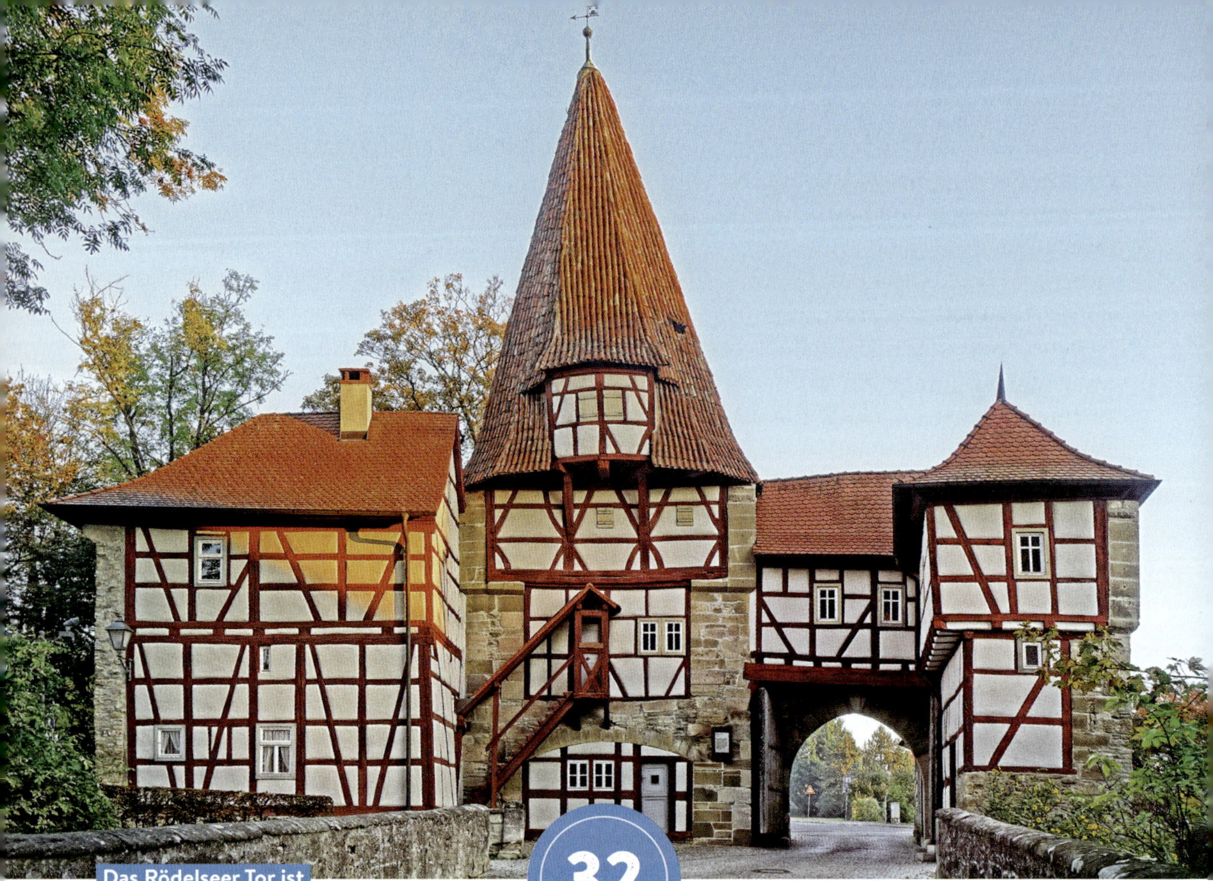

Das Rödelseer Tor ist das Wahrzeichen von Iphofen.

32

IPHOFEN UND MAINBERNHEIM

Mittelalter in den Reben

Wir wandern durch berühmte Weinlagen am Schwanberg und schauen vom magischen Punkt »terroir f« über die Reben des Steigerwaldes und zu den liebenswerten und pittoresken Orten Iphofen, Mainbernheim und Rödelsee. Für Genießer stehen zahlreiche Einkehrmöglichkeiten bereit.

Auf diesem Wanderweg liegt am Schwanberg der Iphofener Geschichtsweinberg. Dort wurden die Epochen des fränkischen Weinbaus vom Mittelalter bis in die 1960er-Jahre wiederbelebt. Besucher können wahrnehmen, wie Rebflächen zu verschiedenen Zeiten ausgesehen haben. Nebenbei sind verschiedenste Lebensräume für Tiere und Pflanzen entstanden, die früher mit dem Weinbau verbunden waren.

ZUM PUNKT »TERROIR F« Vom Parkplatz und der Bushaltestelle in der **A Einersheimer Straße** in Iphofen beginnen wir die Wanderung auf dem Gehweg hinter dem Wohnmobilstellplatz nach rechts und schlüpfen durch das Einersheimer Tor in die Altstadt. Die Lange Gasse knickt an der nächsten Kreuzung rechts ab und am Ende kommen wir auf der Breiten Gasse links zum Marktplatz. Wir gehen nach Norden zum alten barocken Rathaus mit der doppelläufigen Treppe und dem prachtvollen Portal. Hinter dem neuen Rathaus mit der Touristinformation erleben Besucher in der Geschichtsscheune einen Einstieg in die Chronik Iphofens, die im Jahr 741 begann. Ein sprechendes Stadtmodell, Geschichtsepisoden und Skulpturen aus dem 16. und 18. Jahrhundert zeigen die einstigen Lebensbedingungen in der historischen Stadt. Vor der Kirche St. Veit gehen wir links und hinter dem gruseligen Gebeinhaus auf der Treppe hinab, wo ein kleines Fenster einen Blick auf die Knochen erlaubt. Auf der Pfarrgasse nach Norden kommen wir durch den Mittagsturm, dem das berühmte **1 Rödelseer Tor** vorgelagert ist.

Nach 120 Metern auf der Rödelseer Straße wandern wir rechts auf dem Schwanbergweg durch die Wohnsiedlung. An der Weggabelung am Denkmal in den weiten Rebflächen wählen wir halb rechts den mittleren Weg. An einer weiteren Gabelung gehen wir wieder auf dem mittleren Weg weiter und kommen am Waldrand zum **2 Geschichtsweinberg** hinauf. An dem Weinberg vorbei aufwärts bleiben wir in westlicher Richtung immer am

↓ In Mainbernheim ist die Zeit stehen geblieben.

↘ Das Einersheimer Tor stammt aus dem 15. Jahrhundert.

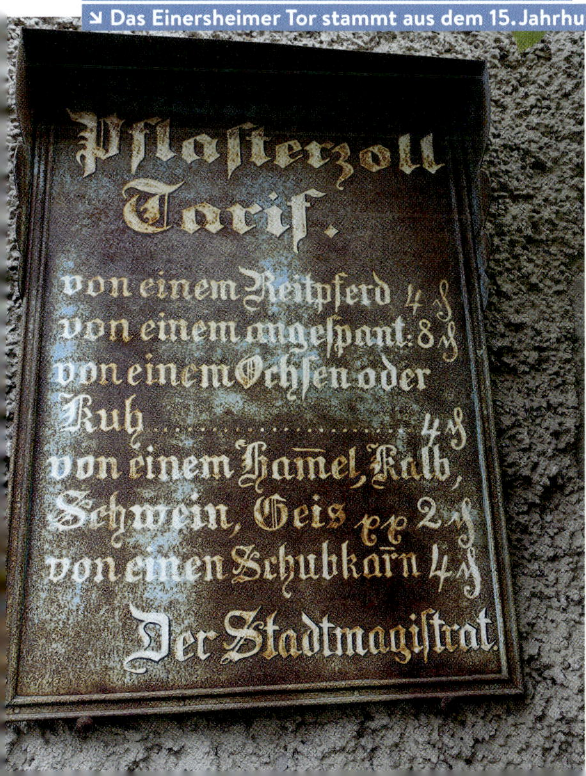

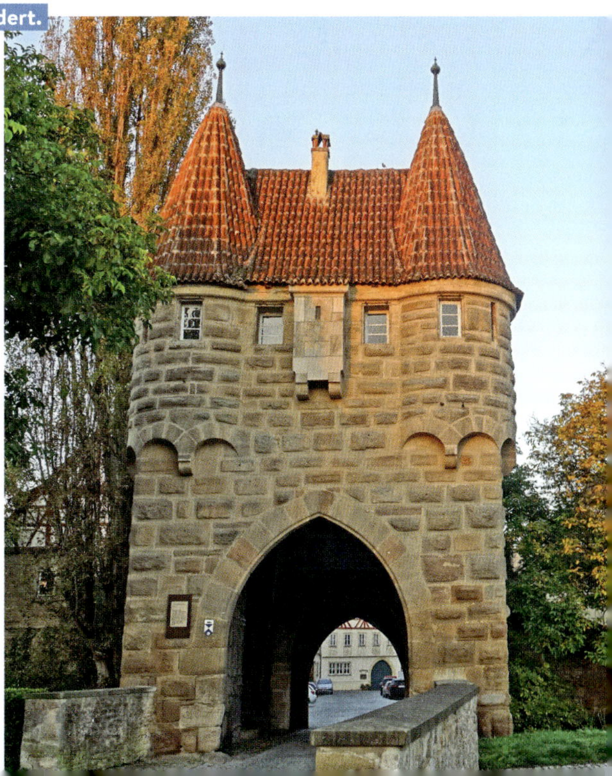

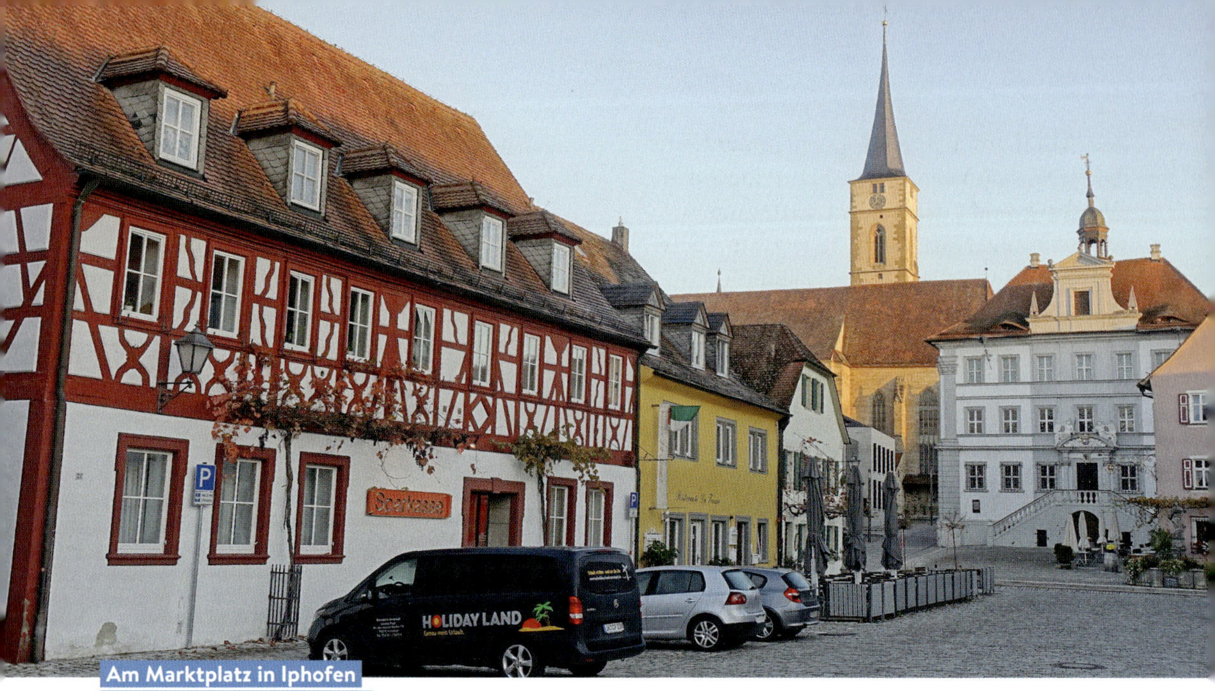

Am Marktplatz in Iphofen steht das barocke Rathaus.

Waldrand und erreichen den magischen Punkt des Frankenweins **3** **»terroir f«**.

RÜCKWEG ÜBER MAINBERNHEIM Wir bleiben am Waldrand und laufen an einem Denkmal mit Picknickplatz links durch die Weinberge abwärts bis zur Küchenmeisterhütte in der gleichnamigen Weinlage. Hier müssen wir auf dem Weinbergweg links, der an einem Graben mit Geländer etwas nach links abknickt. An der zweiten Kreuzung nach diesem Graben geht es rechts zum **4** **Jüdischen Friedhof**, der einst für 20 umliegende Gemeinden die letzte Ruhestätte war.

Vor dem Friedhof wandern wir links auf der Fahrspur an der Mauer entlang und folgen an der Kreuzung dem Asphaltsträßchen rechts am Weingut Hemberger vorbei. Die Straße St 2420 überqueren wir und gehen am Ende des Weingutes Heß rechts. Direkt nach dem Wohnhaus des Weingutes können wir links auf einem Wiesenweg über die Felder und an der T-Kreuzung wieder auf einem Wiesenweg rechts. Dabei überschreiten wir die Straße KT 12 und kommen an einem landwirtschaftlichen Hof vorbei. Nach dem Hof geht es links auf dem Fröhstockheimer Weg auf Mainbernheim zu. An den ersten Häusern gehen wir auf der Straße Am Oberen Bühl rechts und dann auf dem Gehweg links, dessen Verlängerung der Obere und dann der Untere Steinbergweg ist. Im Holzgraben vor der Stadtmauer wandern wir rechts um den Pulverturm und links durch das Untere Tor in die liebenswerte Altstadt Mainbernheims, dessen vielleicht schönste Stelle am **5** **Brunnen** ist. 1172 wurde der Ort von Kaiser Friedrich I. Barbarossa zum Reichsdorf erhoben. Die Stadterhebung und Befestigung erfolgte im 14. Jahrhundert. Da Mainbernheim im 18. Jahrhundert seine Bedeutung einbüßte, fiel die Stadt in einen »Dornröschenschlaf«, wodurch sich die historische Bausubstanz mit morbidem Charme erhalten konnte. Auf der Herrenstraße kommen wir nach Südosten durch das Obere Tor auf die Nürnberger Straße und überqueren die Schützenstraße. An der Straßengabelung müssen wir links auf dem Mühlenweg weiter. An einer Gabelung bleiben wir links auf dem Mühlenweg und kommen an der Kellermühle vorbei. Wir bleiben stets nahe am Sickersbach und gehen an der Kettenmühle links entlang. Nach der **6 Gumpertsmühle** überqueren wir die Straße St 2420 um zehn Meter nach links versetzt und steigen dann gleich rechts parallel zur Staatsstraße in der Fahrspur aufwärts unter der Stromleitung durch. An der T-Kreuzung geht es links entlang einer Neubausiedlung. An der Straßengabelung müssen wir rechts auf der Sudetenstraße abwärts und Am Stadtgraben West rechts abwärts. An der Kreuzung laufen wir links durch das Mainbernheimer Tor nach Iphofen hinein. Vor der Kirche Heilig Blut gehen wir rechts und dann links auf der Ludwigstraße weiter, deren Verlängerung wieder die Lange Gasse ist, die durch das Einersheimer Tor zum Parkplatz an der **E Einersheimer Straße** hinausführt.

Tipp

IM KNAUF-MUSEUM

Neben Sonderausstellungen zeigt die Dauerausstellung einen Überblick der Kunst alter Kulturen aus vier Erdteilen und fünf Jahrtausenden. 250 Exponate und originalgetreue Gipsrepliken aus den Museen der Welt spannen den Bogen von Mesopotamien über Griechenland und Altamerika bis nach Indien. Gips dient eben nicht nur als Baustoff (Am Marktplatz, 97343 Iphofen, Tel. 09323/315 28, www.knauf-museum.de).

INFO

TOURENCHARAKTER
Leichte, sonnige Wege durch Reben und Felder

AUSGANGS-/ENDPUNKT
Parkplatz Einersheimer Straße 7, 97346 Iphofen
GPS 49°42'09.6"N 10°15'52.3"E (255 m)

ANFAHRT
ÖPNV: Bahn nach Iphofen
Auto: Auf der A 7 Ausfahrt 104 Marktbreit und auf der St 2271 und St 2420 nach Iphofen

GEHZEITEN
Einersheimer Straße – Rödelseer Tor 0:15 Std. – Geschichtsweinberg 0:40 Std. – Punkt »terroir f« 0:15 Std. – Friedhof 0:30 Std. – Brunnen 1:00 Std. – Gumpertsmühle 0:35 Std. – Einersheimer Straße 0:35 Std.

EINKEHR
Café Bärenstark, Herrnstraße 25, 97350 Mainbernheim, Tel. 09323/87 78 51, www.cafe-baerenstark.de

Leicht	15,1 km	180 Hm	3.50 Std.

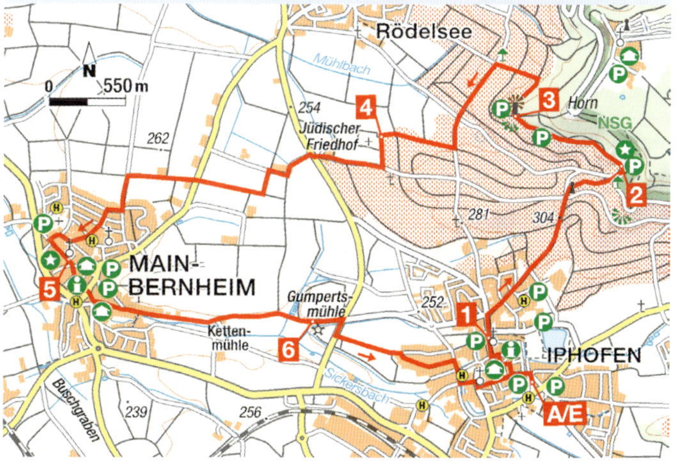

INFORMATION
Kirchplatz 1, 97346 Iphofen, Tel. 09323/87 03 06, www.iphofen.de

ZUR SCHMACHTENBURG ÜBER ZEIL AM MAIN

Im Abt-Degen-Weintal

Wo sich Bierfranken und Weinfranken treffen, ist der Genuss zu Hause. Hier liegt die Fachwerkstadt Zeil am Main mit einem der schönsten Marktplätze Frankens. Die Wallfahrtskirche Zeiler Käppele und die Ruine der Schmachtenburg ermöglichen einen weiten Rundblick über das Land.

33

In den Grabengärten hinter der Stadtmauer herrscht Idylle.

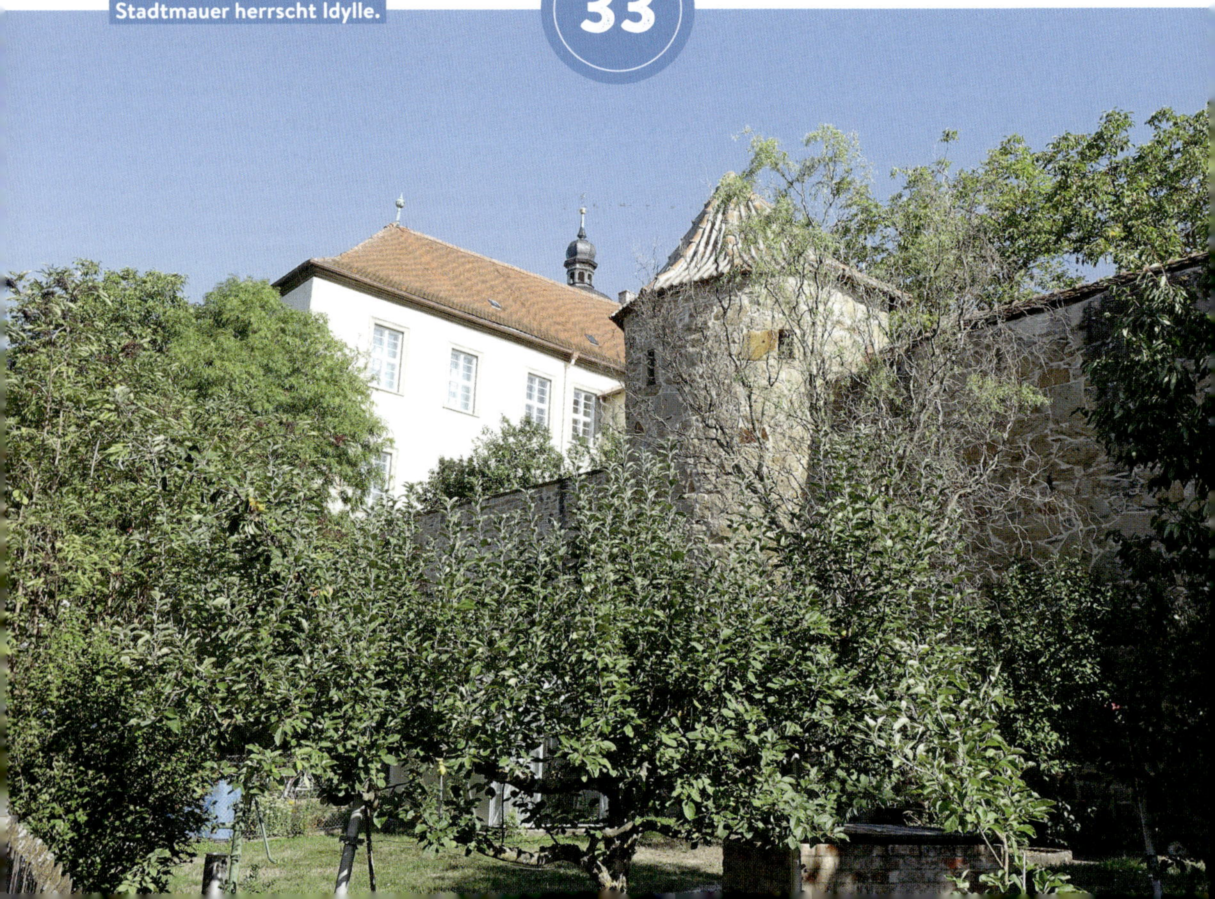

Die Überlieferung erzählt, der Zeiler Alberich Degen habe als Abt des Zisterzienserklosters Ebrach 1665 die Silvanerrebe in Franken eingeführt. Tatsächlich ist heute jede zweite Rebe in Deutschland ein Silvaner. Geheimnisvoll im Dunkeln liegt die Geschichte der Burg Castrum Zilanum, die einst an Stelle der Wallfahrtskirche Zeiler Käppele stand.

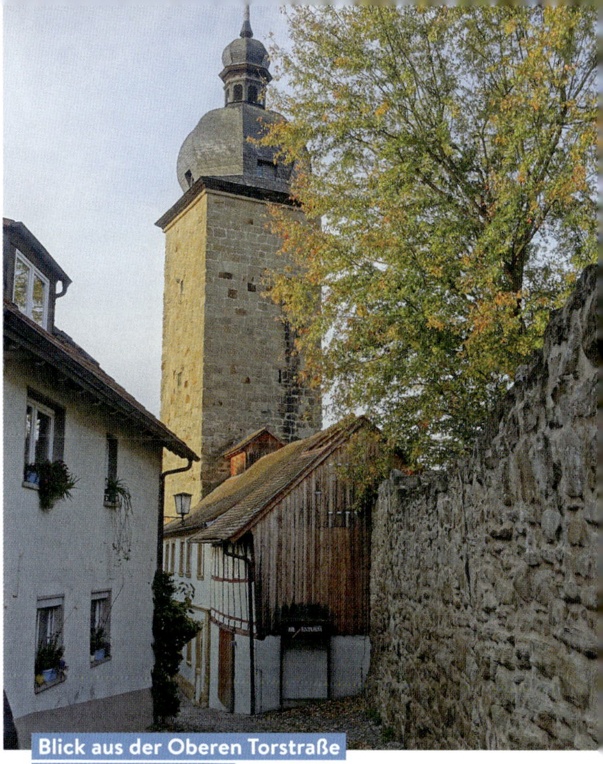

Blick aus der Oberen Torstraße auf den Hexenturm

ZUM NATURERLEBNISWEG MAINAUE

Gegenüber dem Parkplatz am **A Tuchanger** gehen wir auf dem Gehweg durch die Grabengärten und über den Seegraben. Vor dem ehemaligen frühbarocken Jagdschloss des Fürstbischofs aus dem Jahr 1695 laufen wir rechts entlang der Stadtmauer aus dem 14. Jahrhundert durch die Grabengärten und die Oskar-Winkler-Straße bis zur Sander Straße, auf der wir rechts hinauswandern. Fast gegenüber gehen wir über den Krumbach und gleich rechts an den Tennisplätzen vorbei. Vor der Kläranlage müssen wir rechts und auf der Sander Straße links. Nach der Kreuzung mit der Umgehungsstraße verläuft der Gehweg auf der rechten Seite abwärts zum Main. Nach links gehen wir unter der **1 Mainbrücke** durch und entlang des Mains flussaufwärts. Links ist uns stets der Kapellenberg mit dem Käppele und der Schmachtenberg mit der Burgruine vor Augen. Nach einem Kilometer stoßen wir auf den **2 Naturerlebnisweg Mainaue**, dem wir links folgen. Informationstafeln geben Hinweise zu den verschiedenen Lebensräumen. Die Mainaue ist eine Ausgleichsfläche für eine frühere Kiesgrube, in der heute Sandmagerrasen mit ihren speziellen Lebensformen dominieren. An Abzweigen nehmen wir immer den linken Weg und laufen an dem Parkplatz links auf den Weinort Ziegelanger zu.

ZUR BURGRUINE SCHMACHTENBERG

Wir überqueren die Umgehungsstraße, die Bahnlinie und in Ziegelanger die B 26. Am Dorfweiher rechts vorbei steigen wir auf dem Steinhauerweg höher und gehen nach dem Haus mit der Nummer 13 links und kommen zum Einstieg des **3 Eselsteiges** auf der rechten Seite, über den einst das Wasser zur Burg hinaufgetragen wurde. Die Markierung ist ein grüner Bocksbeutel für den Abt-Degen-Steig. Bald können wir über den Main nach Sand am Main schauen und weiter links ist die Wallfahrtskirche Maria Limbach zu sehen. An einer Weggabelung mit einer Infotafel über die Burg bleiben wir in einem Abstecher geradeaus bis zur **4 Burgruine Schmachtenberg** aus dem 15. Jahrhundert. Mindestens im Jahr 1250 gab es hier eine Vorgängerburg. Die jetzige quadratische Burg hatte Rundtürme an den Ecken und war der Amtssitz des Bamberger Bischofs. Im 16. Jahrhundert wurde sie in den Bauernkriegen zerstört. Auf einem Rundweg können wir um die mystische Burg herumgehen. Auf der Schildmauer ist ein vortrefflicher Aussichtsplatz.

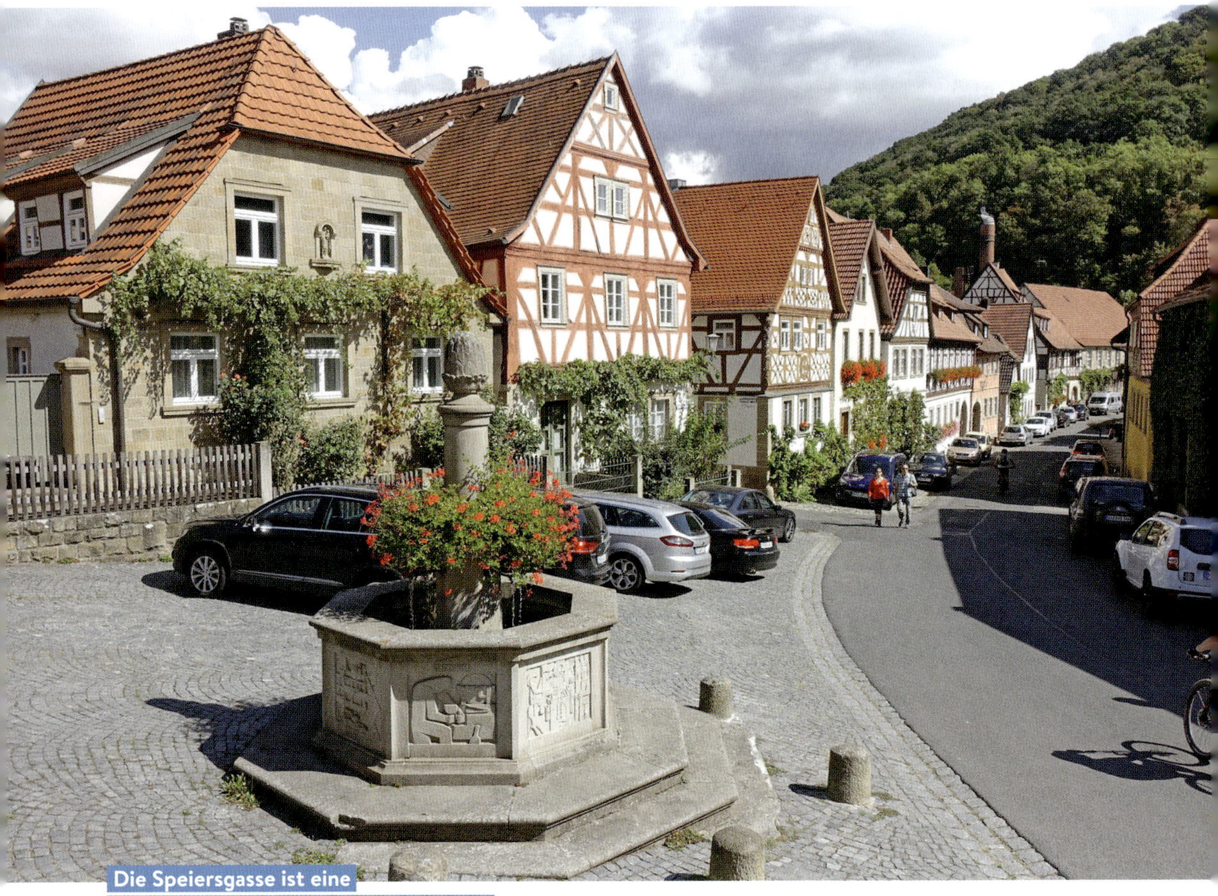
Die Speiersgasse ist eine der schönsten Straßen in Zeil am Main.

Tipp

MARIA LIMBACH

In den Mainwiesen jenseits des Mains steht gegenüber der Schmachtenburg die sehenswerte spätbarocke Wallfahrtskirche Maria Limbach mit prachtvoller Rokokoausstattung. Sie ist das letzte Werk des großen Barockbaumeisters Balthasar Neumann, die aber erst nach seinem Tod im Jahr 1755 geweiht wurde. Seit mindestens 1461 stand an dieser Stelle ein gotischer Vorgängerbau, denn schon damals gab es die Marienwallfahrt (www.wallfahrt.bistum-wuerzburg.de).

ZUM KÄPPELE Wieder zurück an der Infotafel wandern wir jetzt links über die Felder und auf der Straße links in Richtung Käppele. Die viel besuchte Wallfahrtskirche **5 Zeiler Käppele** steht an Stelle einer früheren Kapelle aus dem 18. Jahrhundert. Der heutige Bau stammt aus dem Jahr 1897. Seit 1250 stand an Stelle der Kirche die Zeiler Burg, von der nichts mehr vorhanden ist. Vom Aussichtsplatz genießen wir das Panorama über Zeil und über den Main bis zum Steigerwald. Hinter der Kirche ist das Berghospiz Käppele, eine gute Einkehr, aber nur sonntags geöffnet.

ZUM MARKTPLATZ Von der Wallfahrtskirche führt ein Kreuzweg hinab nach Zeil.

Unten überqueren wir die Kapellenbergstraße und auf der Steinbrücke den Krumbach. Auf dem Gehweg geht es rechts und dann links auf der Speiersgasse in die historische Altstadt hinein.
Gleich rechts ist der beliebte Biergarten der alten Brauereigaststätte Göller »Zur Alten Freyung«. Zeil wurde bereits im Jahr 1018 urkundlich genannt und 1479 zur Stadt erhoben. Heute vermitteln die kleinen Gassen mit ihren herausgeputzten Fachwerkhäusern fränkische Gemütlichkeit. Die Speiersgasse führt zum schönen **6 Marktplatz**, der durch ein herausragendes Fachwerkhausensemble glänzt. Der Platz gilt als einer der schönsten fränkischen Marktplätze. Das spätgotische Rathaus trägt die Jahreszahl 1540. An der Ecke des Rathauses sind der Pranger und das Maß Bamberger Elle zu sehen. Gegenüber dem Rathaus steht das ehemalige Rosenbergische Zehnthaus und daneben das katholische Pfarrhaus im klassizistischen Stil. Die barocke Kirche St. Michael, zu der wir nun hinaufsteigen, schließt den Marktplatz an der oberen Seite ab. Links der Kirche gehen wir am barocken Probstenhof vorbei, der von dem Barockbaumeister Dientzenhofer dem Jüngeren erbaut wurde. Auf der engen Oberen Torstraße schlendern wir links abwärts zum Hexenturm, in dem die unrühmliche Geschichte der Hexenverfolgung dargestellt wird. Gegenüber dem Hexenturm sehen wir das ehemalige Jagdschloss des Fürstbischofs nun von der Vorderseite. Auf der Haßfurter Straße (B 26) gehen wir nach rechts und vor dem Parkplatz links auf der Treppe hinab. Wieder auf der Brücke über den Seegraben kommen wir zum Parkplatz am **E Tuchanger** zurück.

INFO

TOURENCHARAKTER
Leichte, sonnige Wege durch Wiesen und Felder

AUSGANGS-/ENDPUNKT
Parkplatz Tuchanger 1, 97475 Zeil am Main
GPS 50°00‘35.4“N 10°35‘26.5“E (220 m)

ANFAHRT
ÖPNV: Bahn nach Zeil am Main
Auto: Auf der A 70 Ausfahrt 11 Knetzgau und auf der St 2276 und B 26 nach Zeil am Main

GEHZEITEN
Tuchanger – Mainbrücke 0:20 Std. – Naturerlebnisweg 0:25 Std. – Eselsteig 0:15 Std. – Burgruine 0:25 Std. – Käppele 0:30 Std. – Marktplatz 0:15 Std. – Tuchanger 0:10 Std.

EINKEHR
Brauereigaststätte Göller Zur Alten Freyung, Speiersgasse 21, 97475 Zeil am Main, Tel. 09524/95 54, www.zur-alten-freyung.de

INFORMATION
Marktplatz 8, 97475 Zeil am Main, Marktplatz 8, Tel. 09524/94 90, www.zeil-am-main.de

Leicht	7,3 km	160 Hm	2.20 Std.

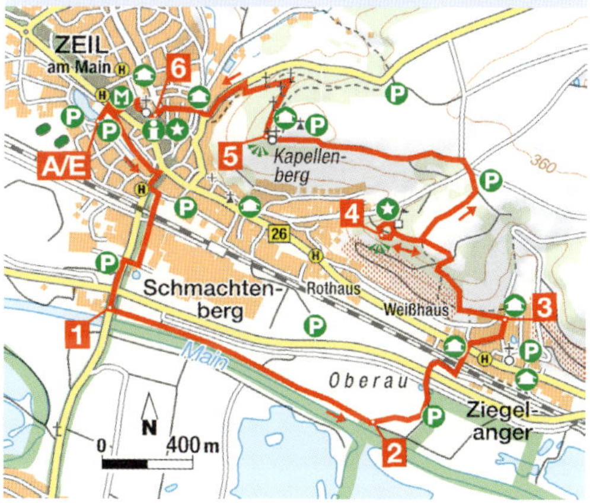

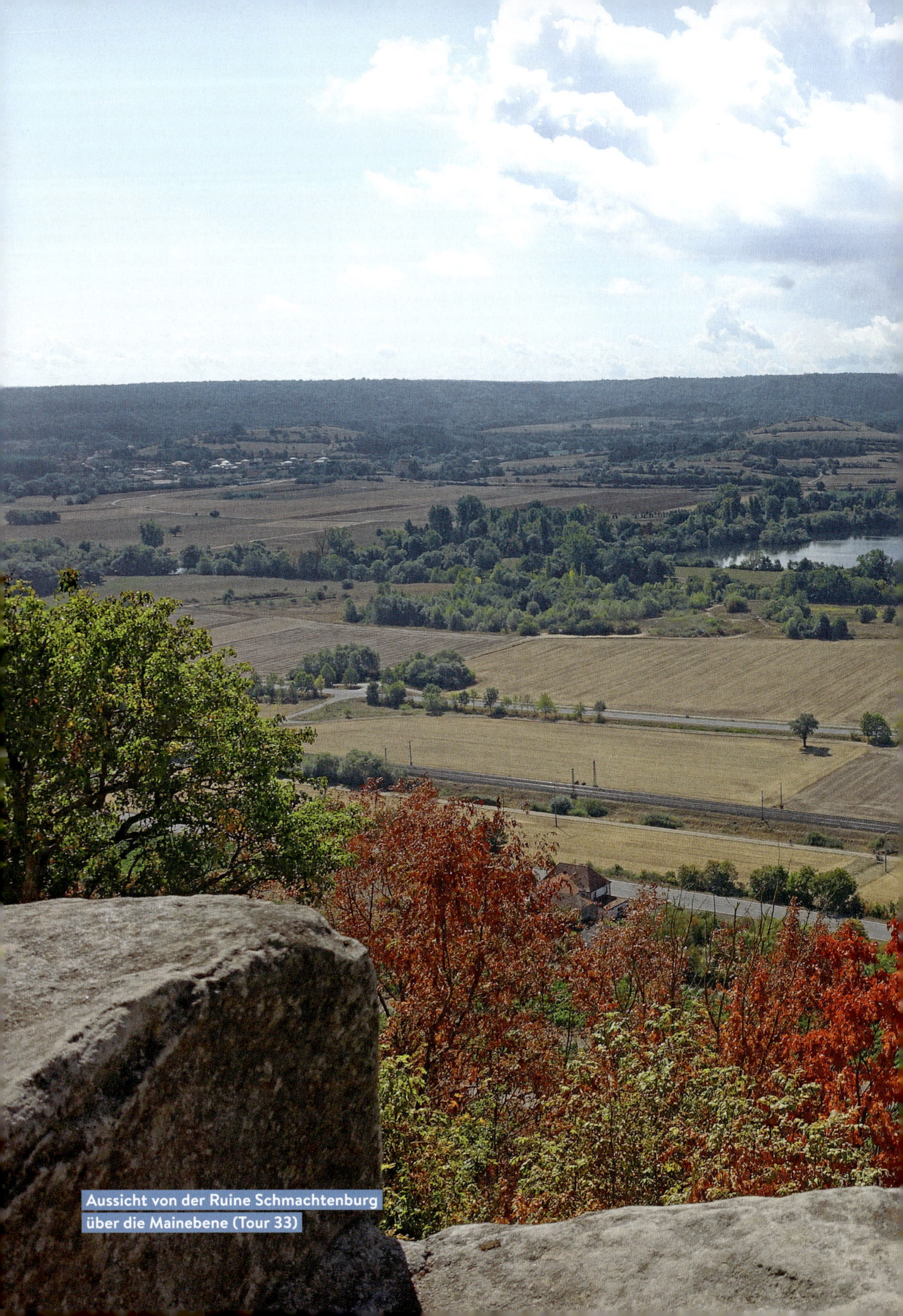

Aussicht von der Ruine Schmachtenburg über die Mainebene (Tour 33)

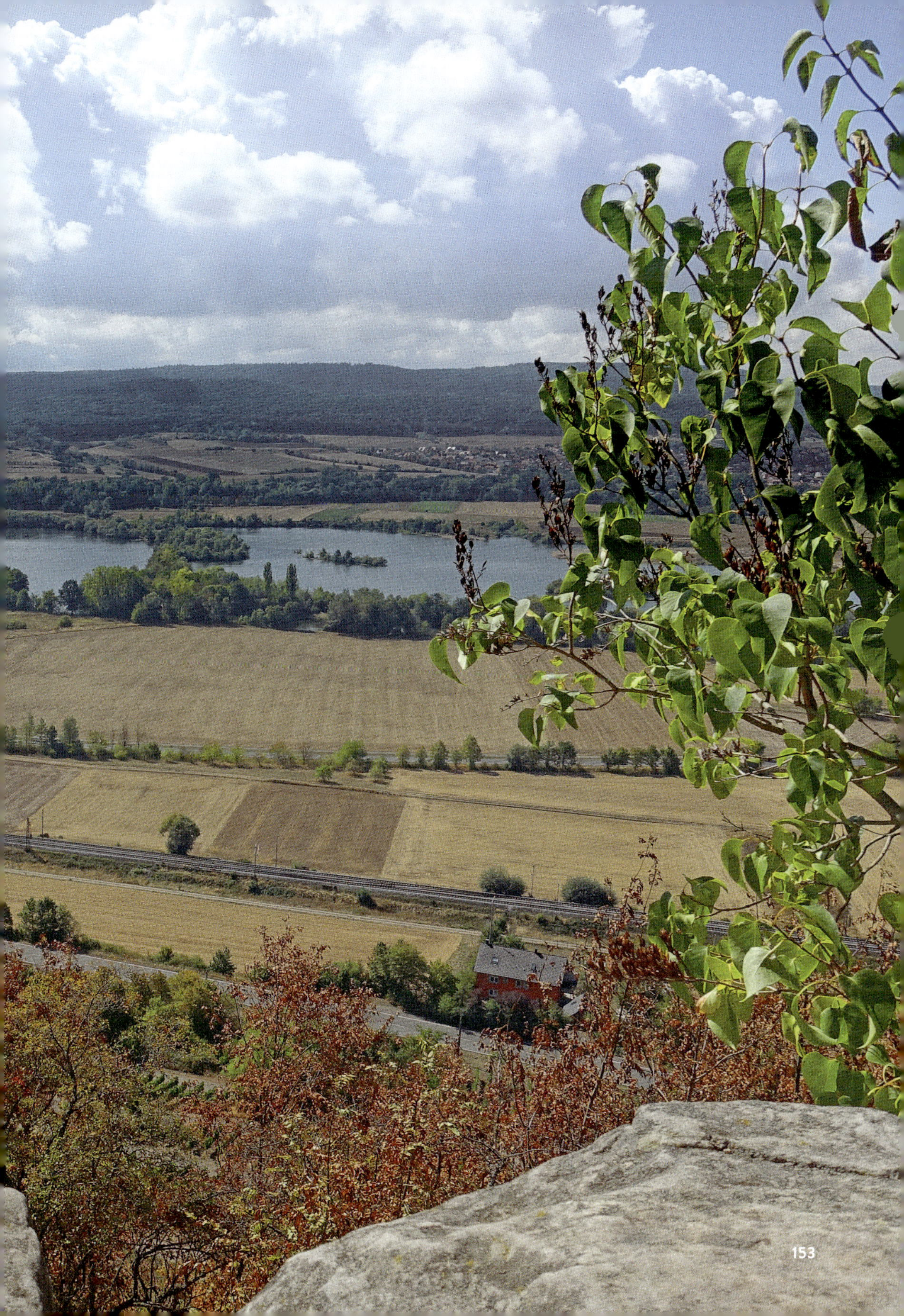

PS: MYSTISCHE KINDHEITSERLEBNISSE IM SPESSART

IN DEN FERIEN WAREN WIR KINDER IMMER BEI OMA IN HEIGENBRÜCKEN. Bis auf eine Keilerei mit den Dorfkindern sind diese Zeiten in guter Erinnerung.

DAS IST ALLES 60 JAHRE HER, …

Damals haben wir beim Dorfschmied beim Beschlagen der Pferde zugeschaut und das verbrannte Horn gerochen. Eine Kugel Eis kostete noch fünf Pfennige. Durch den Garten hinter Omas Haus fließt noch heute der Lohrbach, in dem wir damals in Zinkbadewannen paddelten. Unsere gefangenen Forellen aus dem Bach hat die Tante gebraten (das ist verjährt). Das Naturbad gibt es heute in neuer Form immer noch.

… ABER ES IST ALLES WAHR UND NICHT ERDICHTET.

Eines der eindrucksvollsten Erlebnisse waren die Kartoffelfeuer auf den Feldern über dem Dorf. Mit großen Scheiten wurde seit dem Morgen ein Feuer unterhalten. Am Abend zog das halbe Dorf auf die Hügel und brachte dann mehrere Tage lang eingelegtes Lakefleisch mit. Das Schweinefleisch wurde in Stücken mit Zwiebeln in Salzlake eingelegt und dann in Pergamentpapier eingewickelt. Mit Rechen zog man die Glut zu einem Bett auseinander. Die Fleischstücke und Kartoffeln wurden hineingeworfen und sofort mit Glut und heißer Asche zugedeckt, was den Sauerstoff fernhielt. Das Pergamentpapier verbrannte nicht und die Kartoffeln bekamen rundherum eine dicke schwarze Schicht. Das alles schmeckte herrlich und die Fingernägel waren tagelang schwarz. Köhler hatten diese Zubereitung im 19. Jahrhundert erfunden und die Tradition der Köhlerkartoffeln gibt es heute noch.

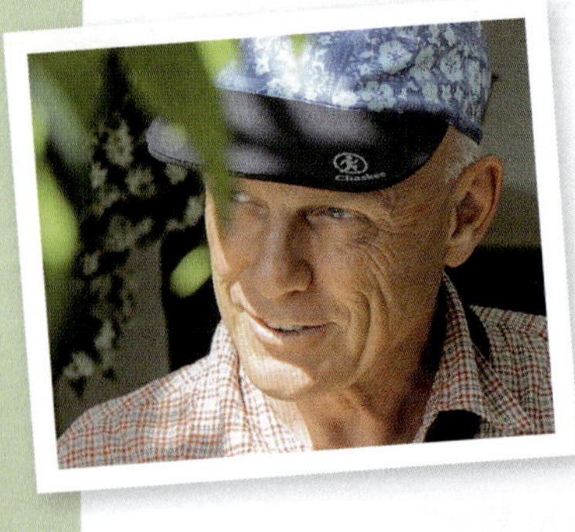

Herzliche Grüße

Rainer D. Kröll

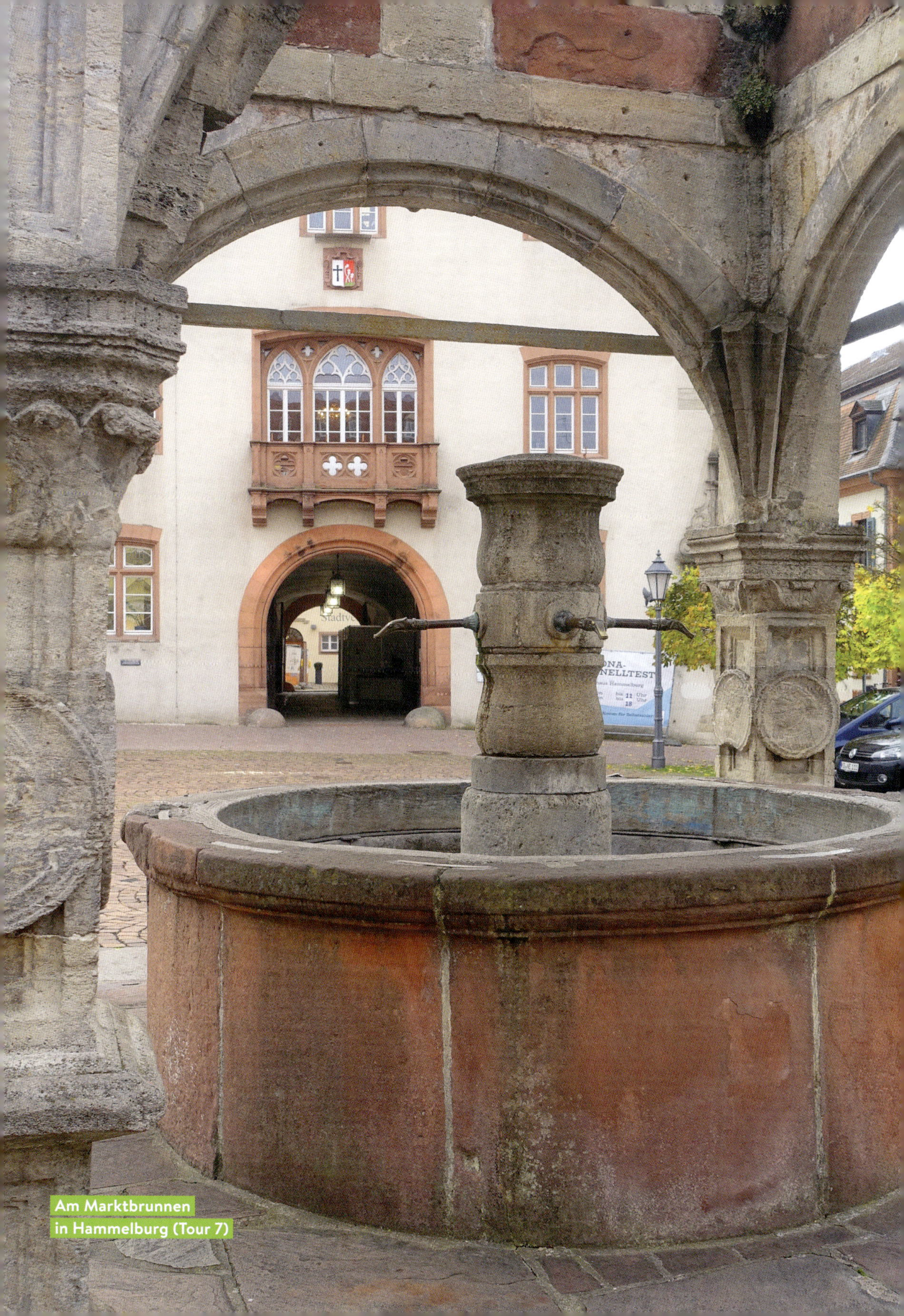

Am Marktbrunnen
in Hammelburg (Tour 7)

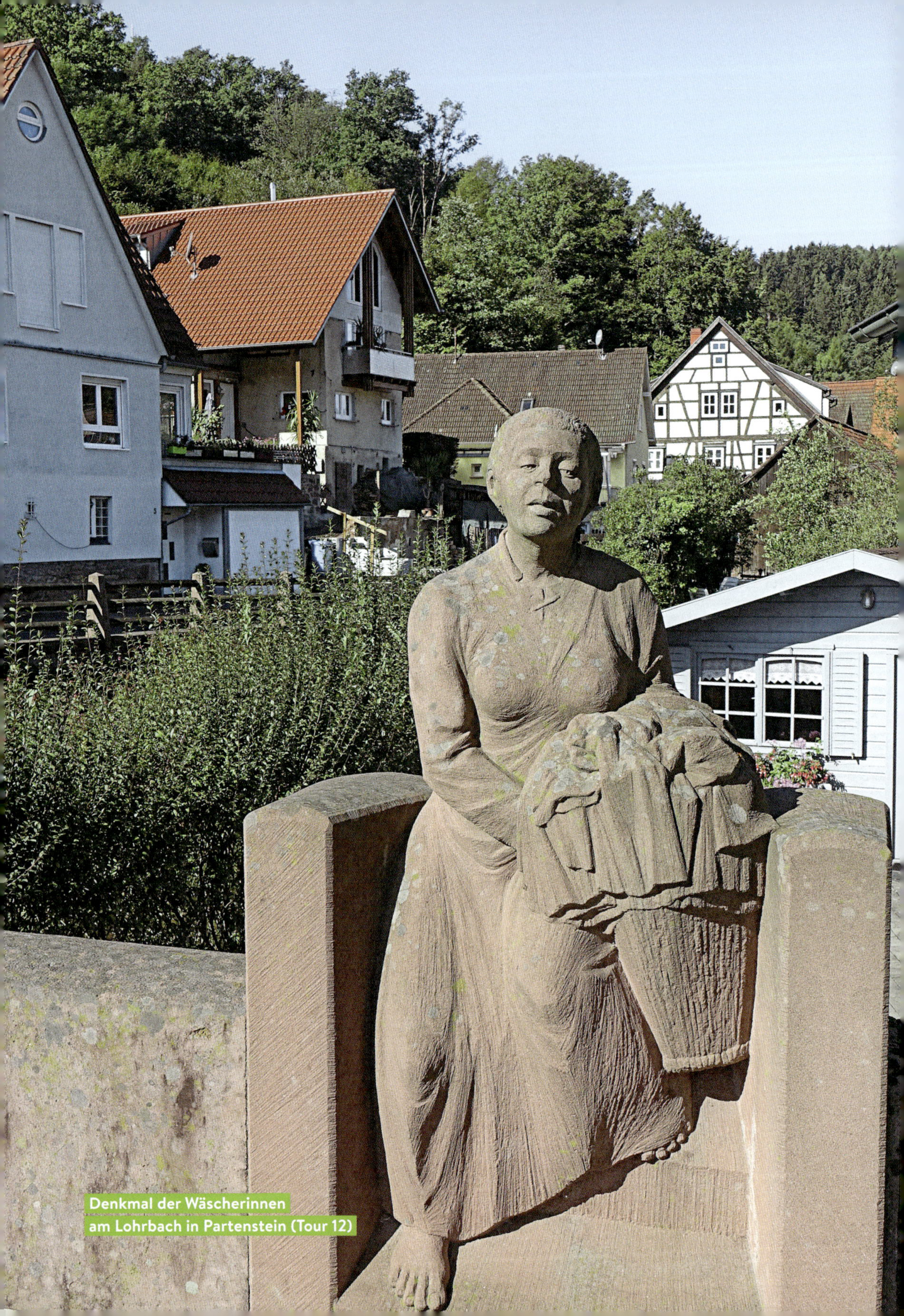

Denkmal der Wäscherinnen
am Lohrbach in Partenstein (Tour 12)

REGISTER

A

Abt-Degen-Weintal 148
Amalberga 46
Amorbach 115

B

Basaltgrube 104
Basaltprismenwand 27
Basaltsäulen 27, 34
Basaltsee 34, 42
Bauernhausmuseum 69
Biebergrund-Museum 52
Biosphärenreservat Rhön 35
Birklergrund 51
Bismarckhöhe 137
Bubenbrunnen 103
Buchenmühle 129
Burg Bartenstein 64
Bürgstadt 119
Burg Wildenstein 80

C

Centgrafenkapelle 119
Christkönigskapelle 100

D

Dianenslust 138
Dreiherrenstein 82
Dünsberg 37

E

Einsiedlerbrunnen 104
Eisenbach 103
Elsavatal 76
Erichstollen 65
Erstes Deutsches Tabakpfeifenmuseum 37
Eselsweg 110
Esskastanienlehrpfad 109

F

Feuchtwiesen-Erlebnispfad 60
Fladungen 22
Forsthaus Aurora 127
Frammersbach 60
Fränkisches Freilandmuseum 23
Friedenskapelle 66
Fuhrmanns- und Schneidermuseum 61

G

Galgen 108
Gangolfsberg 26
Gemündener Hütte 40
Geschichtsweinberg 145
Glashütte Wiesen 52
Golgatha-Gruppe 40
Gotthardsruine 115
Großheubach 110
Gumpertsmühle 147

H

Hafenlohrtal 68
Hammelburg 44
Hammermuseum 85
Hartsteingrube 55
Haus der Langen Rhön 35
Heigenbrücken 57
Heimbuchenthal 77
Heunenschüssel 112
Heunestein 120
Höllhammer 76
Hunnenstein 112

I

Iphofen 144

J

Julius Echter 72

K

Kartäuserkloster Grünau 84
Keltenhaus 97
Kirchenburgenmuseum 32
Kirchenburg Ostheim 31
Kleinwallstadt 98
Klingelsbachschlucht 122
Klingenberg 107
Klosterbach 86
Kloster Engelberg 110
Kloster Kreuzberg 39
Kloster Triefenstein 122
Knauf-Museum 147
Kreuzberg 38

L

Lengfurt 123
Lichtenau 69
Lohr am Main 129
Lohrbachtal 59
Lohrer Schloss 130
Ludwig-Keller-Turm 81

M

Maidbronn 132
Mainbernheim 144
Mainzer Jagdschloss 52
Mariahilf-Kapelle 111
Marienschacht 65

Martinskapelle 118
Matronenstein 103
Maulaffenturm 23
Mespelbrunn 73
Michelbach 90
Museen im Schloss Grumbach 134
Museum Ahler Kråm 67
Museum Alzenau 91
Museum Bürgstadt 120
Museum Herrenmühle 45
Museum Im Rentamt 41
Museum Moppedscheune 57
Museum Otto Schäfer 139
Museum Papiermühle 124
Museum Pedalwelt 78

N

Naturerlebnisweg Mainaue 149
Naturschutzgebiet Dürringswasen 141
Neuhöllbrunnbach 127
Neustadt am Main 126

O

Oberelsbach 34
Oberfladungen 24
Odenwälder Freilandmuseum 115
Odin 112
Orgelbaumuseum 31
Osterburg 38
Ostheim 30

P

Plattenberg 98
Punkt »terroir f« 11, 47, 91, 107, 134, 142, 146

R

Rhönbasilika 37
Rhönmuseum 24
Rimpar 132
Rinderbachtal 60
Ringwallanlage Altenburg 94
Rödelsee 144
Römermuseum Obernburg 103
Rother Kuppe 29
Ruine Clingenburg 109
Ruine Lichtenburg 32

S

Sailauf 54
Sattelhütte 115
Schindturm 139
Schlösschen Michelbach 91
Schloss Grumbach 135
Schloss Hanstein 31
Schloss Löwenstein 113
Schloss Maisenhausen 92
Schloss Mespelbrunn 72
Schloss Oberaulenbach 81
Schloss Saaleck 44
Schloss Steinbach 131
Schloss Wiesen 51
Schmachtenburg 148
Schnepfental 64
Schollbrunn 86
Schwab-Kreuz 123
Schwedenschanze 90
Seltenbachbrücke 108
Seltenbachschlucht 109
Soden 96
Sodental 96
Spessartmuseum 130
Steinach am Main 128
St.-Gangolfs-Kapelle 26
Streutal 30
Sulzbach 95

T

Tabakhalle 119
Tempelritter 100
Templerhaus 99
Teufels Tintenfass 42
Thüringer Hütte 28
Triefender Stein 122

V

Vogelsburg 140
Volkacher Mainschleife 140
Volkersbrunn 77

W

Wallfahrtskirche Hessenthal 73
Wallfahrtskirche Mariabuchen 129
Wallfahrtskirche Maria im Weingarten 142
Wallfahrtskirche Maria Limbach 150
Wallfahrtskirche Zeiler Käppele 148
Weinbau- und Heimatmuseum Klingenberg 109
Weinbergpavillon 111
Weingut Veitsmühle 132
Weyhershauk 32
Wiesen 50
Wildenstein 83
Wildgehege 86
Wolfsgrube 81
Würzburger Haus 42

Z

Zeil am Main 148

Ebenfalls erhältlich ...

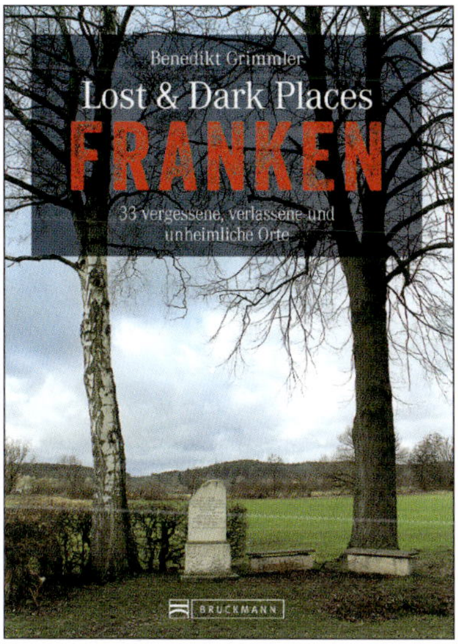

ISBN 978-3-7343-1915-0

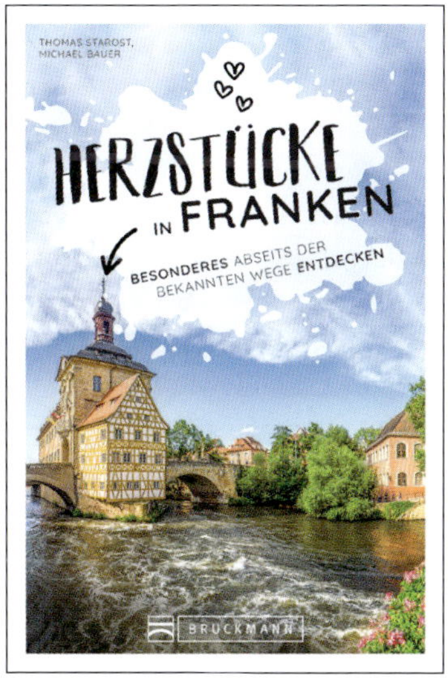

ISBN 978-3-7343-2171-9

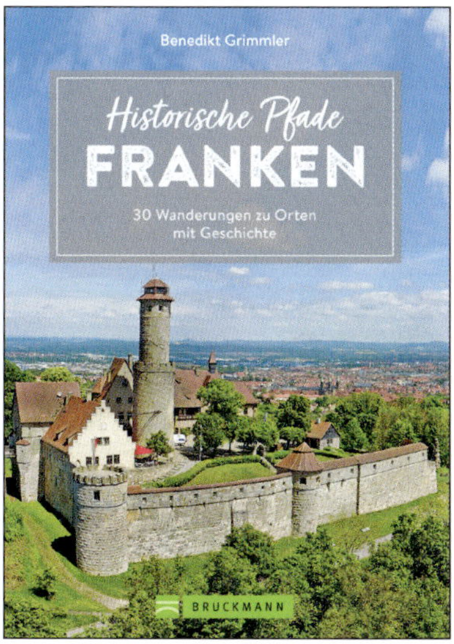

ISBN 978-3-7343-2098-9

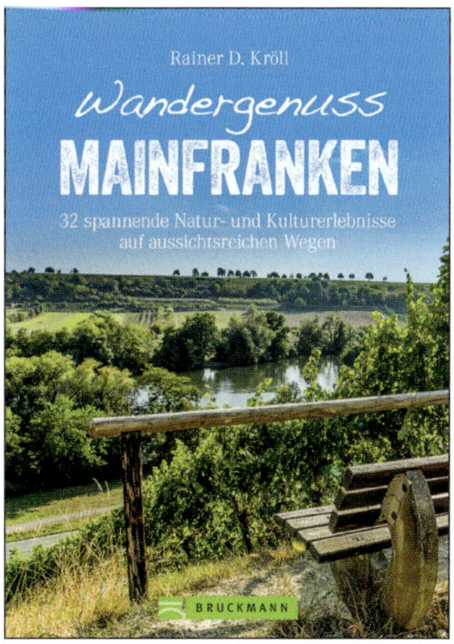

ISBN 978-3-7343-1187-1

BRUCKMANN

www.bruckmann.de

IMPRESSUM

Verantwortlich: Julia Vogl
Redaktion, Lektorat und Satz: mcp concept GmbH
Layout- und Reihengestaltung: Mathias Frisch
Covergestaltung: Rudi Stix
Korrektorat: Ralf J. Klumb | The Wordworms
Repro: LUDWIG:media
Kartografie: Bruckmann Verlag GmbH, Heidi Schmalfuß
Herstellung: Alexander Knoll
Printed in Poland by CGS Printing sp. O.o.

Exklusiv für Sie als Leser:

MIT GPS-DATEN ZUM DOWNLOAD

unter: gps.bruckmann.de

Sind Sie mit diesem Titel zufrieden? Dann würden wir uns über Ihre Weiterempfehlung freuen.
Erzählen Sie es im Freundeskreis, berichten Sie Ihrem Buchhändler oder bewerten Sie bei Onlinekauf. Und wenn Sie Kritik, Korrekturen oder Aktualisierungen haben, freuen wir uns über Ihre Nachricht an Bruckmann Verlag, Postfach 40 02 09, D-80702 München oder per E-Mail an lektorat@verlagshaus.de.

Unser komplettes Programm finden Sie unter www.bruckmann.de

Alle Angaben dieses Werkes wurden vom Autor sorgfältig recherchiert und auf den neuesten Stand gebracht sowie vom Verlag geprüft. Für die Richtigkeit der Angaben kann jedoch keine Haftung übernommen werden, weshalb die Nutzung auf eigene Gefahr erfolgt. Insbesondere bei GPS-Daten können Abweichungen nicht ausgeschlossen werden. Sollte dieses Werk Links auf Webseiten Dritter enthalten, so machen wir uns die Inhalte nicht zu eigen und übernehmen für die Inhalte keine Haftung.
In diesem Buch wird aus Gründen der besseren Lesbarkeit das generische Maskulinum verwendet. Weibliche und anderweitige Geschlechteridentitäten werden dabei ausdrücklich mitgemeint, soweit es für die Aussage erforderlich ist.

Empfehlung der Redaktion
Sie sind auf der Suche nach weiterführender Literatur? Dann empfehlen wir Ihnen den Titel *Historische Pfade Franken* von Benedikt Grimmler. Oder Sie werfen einen Blick in die Zeitschrift *BERGSTEIGER*. Hier werden Sie bestimmt fündig.

Bildnachweis: Alle Bilder im Innenteil und auf der Umschlagrückseite stammen vom Autor.
Umschlagvorderseite: Pfad durch Naturwald (dugdax/shutterstock.com)
Umschlagrückseite: Stimmungsvolle Aussicht auf den Main

Die Deutsche Nationalbibliothek verzeichnet diese Publikation in der Deutschen Nationalbibliografie; detaillierte bibliografische Daten sind im Internet über http://dnb.d-nb.de abrufbar.

Infanteriestraße 11a
80797 München

ISBN: 978-3-7343-2380-5